U0749088

米文集·远方

佳作网 主编

浙江工商大学出版社
ZHEJIANG GONGSHANG UNIVERSITY PRESS

图书在版编目(CIP)数据

米文集·远方 / 佳作网主编. —杭州:浙江工商大学
出版社,2018.9
ISBN 978-7-5178-2908-9

Ⅰ. ①米… Ⅱ. ①佳… Ⅲ. ①作文—中小学—选集
Ⅳ. ①H194.5

中国版本图书馆 CIP 数据核字(2018)第 189642 号

米文集·远方
佳作网 主编

责任编辑	厉 勇	
封面设计	胡赣昌	
责任印制	包建辉	
出版发行	浙江工商大学出版社	
	(杭州市教工路198号 邮政编码310012)	
	(E-mail:zjgsupress@163.com)	
	(网址:http://www.zjgsupress.com)	
	电话:0571-88904980,88831806(传真)	
排 版	杭州朝曦图文设计有限公司	
印 刷	杭州五象印务有限公司	
开 本	880mm×1230mm 1/32	
印 张	14.5	
字 数	35千字	
版 印 次	2018年9月第1版 2018年9月第1次印刷	
书 号	ISBN 978-7-5178-2908-9	
定 价	39.00元	

版权所有 翻印必究 印装差错 负责调换
浙江工商大学出版社营销部邮购电话 0571-88904970

谨以此书，献给182位米文小作家。

|目　录|

第一辑　我爱我家

米文集
远方

第二辑　不会游泳的鹅

第三辑　雨后的清晨

第四辑 头顶"聪明"草

第五辑　海浪和寄居蟹

第六辑　读书的故事

第七辑　窗外

米文集
远方

第八辑　绿色银行卡

第九辑　姥姥的秘密

第十辑　秋日小记

我爱我家

这四个字如此朴素，朴素得宛如空气，常常叫人淡忘，但又是人生无时无刻离不开的箴言。这就是家为我扬起的"实事求是"之帆吧！

——《我爱我家》

一条花背布

奶奶的柜子里，有一条蓝底白花的麻布。藏蓝的底色已经微微有些泛灰，上面点缀着朵朵白色碎花，一看就知道年代久远。对于这条花布的用处，我始终搞不明白，做衣服，太旧；做抹布，太长；做围巾，又太土……可这么一条与我们这个年代迥然不同的花布，却被奶奶洗得干干净净，叠得整整齐齐，放在柜子里珍藏着，我有些诧异。

我唯一了解的是，我的一个小名——"花布姑娘"与它有关。菜市场里卖菜的叔叔阿姨叫我"花布姑娘"，公园里晒太阳的爷爷奶奶叫我"花布姑娘"，就连修鞋的那位大伯见到我，也会笑眯眯地叫我一声"花布姑娘"。后来，终于在妈妈那打听到，小时候，奶奶每天用这条花布背着我去买菜、逛公园，俨然成了采荷那一片的独特风景。一想到我每天披着这么一条土里土气的花布，顿时就觉得脸红。我再也不想去细细追究我为什么要被背着、怎么背着的了。

这条花布在奶奶的柜子里静静地躺了很多年，直到去年过年，奶奶因为太奶奶瘫痪，要回老家照顾，就把它带了回去。那条满载着我"屈辱史"的花布，终于"消失"了！

国庆假期，我和爸爸妈妈回老家看望太奶奶。一踏进房门，就看到太奶奶坐在床上悠闲地看着京剧。红茶色的脸上堆满笑容，嘴里还咿咿呀呀地跟着唱和，可有精神了。坐在床边的奶奶则微笑地看着她，眼里满是幸福。见我们回来了，太奶奶特别激动，拉着我的手问长问短。

下了几天的大雨，天终于放晴了，爸爸说要带太奶奶去晒晒太阳。正要找轮椅时，奶奶摆摆手说："轮椅不方便，还是我来吧！"说完，她从抽屉里拿出那条花布，熟练地让太奶奶靠在她背上，展开花布，披在太奶奶身上，将她整个上身裹进了布里。爸爸见了，连忙阻止："妈，用轮椅吧，您怎么背得动？"奶奶却不以为然地说："轮椅不方便，你看，出了门有一块平坦的路不？""那也不能让您背呀！我来，我来。"爸爸急得要夺过奶奶手中的布。可奶奶却快速地一绕、一搭，一个完美的结就在腰间形成了，她语重心长地说："你们年轻人哪会背，我都背了人半辈了了，你奶奶这点分量我还会背不动？"说着，她一手托着太奶奶的屁股，一手扶着床头柜站了起来，慢慢朝门口走去。

那藏蓝色在两边银发的映衬下，显得特别鲜艳。望着奶奶那有些佝偻的背影，我的眼前仿佛浮现出年幼的我，就这样趴在奶奶的背上，穿梭在人群中，漫步在公园里，一步一步随着奶奶那沉重的脚步登上六楼的家。

第二天清晨，我一起床就看见爸爸用那条花背布背着太奶奶漫步在乡间的小路上。我知道，这条花背布，将会在我家一直延续下去。它，承载着奶奶教给我们的敬老爱幼；它，是祖辈留给我们的精神财富；它，已在我们心中生根发芽！

郑果/文，五年级

那一杯热牛奶

"绮绮，做作业累了吧，来喝杯牛奶，放松一下！"外婆那慈祥而略带沙哑的嗓音，在我耳边响起，温温的，暖暖的，如同她手中的牛奶。

我没有说话，接过外婆手中的牛奶，一饮而尽。甜丝丝的牛奶，滋润了我的喉咙。外婆接过我手中的杯子，笑了。

每晚七点三十分，外婆总会为我送上一杯牛奶，不冷不热，温暖万分，甜丝丝的，如同外婆的笑。

光阴荏苒，家中的水仙花开花落，仿佛时间也从那轻巧的花瓣上流淌而过。上了五年级，学业负担越来越重，我像一叶孤独的扁舟，在浩瀚的题海中漂泊。于是，外婆和那杯温热的牛奶，便成了我最温暖的港湾。

记得有一段时间，外婆因老家有事要回去几天。白天，我似乎没有感觉有何不同。到了晚上，当我做作业感到有点累时，都会习惯性地伸手去接牛奶，可是指尖触摸到的只是一团冰冷的空气。我一怔，猛然想起外婆已经回老家了，心中怅然若失。窗外吹进的冷风，使我瑟瑟发抖，空荡荡的房间很冷，宛若一个冰窟。为什么我以前从未有过这种感觉呢？是外婆的热牛奶将寒冷融化了吗？

几个星期后，那杯热牛奶又重新回到了我的生活。浓郁的奶香，滑进了我的肺腑，也滋润了我的心田。我接过外婆手中的牛奶，一反常态，停下手中的笔，笑着问道："外婆，您天天为我送牛奶，不厌烦吗?""不烦,不烦,怎么会烦呢?"外婆慈祥地望着我,"快喝了吧!
等会儿凉了。"

　　端起牛奶,袅袅热气升起,将我包裹在温暖中。牛奶从舌尖滑过,
感觉妙不可言,滋养了我的身心。

　　水仙几度开,纵使时间流逝,但牛奶的温度一直未变,外婆的爱
犹在……

陆思羽/文,五年级　指导老师:潘慧俊

我的妈妈

在我眼里，妈妈是一位既熟悉又很特别的人。我羡慕她的长相，喜欢她的性格，欣赏她的勇气，这一切对我产生了极大的影响。

妈妈的外表不算最漂亮，但总给人温暖。她的眉毛弯弯的，眼睛又大又明亮，时刻带着亲切的笑容，说话的声音也很温柔。当我遭遇挫折，抬头看见她微笑的面容，心里总觉得暖洋洋的。妈妈的气质优雅，放学的时候，远远地我就能认出站在人群中的她，温暖、舒服、美丽。同学们也很喜欢我妈妈，他们会很开心地跟她打招呼："阿姨好！"妈妈微微地笑着，亲切地和他们一一回应。每到这时候，我的心里总是觉得特别甜。

妈妈的性格开朗，是我的良师益友。她是一位大学教授，知识渊博，也会很多技能：绘画、唱歌、书法，外语也特别好，我都不用去培训班学习。美术技法、唱歌技巧、写字的笔画，还有英语口语都是妈妈亲自教我的。所以，妈妈既是我的贴身好老师，又是我的亲密好友。

妈妈的性格坚强，做事有毅力，是我学习的榜样。她学历很高，是别人眼中的"学霸"，但她依旧每天坚持读书、写作、做项目。她总教育我和弟弟"学无止境"，遇到困难必须迎难而上，坚持不懈，才能体会到攻克难关的喜悦。我记住了妈妈的教导，在学习中不怕困难，比如遇到很难的数学题时，我会自己去网上找资料、找例题，慢慢找出解题的思路。当解出题目的时候，喜悦之情溢于言表。

　　我的妈妈是一位平凡又伟大的妈妈。她与其他妈妈一样，爱家人、爱生活、爱工作，但平凡之中又透着伟大。我理解的伟大，是对孩子们的影响。我还记得小时候我时常会哭，妈妈总是对我说"哭是没用的，说才是有用的"。长大以后，妈妈会说"哭是没用的，做才是有用的"。妈妈的品格，造就了现在开朗、努力、勇敢、善良的我。

　　感谢我亲爱的妈妈！

田芮西/文，三年级　指导老师：胡妃珍

海棠花开

　　早春清晨的空气真好，站在露台上，我深深地吸了一口气，呀！好清新的味道，它含有一丝丝春天特有的香气，淡淡的、甜甜的。我情不自禁地闭上眼，再深深地吸一口气，睁开眼，柔和的阳光透过薄薄的晨雾照到了露台上，把我整个包围住，好温暖、好舒适。

　　"鱼宝宝，吃早饭啦！"妈妈的声音清脆地响起。

　　"来啦来啦……"我一边应着一边转身，眼光不经意间飘过摆在窗台上的海棠。咦，怎么有一抹耀眼的红色，"妈妈，妈妈，快来看，我家的海棠花开了！"我兴奋不已，蹦跳着过去。

　　只见，光秃秃的枝头冒出了点点红色的花苞儿，一个、两个、三个、四个、五个……原来不知不觉中，这盆海棠长了好多个花苞，有几个花骨朵鼓鼓的，快要爆开一样。

　　"大概是今年回暖早，所以海棠花也比往年早开了，"妈妈不知道是什么时候站到我身后的，她轻轻地抚着我的头，"海棠花是你外婆喜爱的，要是她还在，估计比你还兴奋呢！"

　　"外婆……"我喃喃着，眼前的海棠变成了记忆中外婆温暖的笑脸。

　　外婆离世的时候我才四岁，按理说，那么小的我应该没有什么记忆吧，但我居然清楚地记得那时发生的事。我记得那一年冬天，妈妈特别忙，几乎每天都见不到她。有一天，妈妈说要带我去看外婆，我很开心，因为可以坐火车啦。

　　外婆家住在另一个城市，与我们的城市相邻，坐火车四十多分钟就到了。我最喜欢坐在火车上看着窗外的房子呀，树木呀，河流呀，小山坡呀唰唰地往后退，感觉很美妙。外婆每次都会来站台接我们，看到我就会"囡囡、囡囡"地叫着，抱着我亲亲，从兜里掏出好吃的塞进我的小嘴。

　　我和妈妈又一次坐上了去邻城的火车，想着马上就能看到外婆，我就坐不住了，不停地问妈妈到了没。妈妈一脸疲惫，好像有什么心事一样。火车到站了，站台上我东张西望，始终没看到外婆的身影。

　　"妈妈，外婆怎么没来接我们呀？"

　　"外婆呀，"妈妈呆了一下，"她有事来不了，妈妈带你去见她。"

　　"哦。"我有点疑惑，但看看妈妈的脸色又不敢多问。

　　妈妈带我到了医院病房，我看见外公、舅舅、舅妈、爸爸、表姐都在，外婆有气无力地躺在白色的病床上，她的脸有点瘦削、苍白，我走过去趴在外婆身上，紧紧搂着她，奇怪地问："外婆，您为什么躺在床上不下来呀？"外婆没说话，只是朝我微微地笑了笑，我没想到，这是外婆最后一次朝我笑。那之后，外婆就进入了昏迷状态，后来我才知道，妈妈是带我来和外婆见最后一面的。

　　外婆去世是在冬季，那天天气很奇怪，明明是有太阳的晴天却飘起了雪花，纷纷扬扬地从天际掉落，那么静，那么轻。我想外婆是被雪姑娘带着去旅行了，那个地方是纯白的，就好像天空之城。在那里，外婆可以在白云上，荡着双腿，做小姑娘的梦；然后，她泼洒着雪花，为天空遮上纯白的窗帘。

　　外婆很喜欢养些花花草草，它们在阳台上被外婆摆放得整整齐齐。外婆会抱着我给我指认这些植物，我总记不住这些小花小草的名字，就叫它们红花、黄花、白花……外婆呵呵地笑着，也随我叫它们红花、黄花、白花……可能是因为海棠花颜色亮丽，最吸引我眼球，也可能是名字好听，我竟然能一下子记住它的花名，也因此让外婆特别喜爱它了。

　　一声鸟鸣惊醒了沉思中的我，看着眼前的海棠花，娇艳欲滴，我轻声说："是啊，如果外婆看到肯定会很开心。"

　　窗外，微风轻拂，樱花飞舞，仿佛那年的雪花，那么静，那么轻。

　　"外婆，海棠花开了。"

俞辰佳/文，五年级

二胎"风波"

自从国家颁布了可以生二胎这个政策，许许多多的单孩妈妈接二连三地怀了孕。这不，我的妈妈也蠢蠢欲动——准备生二胎。正因为此事，我家闹出了一场二胎"风波"。

"不！不要生！我不要有弟弟妹妹！"我大声地抗议。

"为什么？你不是一直嘟囔着一个人孤单，想有一个伙伴吗？我给你生一个弟弟或妹妹，你就有伴了呀！"妈妈温和地解释着。

"就是，"爸爸也插话，"正好和你玩。"

"哼！"我气呼呼地，"相差那么多岁，我们能玩到一块儿吗？小屁孩，我才不稀罕呢！再说了，他那么小，到时候一哭，你们肯定会先骂我，我还不得处处让着他，有什么意思嘛！"

妈妈笑了："你这么乖这么懂事，到时候我请你当小弟弟或小妹妹的第一个老师，你可以教他刷牙、洗脸，教他读书、写字……教他许多许多的东西。"

"我才不管他，我才不教他呢！他生下来后，你们给我的爱就会减半了，我的财产就要减半了。我不要你生，我不想你生，我不让你生……"

"傻孩子，哪儿来的这么多歪想法，有弟弟或妹妹后我们会更爱你。如果你帮妈妈照顾弟弟或妹妹，我会表扬你；你教弟弟或妹妹学本领，爸爸会夸你；你陪弟弟或妹妹玩，弟弟或妹妹会爱你……你看，你的爱不仅不会减半，还会越来越多！"

爸爸接着说："关于财产的问题，我觉得你想得太多了，我们的工资也就够养育你们长大成人，要想赚钱那就要靠你们自己的本事咯，我们可没有财产留给你。"

"再说了，如果你长大后需要我们的钱，那看来你也没啥本事，你不是说要青出于蓝而胜于蓝吗？孩子，好好想想我们的话……"爸爸妈妈说完各自忙去了，留下气呼呼的我。我跑进房间，"咣"的一声关上房门，想：什么意思呀！我又没说错，我就是不想让你们生二胎……哼！我心中有一股怒火在熊熊燃烧，可又觉得爸爸妈妈说得都挺在理儿的。

"咚咚咚！咚咚咚！"门被敲响了，这是妈妈敲门的节奏。"不要理我，我现在很生气。"我喊了一句。"语儿，"妈妈说，"你真的那么不想有弟弟或妹妹吗？你想，以后爸爸妈妈老了，你们俩可以轮流照顾我们呀，那样不至于太累。要是你一人照顾得多辛苦呀！爸爸妈妈总会老、会死，以后你们姐弟（姐妹）俩可以互相照顾也有个照应，多好啊！至于财产，我和你爸相信你以后会非常能干，根本不是你担心的问题，放心吧！"妈妈一席话，像一桶冰水，浇灭了我心中烧旺的火。不知不觉中这一场"风波"也被平息了。

现在，妈妈肚子里的宝宝已经快六个月了，他就像一个小天使，带给我们一家好多好多的快乐！爸爸给妈妈做点心，有我的一份；妈妈想吃奇异果，有我的一份；弟弟或妹妹在妈妈肚子里顽皮时，我和爸爸轻轻拍拍，他（她）就会乖乖的……在我们一家人悉心照料下，小宝贝正在妈妈肚子里慢慢长大。我好期待和他（她）快点见面！

杨语/文，六年级　指导老师：杨加钱

爱是什么

爱是什么
小鸟问天空
天空不说话
只是敞开胸怀
让小鸟自由飞翔

爱是什么
小鱼问荷叶
荷叶不说话
只是撑起大伞
任由小鱼在下面嬉戏

爱是什么
蚂蚁问大地
大地不说话
只是舒展开身体
让蚂蚁自在做窝，生活

爱是什么
我问妈妈

妈妈不说话

只是微笑着张开双臂

把我拥入怀里

李诺/文，三年级　指导老师：张建利

谢谢您，外公

外公个子高高的，戴着一副老花镜，满肚子学问的样子。每次遇到问题，他总能帮我解决。

不久前，我的房间窗台外面出现了一个小小的马蜂窝，每天都有很多马蜂在那儿飞来飞去。我害怕极了：天哪！马蜂！它们要是把我蜇得满头大包的话，我的脑袋就会有原来的两倍大，太可怕了！我连忙跑去向外公求助。"嗯，这边的窗户不能打开，所以要从阳台的窗户拿棍子把它捅掉。"外公看了看马蜂窝的位置，托着腮帮子沉思了一会儿，胸有成竹地说。我看看阳台的窗户，又看看那个马蜂窝，疑惑地问："阳台的窗户和马蜂窝不是同一个方向，怎么捅呢？"外公笑了笑，没有回答我。只见外公翻箱倒柜，找出两个拖把杆，用锤子"哐哐哐"三下，把其中一根砸弯了，并把它们钉在一起。就这样，一个捅马蜂窝的工具就完成了。外公拿着工具，小心翼翼地伸进马蜂窝捅了几下，蜂窝马上裂开，碎了。那些马蜂像无头苍蝇一般乱窜，很快就成群结队地飞走了。我看着外公，眼里闪烁着无比崇拜的目光，外公可真能干啊！

记得有一次，我们全家去很远的地方玩。我们的私家车坐不下，这时外公说："我想坐公交车，多走走路对身体好。"于是，他一个人坐公交车去了。其实我心里明白，他是怕我们累着。

我的外公虽然平凡，可在我的心目中，他是世界上最好的外公。我想对他说："谢谢您，外公。您如此爱着我，而我，也同样爱着您呢！"

赵子霖/文，三年级　指导老师：金咪雪

世　界

刚出生那会儿

摇篮是我的世界

躺在里面

世界温暖安静

当我蹒跚学步时

妈妈的手是我的世界

牵着她

看蚂蚁搬家

听鸟儿歌唱

世界安全新奇

搭积木时

方方的是楼房

长长的是火车

世界简单快乐

吃着香喷喷的虾仁炒饭

欣赏温婉动人的西湖

一个人静静地看书

有时还会悄悄地从心中，

慢慢地流去。

爱，

是无声的，

是伟大的，

但愿每个人都贡献出一点爱，

这世界就会充满善良和爱心。

崔以琳/文，五年级　指导老师：汤璇霞

花瓣寄父亲

我不肯废弃了一朵花，

一直收藏着——收藏着。

把它轻轻撕成一片片花瓣，

让她在空中翩翩起舞。

有的落到了屋顶，

有的被人遗忘在角落。

我仍是不沮丧地撕着，

因为它总有一天会飘到它想去的地方。

父亲，

如果您在伏案工作时飘来一片花瓣，

不要嫌它打扰您工作，

因为那是您女儿心怀感恩时撕的。

千山万水，

请它载着女儿的真情与感激到来。

          崔以琳/文，五年级　指导老师：汤璇霞

爱，在宽严有度间

爱是什么？爱是一生相伴的盈盈笑声；爱是一把遮风挡雨的伞；爱是一杯浓浓的奶茶。在我心中，爱是妈妈的宽严有度。

爱，是一次严厉的批评。"宇涵，快点睡觉，已经很晚了！"妈妈叫着。我却迟迟不肯停笔，妈妈一遍又一遍催促，而我仍然置之不理。妈妈生气了，走到我面前，一把夺下我的笔，严厉地说："该做作业的时候不做，该睡觉的时候不睡！作业做不完，明天老师批评你，你就应该承担相应的后果！"第二天老师狠狠批评了我。回家后，妈妈也给我立下了一个规矩，还编成顺口溜：回家先把作业写，一到八点就收摊。如若不能完成它，到了学校还挨批！在妈妈的监督下，我渐渐养成了放学回家就做作业的习惯，再也没有被老师批评过。

爱，是一次温情的鼓励。国庆假期，老师布置了演讲征文作业，为了写好征文，我前后写了好几篇。可是从来没写过演讲稿的我，怎么写也写不好。每周老师都会读我的日记，大家都羡慕我文章写得好。如果这次没写好，别人会怎么看我？我越想越生气，就对着自己发火：把所有的文章都扔在地上，自己趴在桌上哭泣。妈妈走过来轻轻拍着我的肩说："涵涵，每个人都会面临挫折！一次没有写好，并不能代表什么。"上学了，妈妈把我写的几篇文章都发给了老师，老师在全班面前表扬我坚持不懈的精神。

爱是什么？爱是一次严厉的批评，爱是一句鼓励的话语。

李宇涵/文，三年级　指导老师：林丹

我们家的年

新年，在我们的期盼中姗姗而来，你会准备怎么迎接新年呢？也许你会千方百计地抽出时间，为那久违的节日设计出"N＋1"种喜庆的庆祝方式；也许你会痛痛快快地与伙伴们玩上一阵，将所有烦恼抛到九霄云外；也许你会和同学一块儿周游世界，走遍你想去的每一个地方；也许你会和我一样，快去拜访亲朋好友，回老家，与家人朋友们红红火火过大年。

是啊，新年，就是这么愉快。是她，唤醒了沉睡心底许久的喜悦。在我们家，随着外婆把大锅里的米粉搅拌成一团，飘来的米香显得年味儿越来越浓。于是，我们家的年就这么开始了。

"来来来，一块儿来包团圆粿喽！"外婆捧着一箩筐的白团子、青团子，亲热地招呼大家。"好嘞！"我们几个小孩子，连忙从高腿凳上蹦下来，奔向做团圆粿的大圆桌。看着那白白胖胖、翠绿翠绿的米粉团，还有两大碗盛着豆沙馅与咸菜豆腐猪肉馅，我们已经垂涎三尺了。擦擦嘴边，偷偷地、悄悄地背过身，与表兄弟姐妹们约定：趁大人们不注意时，躲进桌子底下塞几个团子和馅，再赶紧出来。记住，得装得让大人们看不出！偷笑着不让大人们发现，被他们奇怪地瞄了眼时，又不自在地找借口跑去洗手……那可爱的小点心，是家乡诸暨每家每户过年必做的特色食品。

我们争先恐后地抢到一小块米粉团，用力地搓着。我的手心隐隐出了汗，湿漉漉的，可那白色的米团，一直不肯听我的话。开始想把它捏成馃碗，是用来放馅料的，多神气！后来，却变出了一个胖胖矮矮又很扁的"小娃娃"。"你好丑呀。"我不满地嘟囔着。它又不乐意了，还裂出几条缝来。一扭头，看看兄弟姐妹们的馃儿。表哥不愧是哥哥，把米团都做"活"了，昂首挺胸，白白的大肚皮，顶着尖尖的生日帽——做得有模有样。表姐就更不用说了，那双灵巧的手，眨眼儿的功夫，便让馃儿像个宝塔似的立起来。青色的肚囊，里面装着甜滋滋的豆沙馅，小棱角俏皮地在顶上翻跟斗，又像一个女孩儿的辫梢……再一瞧自己的，都不好意思跟大家说了——一个迷你小泥娃的翻版。表弟还比我能干，只不过没加馅儿。看来，我得认真加工加工那"杰作"了。

先加点儿米粉团，将娃娃的下半身捏成一个小碗的形状。"嗯，还不错嘛！"再小心翼翼地用铁勺把馅料放进小碗。记住，不要加多，也不能放少。多了，就怕馅儿会一股脑儿地钻出来；少了，便让人尝不出鲜味。所以，馅料要不多不少才好。然后，轻轻将米团打褶，是不是挺像裙子上的花边呢？如果米团子黏住了手，就用干米粉或用少量的油在手指上涂一涂，蘸一蘸。最好是猪油，做出来的馃儿更香、更鲜。接着，再用手一点点圈紧，直到顶部紧紧地像小孩子的脑袋似的凑在一起。表弟问过我，"为什么取名叫'团圆馃'呀？"我回答说："因为过年了，大人小孩都会从四面八方地聚在一起。家人说说笑笑，十分融洽，这不正有团团圆圆、幸福美满的寓意吗？"

就这样，做完一个，做第二个、第三个……直到大箩筐里装满了白的、青的团圆馃。我满意地看着大家的作品，不妨说一下，那些露馅的，都是我和表弟包的哦！馃儿出锅时，我咽了咽口水，特地和表弟抢先偷拿了两个露馅的。因为外婆说过，自己做的，会特别好吃！蒸熟的团圆馃口感爽糯，味道鲜美；不过千万别和我一样吃太多，因为我小时候是个吃货，竟吃到消化不良……

吃团圆馃，是人们渴望一家人幸福美满的情感流露。外婆，外公，大姨，小姨，妈妈和舅妈总会将一个大大的馃儿放进我碗里，"吃个团圆馃，团团圆圆过大年！"说完都给我压岁钱。

我们家的年中，有这样一项运动，既可以锻炼身体，又可以保护视力，那就是——乒乓球。待在外婆家，只要那一天作业不多，小姨就会陪我打乒乓球。不过，并不是在平时的大乒乓球台上打球，而是在两张实木凳上，差不多一米不到的长度，再架上球网，两张木凳子，一副乒乓球拍，一个弹跳力较好的球，就大功告成了。

这就是我们家的年，也是一个充满温暖、充满趣味、充满欢声笑语和创意的新年。

佟嘉潞/文，六年级　指导老师：刘佩文

家中的笑声

笑，每一个人都会，就连我们家的金毛狗"可乐"也会。不过它的笑是有目的的，多数时候是想要好吃的，或是要你带它出去遛弯。

笑，每一个人都会，并不是新鲜事。但是往往有一些人忘记了微笑，就像我爸爸一样，性格严肃，不苟言笑。就连讲他小时候有趣的事情时，他也不会笑的，可那一次，他竟然笑了。

那是一个阳光明媚的早晨，我从床上爬了起来，翻了翻日历，发现今天是农历正月初九，是爸爸的生日。我心想：趁爸爸不在家，叫上妈妈一起给爸爸准备生日宴会吧。我慢慢走到妈妈的身边说："妈妈，今天是爸爸生日，我们一起给爸爸准备生日宴会吧。"妈妈爽快地答应了。

我们一起来到超市，空气中弥漫着一股奶香味，原来是现场做蛋糕的地方。那里到处都是奶油的香味，我和弟弟看着琳琅满目的蛋糕样品口水直流，不知道给爸爸选一个什么样的生日蛋糕，才会让爸爸开心。我把妈妈拉到了一旁，说："买个蛋糕给爸爸吧，他一定会很开心的。"妈妈一看价格都是好几百的，随口说了句价格真高啊。我主动说："妈妈，这个蛋糕钱由我和弟弟出，好吗？"妈妈开心地看着我们说："好孩子，你们真的懂事了！你们在这里选蛋糕，妈妈现在去买菜，买好了和你们在这里会合。"我提醒妈妈："爸爸喜欢吃鱼、肉、青菜……"妈妈应了一声，就去买菜了。

我们一直焦急地看着阿姨点缀着漂亮的鲨鱼蛋糕，是我和弟弟特意为爸爸选的。爸爸平时很严肃，不知道他看到这个搞笑的蛋糕会不会笑呢？不知不觉蛋糕已经出炉了，等阿姨打包装盒，系上漂亮的丝带就大功告成了。这时妈妈的菜也已经买好了，我们开心地满载而归。出了超市，外面的天很蓝，蓝得像大海，偶尔有几朵白云悠悠地飘来，丝丝缕缕地围绕在我们的头顶。连天空都这么美丽，心情更不用说啦！

　　回到了家里，我和妈妈忙得不可开交。妈妈在厨房做饭，我在搞卫生。过了很久，我和妈妈的"工作"终于完成了。空中弥漫着一股菜香味，时间一分一秒地过去了。叮咚、叮咚的门铃响了起来，是爸爸回来了，妈妈慢慢打开门。爸爸刚踏进家里，我高呼道："爸爸生日快乐！"爸爸还没反应过来，我们就把爸爸拉到椅子上坐着。妈妈说："今天是你的生日，你忘记啦。"爸爸边笑边说："谢谢你们，谢谢老婆大人！谢谢我的两个儿子，你们长大了，懂事了。"我心想，爸爸终于笑了。他笑得那么自然，那么开心……

　　也许，某一个人的笑会让你回味深长，永生难忘。这就是我感受到的家里最幸福的笑声。

　　　　　　　于陆一正/文，四年级　指导老师：戚刚红

这就是爱

我和弟弟是双胞胎，生活在一个幸福的家庭，妈妈爸爸特别疼我们。妈妈恨不得把天上的星星给我们摘下来，只要我们开口，妈妈什么都会帮我们做的。因为爸爸长年在外地工作，回家的次数少得可怜！只有妈妈用她那坚强的臂膀像老鹰一样呵护我们成长，天天看着妈妈辛苦地忙来忙去，我的心里好难过。可我们还小，什么都帮不了妈妈，有的时候还总让她生气。

记得我上二年级的时候，有一天是爸爸来接我们放学，等我们回到家，家里空荡荡的。如果家里少了妈妈，就像是天空中少了太阳一样。那天我和弟弟感觉不对劲，就问爸爸："妈妈去哪里了?"爸爸沉默了半天，才说妈妈生重病住院了。我们一听就哇哇大哭了，吵闹着要去找妈妈。爸爸说："你们要写作业，时间来不及。"我央求爸爸带我们去见妈妈，想给妈妈带点好吃的，可是我竟然都不知道妈妈喜欢吃什么！平时都是我们要吃什么就吃什么，妈妈总是在旁边微笑地看着我们吃东西！想想我们真是不懂事，真的是太自私了，妈妈是为了我们才累病的啊！爸爸安慰说："妈妈现在还吃不了其他的东西，只能吃流食。只要你们去了，妈妈一定会开心的。"于是爸爸开车带我们去萧山医院看妈妈！

车一路狂奔到了医院，我们跳下车，赶紧去看妈妈。当我们走进病房那一刻，看到妈妈穿着病号服躺在病床上，一张惨白的脸，看上去很虚弱。我们想大声叫妈妈，又怕吵到妈妈，所以我轻轻叫了一声

"妈妈"。妈妈回过头来一看，开心地笑了，眼角还流着幸福的泪水。

这时，爸爸过来把我们三人拥在怀里，我能感受到爸爸的呼吸声和妈妈的抽泣声，这就是爱啊！这种血脉相连的亲情是谁也分不开的，就让病魔快点离开妈妈吧，让妈妈早点回家……

于陆一正/文，四年级　指导老师：戚刚红

甜蜜的一大家

　　我们家有一个传统，就是每年我们一大家人都会一起出去旅行。不仅有爷爷奶奶、外公外婆，还有我们一家、小姨一家、大伯一家。每年我们都是一大家人一起去，一个都不能少。有时候，还会有其他亲戚加入，大人、小孩、老人一起，每次都有将近20个人，可热闹了。我很期待每一年的旅行。我们一起去过泰国、马来西亚、菲律宾、内蒙古……其中，我印象最深刻的是那次泰国之旅。

　　那年外婆摔断了腿，不方便走路，在不能用轮椅的地方，爸爸和小姨夫就轮流背她。先把外婆从六楼的老家背下来，再把她背上飞机，背下飞机，碰到那些需要走楼梯上去的景点，他们也都轮流背着外婆上去。整个过程中，他们都没有喊一声累，直到最后把外婆送回老家。

　　这次的旅行中，我们还在接力发烧，就像接力比赛一样。还没上飞机我就发烧了，到了曼谷我表妹发烧；后来，爸爸和妈妈又发烧了。发了烧的人是需要大家照顾的，大家一直都在轮流照顾生病的人，还改变了一些原来的安排，但是没有一个人抱怨。

　　我们的旅行从来都是不跟团的，所有的事情都由我们自己安排。每个人都发挥自己的长处：大伯安排行程，妈妈负责点菜，爸爸负责拍照，我们小孩子则是"开心果"，负责为大家带来快乐。

　　这就是我们甜蜜的一大家，我们是相亲相爱的一大家人。

余廷芮/文，四年级

父母恩情

童年时看父亲，
父亲是一片平原。
而我是平原上的一株小苗儿，
小苗儿永远离不开平原的怀抱。

童年时看母亲，
母亲是一棵大树。
而我是大树上的一片树叶儿，
树叶永远离不开大树的哺育。

平原给了我成长的方向，
大树给了我快乐的生活。
平原赋予我成功的力量，
大树传递给我充裕的营养。

成年时再看父亲，
父亲变成了平原上的小树。
而我却辽阔成了一片平原，
平原永远报答不完小树的恩情。

成年时再看母亲，

母亲变成了大树上的一只小鸟。

而我却蔚然成了一棵大树，

大树永远报答不完小鸟的陪伴。

李奕正/文，五年级

给爸爸的一封信

亲爱的爸爸：

您好！

有许多话，我在心里藏了很久，一直都没机会告诉您。最近我看了一本书，受到了很大的启发。现在我终于鼓起勇气，向您诉说我心底的想法。

爸爸，我想对您说：我在上一二年级的时候，上课经常忍不住要做小动作，受到老师的批评，也给您添了很多麻烦。爸爸，对不起，我让您操碎了心。

爸爸，我想对您说：有一年秋天，天气已经转凉，我想吃棒冰，您没有同意，我便发脾气，噘着嘴巴，瞪着眼睛，用力地拍冰箱的门。后来我才知道，您是怕我吃冷的东西胃疼，那是为了我好！爸爸，对不起，我不该无理取闹。

爸爸，我想对您说：有次我在练习吹笛子的时候，您让我多吹几遍，我却怎么也不肯，还发脾气，气呼呼地跺着脚，头也不回地走开。现在我能自信地在各种场合表演吹笛子，展示自己的风采。我才明白，您当初是为了让我吹得更熟练，吹得更精准。爸爸，谢谢您！

爸爸，我还想对您说：每天您早早起床，在厨房里熟练地给我烧香喷喷的早饭，自己却因为赶着上班顾不上吃早饭。晚上您下班，迈着疲惫的脚步回家，吃完晚饭，还要细心地给我辅导英语，一题一题仔细地讲解，直到我完全明白。双休日，本来这个时候您应该休息，但因为我有兴趣班，又因我们家住在城东，上课的地方却在城西，路程遥远，您不顾劳累开着汽车从城东送我去城西上课。有多少个寒冷的夜晚，您在教室外面等着我下课，而这一切都是为了我能够取得好成绩！而我当时居然没有感受到您这种浓浓的爱。爸爸，谢谢您，感谢您对我的无私付出。

从您的一言一行中，我学到了许多……我学会了如何去感受和珍惜生命中的美好，我懂得了什么是感恩，学会怎样去爱。您让我知道亲情是如此珍贵！

爸爸，记得吗？那一次我努力微笑着跑到你们的房间，对你们说："我爱你们。"对于我突如其来的表达爱的方式，你们显得有些许诧异。爸爸，是您教会了我有爱就要表达，要微笑地生活在当下。"决不要在悔恨的时候让太阳下山。"

爸爸，我爱您！

您的女儿：李诗阳

2017年10月30日

李诗阳/文，五年级

外公，我想对您说

外公我想对您说："您一路走好"！

7月9日凌晨1点整，您握着妈妈的手，永远地闭上了眼睛。在为您送行的那天，您静静地躺在玻璃棺里，亲人们都泪流满面，大舅妈、阿姨和妈妈的眼睛都哭肿了，嗓子都哭哑了，泪水从眼睛里一滴接一滴地流出来，流过苍白的脸颊，流过嘴角，无声地滴落到衣服上……

那天晚上，您静静地躺在玻璃棺里，外婆坐在旁边哭。我呆呆地看着您那苍白的脸，还是和活着时一样慈祥。虽然您的眼睛是闭着的，但我总觉得您在亲切地看着我；虽然您的嘴角用白布遮住，但我仿佛听见了您慈祥的话语……

当您的骨灰被放在坟墓中时，我的心像被刀割了一样，我竭力地想忍住哭泣，可我还是哭了出来。

虽然您已去世多日，外婆还是每天晚上默默哭泣。这就像一场梦，我们怎么也想不到，像您这样和蔼的老人也会这么早离开我们。无论我们怎么努力，都没有把您从死神手心夺回；无论您自己怎么努力，还是没能战胜病魔……您的突然离去让我们悲痛万分。

敬爱的外公"您一路走好"！

沈思瑶/文，五年级　指导老师：李英

一辆车一菜园

"叮叮咣咣",一阵不甚清脆的声音,串起那无数风和雨,串起那无数个晨和昏,也唤起了我对那美好童年的记忆。

父亲的"宝马车"早已上了年纪,具体多少年了,我也不大清楚,在我出生前就有了。

父亲的"老古董",这回又出故障了,链条断了。不知经历了多少个日和夜,父亲也不丢弃,修了修又重新上路。那轮子也磨得看不到胎纹了,"老爷车"已经旧得泛起了黄色锈斑。

然而,直到我上小学,爸爸也没有买辆新自行车。每次我说买新车,他都说过两天。车子也真是年迈了,吱吱地响。不知什么时候,后轮的车轴两边装上了两块铁踏板,后座架上也裹上了厚厚的蓝色布条,"舒服吧!"爸爸说。

其实,父亲那时完全可以再买一辆新车,但还是用着旧的不肯换,直到现在。有一件事在我的脑海中留下了永恒的记忆。

那时,遇到下雨,爸爸穿一件雨衣,我也穿一件雨衣,是粉红色的像衣服一样的雨衣。雨大时,爸爸还特意在我的小腿上盖一小块尼龙布,这样雨水就不会流湿裤子。印象最深的是一个早上,爸爸用自行车载着我去上学,行至村头的弄堂口,一只小狗横窜了出来。由于是下坡,速度快,一个急刹车,我从爸爸的头上飞了出去。爸爸吓坏了,急忙抱起我。再仔细一看,车子前轮的钢圈已成S形了。怎么办?步行到校。第二天车又能骑了,原来是爸爸拉到修理店换上了新的钢圈。

小时候，我最喜欢去外婆家的菜园玩，摘野花，捉蝴蝶，别提多惬意了。妈妈一直在外婆家种一块地，种上几畦蔬菜、几棵玉米、一片黄豆。

只要是常见的蔬菜，妈妈的院子里一定有。什么油冬儿、小白菜、红萝卜、韭菜、大蒜、菠菜、辣椒、茄子、冬瓜、南瓜，还有玉米、番薯等，应有尽有。那不仅是妈妈的菜园子，还是"粮食基地"。浇的是土肥料，不用农药，妈妈种的菜还真的比菜市场买的好吃。家里的条件越来越好了，其实妈妈也没有必要去种了，楼下的大超市里就有。可我总是看妈妈三天两头跑外婆家，每次拎回来一大袋蔬菜。

她常笑呵呵地说："这下我们家不用买蔬菜了，省了不少钱！"那模样好像是赚了大钱。一次妈妈跟我算起账来，一户人家每天要买蔬菜，一个月要花多少钱，一年三百六十五天，又要多少钱。我可不管这些事。

现在我知道妈妈为什么拎着自己种的菜别提多高兴了。一袋自家种的菜省下了她买菜的钱。家里大袋的玉米，用机器磨成粉，能做成各种美食。虽然后来爸爸的车换了，买了新朗逸轿车，上学路上几乎不用。你知道为什么吗？爸爸的一句话道出了其中的原委：开四轮的"宝马车"，还是我的两轮"宝马车"先到学校。就这样，我吃着妈妈种的菜，坐着爸爸的"宝马车"长大。

一辆车，一菜园，她们伴随我长大。我觉得，这是家给予我的最美好的东西。

翁文莉/文，八年级

人间有爱是清汤面

一碗清汤小面，一碟豆腐乳，简直是人间至味。

奶奶年轻的时候曾开过一家面馆。奶奶的每碗面都是精心制作，面是面，汤是汤，汤清面净，汤与面互不相溶，却相辅相成，吃起来十分清爽。青碗白面，再加上少许葱花、鲜红的辣椒、黄澄澄的荷包蛋，可谓是色香味俱全，没有食欲才怪呢！因而食客络绎不绝，每一个客人都耐心等待，等待属于自己最好吃的那碗面。

受奶奶的影响，我小时候极爱吃奶奶做的面条。奶奶也十分疼爱我，常为我亲自下厨。不多时奶奶便可端出一碗清汤面来，顺带两根竹筷放在我常坐的位置上，还常在酱油碟里放一块淋了油的豆腐乳。然后，她坐在桌边的躺椅上，沐着阳光，静静地端详我，看着面条"扑哧扑哧"地滑进我嘴里，不时地叮嘱我："吃慢点，吃慢点，没人与你抢，淡了就吃点豆腐乳。"

后来，我到城里上了小学，便很少回奶奶家。偶尔去了，也只是嘘寒问暖，很少在奶奶那里吃清汤面了。况且奶奶年事已高，身体不好，从此很少掌厨，我便无法再享受清汤小面的福气了。

在城里，我去过很多面馆，但一直没有令我满意的，面条要么烧糊了，要么太咸太淡抑或太油腻，偶尔吃到像奶奶做的那种清汤面，但却怎么也吃不出小时候的那种味道。

后来我放假回乡下，便央求奶奶给我烧一碗面吃。奶奶一边笑，一边打趣说："长这么大了，习惯还改不了，就知道吃。"但手上却已经忙活开来。看奶奶专心致志地做面也是一种享受。面粉在奶奶手中变成韧劲十足的面团，又成为清汤中生龙活虎的一根根长面。青瓷碗中已盛好香菜、辣椒，装上面条，撒上葱花，再盖上荷包蛋。奶奶好像把耐心、热情、深爱都付诸一碗面中，完美！

好久不见如此的面了，清澈的汤、雪白的面、淋油的豆腐乳、朴素的葱花、一双竹筷，吃起来仍然是"哧溜哧溜"。

我已经好久没品尝如此的味道，也好久不见奶奶在阳光下的微笑，我仿佛又回到儿时吃面大汗淋漓的时候……永远不会从舌尖消失的味道，永远不会忘记！

苏轼有词云：人间有味是清欢。

我斗胆亦云：人间有爱是清汤面。

张嘉晖/文，八年级

不会游泳的鹅

我可以要一根
胡萝卜味的棒棒糖吗？
让我递给你，
看着你萌萌的表情暗暗发笑，
因为，我喜欢你。

——《写给小兔阿布》

秋之使者

　　杭城深秋已至，"秋之使者"也随之而来。我最喜欢的，便是那银杏。银杏的叶子，在萧瑟的秋风中呈现各种黄色，有从叶柄往叶片上描出一层淡绿，既而晕开一抹嫩黄的；有如松树皮，颤颤巍巍的；更多的如那大笔一挥，就是晃眼的金子般的金黄……

　　一片片的银杏，皆呈扇子般展开。在秋风的鼓动下，还来不及细细地穿戴涂抹，就从树上轻轻地飘落，在空中恣意徜徉，在地上随意飞旋，不经意间织就了那金色的地毯，舞出了那浓浓的"秋之韵味"。

　　记起小时候，我总喜欢追逐那空中飞舞的银杏叶，小心翼翼地将那叶子整齐地排在小手上，逐渐汇成一把金色的"大扇"。淡绿色与金色交织在一起的"团扇"，直至手上再也拿不下，然后便似一位高贵的公主，满意地攥着"团扇"来回踱步。没想到淘气的银杏叶子这时却悄悄地从我的指缝间开溜，等我回过神来，漂亮的"大团扇"已经变成只有十几片叶子的"小扇子"了。溜走的银杏叶早已和同伴们在我身后铺出了一条金色的小路。我刚要去捡拾时，偏偏风儿又跟我开了个玩笑，它鼓起腮帮子，"呼"的一声，金色的小路便在空中"打起转"来，卷出了一抹金黄的色彩，而我的银杏叶早已飞散到了各处。

　　现在想起来，便会忍不住会心一笑，同那银杏叶一起飞舞的是快乐的童年。

冯晌/文，六年级

一只小鹿犬

冬天，整条街似乎都被骤降的气温染成了冷色调。法国梧桐在冷风中瑟瑟发抖，满头的枯叶随风打转。我顶着寒风朝家的方向走去。

忽然，路旁闪过一团黑乎乎的影子。我一惊，黑影很快晃过我身旁，跳上了前面路旁的垃圾桶。仔细一看，原来是只小狗，正埋头在垃圾桶里翻找着什么。很快，它居然叼着一根骨头样的东西，一跃，便从垃圾桶跳了出来，趴在路边，细细地啃这来之不易的食物。我是个怕狗的人，被吓得愣在了原地，不知是进还是退。我悄悄地看了它一眼——是只小鹿犬！应该是走失了吧，大冷天的，流落街头……真可怜。忽然，小鹿犬一抬头，似乎看见了我。我紧张了起来，不敢再看它一眼。

一路上，我总觉得那只小鹿犬一直在跟着我。我心里害怕极了，它会不会扑上来咬我一口啊？我壮着胆子，悄悄地朝身后望了一眼，一个黑乎乎的脑袋正从路灯旁探了出来——果然是它！刚才那只小鹿犬！我鼓起勇气，仔细地看它：一对尖尖的小耳朵支在头顶，格外显眼，一双黑溜溜的眼睛骨碌碌地转着。小家伙见我发现了它，也不再躲躲闪闪，迈开四条细长的腿，一阵风似的朝我奔来。我吓傻了，愣在了原地，它见我这副模样，便放慢了速度，一蹦一跳地来到我的跟前，乖巧地在我脚旁踱来踱去。嗅嗅我的气味，用身子蹭我的脚，冲我摇尾巴。我这才不那么慌乱，心里不知怎地涌起了一丝温暖，也清醒了过来。这只小鹿犬肯定有主人，不能让它就这么跟着我！我仍然有些害怕，默默念道：小乖乖，回家找主人吧！不要跟着我了，好吗？看样子，这没有起到什么作用。它仍兴高采烈地跟着我，"嗒嗒嗒"的脚步声，有节奏地在身后响起。我停，它也停；我走，它也走。我回头看它——它朝我歪了歪脑袋，摇了摇尾巴。看着它乖巧的模样，我有了一种想把它抱回家的冲动。正在我犹豫之时，它跑过来，上半身直立了起来，把两条前腿搭在了我的小腿上，摇着尾巴，黑眼珠里带着期盼。可我毕竟心里还是害怕狗，不自觉地大叫起来："你别跟着我，好不好？"可周围并没有其他人，只剩下我与狗"大眼瞪小眼"。

我当作没看见它，继续朝着家的方向走去。没想到小家伙还是默默地尾随我的脚步，像个"跟屁虫"一样。我悄悄地瞄了它一眼，发现它也正用机灵的眼神瞄着我，看得我真心疼——这是一只多么聪明的小狗呀！从一开始我看着它，它就知道我的想法，它知道我不会伤害它，甚至想让我成为它的新主人。可我怕狗，一家人都怕狗，尤其是妈妈。让它在怕狗的人家里生活，并不比流落街头好。送到宠物收容所，那里的人会怎么对待走失的宠物呢，我也并不知道……我狠了狠心，虎着脸："走开！我不是你的主人！走开！"每吼一声，我的心就会绞痛一下。我很清楚地看见——它的脑袋重重垂下，耳朵不再支着。它迈开了脚步，一步、两步，走几步，就回头看我一眼——眼睛中分明闪着泪花！真真切切的泪花！它又走了几步，每一步都踩在我碎裂的心上……它再次依依不舍地看了我一眼，便飞奔出了我的视野。

刺骨的寒风刺痛了我的双眼，我默默地祈祷：小鹿犬，愿你找到真心爱你的主人，给你一个温暖的家……

冯晌/文，六年级　指导老师：朱小莉

不会游泳的鹅

外婆家有一只很笨的鹅，因为它不会游泳。每次一下水，它都会沉下去，变成一只落汤"鹅"。

那天我和哥哥为了证明鹅天生是会游泳的，就想把这只鹅赶到水里去。我们各拿了一根竹竿，把鹅赶到了河边，它大概知道我们是不友善的，居然蹿来蹿去伸着细长的脖子来啄我们。我们一慌就挥起了竿子，把鹅逼到了水里。

鹅一落水，就惊恐地扑腾起翅膀，笨重的身子在水里摇摆。"什么红掌拨清波！它用红掌在狗爬！"可可扯着嗓子叫嚷道。我一看这鹅像是落水的婴儿，有点慌了，大叫着："外婆，快来救救这只鹅，它快要沉下去了！"外婆拿了个网兜，急匆匆地跑来，"就说它会淹死，还不信，我已经救过它3次了！"

鹅被救上来后，躲在空地上晒太阳。我仔细观察了它的脚掌，并没有与众不同啊？真是想不通，它明明具备了游泳的条件，怎么就是不敢下水，不会游泳呢？我对它充满了好奇和同情。

最后还是外公解开了谜底，原来这只鹅是由母鸡孵出来的，从出生到现在，它一直跟着鸡妈妈，从来没有相信过自己是一只鹅。

陆莹/文，三年级

小金鱼火花红

妈妈给我从花鸟市场买了几条小金鱼。其中有一条小金鱼浑身通红，我特别喜欢它，给它取名为火花红。

火花红个头小小的，只有一寸长。它的鳞片在太阳光的照射下，反射出耀眼的光芒，金光闪闪。火花红的嘴巴小小的，好像怎么都张不大似的。它的眼睛黑溜溜的，小眼珠滴溜溜地转着，一副机灵的样子。它的肚子胖乎乎的，像个小圆球似的鼓出来。它的尾巴长长的，像仙女美丽的丝带，在身后轻盈地舞动。

我家的火花红非常贪吃。火花红饿的时候，就在鱼缸里用力地摆动它的尾巴，把水弄得哗哗作响，弄出很大的声音，有时候还会溅出很多水花。它好像在说："小主人，给我点东西吃吧，我快饿死了！"这时要是你在场，你肯定会毫不犹豫地给它一点东西吃吧？反正我每到这时都会赶紧把鱼食扔下去。火花红只要一看到鱼食就像离弦的箭一样冲上来，一口把鱼食吞了下去，生怕被别人抢走似的。但是，更多的时候它是吃不到鱼食的，因为它的嘴巴太小了。每次它一张嘴，鱼食就被它的嘴巴顶走了。它再一张口，鱼食又漂走了。它急得团团转。有时候，漂走的鱼食引来了其他嘴馋的金鱼，火花红只好再去跟其他金鱼抢食。这个火花红，真是可爱又可怜啊！

火花红，你的存在给我们家增添了许多欢乐！我爱你！

章康宁/文，四年级　指导老师：黄冶秋

写给小兔阿布

现在我们可以做梦了吗？

糖果屋和棉花糖做的小云，

可爱的棒棒糖树林和姜饼人。

我可以要一根胡萝卜味的棒棒糖吗？

让我递给你，

看着你萌萌的表情暗暗发笑，

因为，我喜欢你。

我想和你一起环游世界，

在法国巴黎的某个小镇，

闻着浪漫又独特的花香，

与你一起，

共享一根长棍面包。

在小镇的旅店里——

软绵绵的床上，

任我俩在上面，

不停蹦跳。

请再让我说一遍谢谢你，

就算一遍遍重复我也不会腻烦。

我会把它当成优美的琴声低吟，
回荡在空无一人的
田野、山谷里。

即使，
你送给我的礼物只是一个
可爱的笑容，
我也会感谢。

想想你那发自内心的微笑，
雪就化了。
冬去春来，
我们又可以出发了。

我和你都喜欢出发。
到那寂静的山岭，
到那遥远的边境，
到那美丽的小镇，
到那热闹的都市。
喜欢离开，
离开那音乐会的悠扬琴声，
离开那不知名小镇的低沉钟声，
离开那世界尽头的绵绵黄昏，
离开那佛国圣地的诵经声。

万水千山，
任我游走。
不管天上闪亮的星辰，
指引的是西北东南。

你与我，
犹如挥动翅膀的精灵，
飞翔在那密密的花丛中。
虽然那广袤的世界，
不知何处是尽头。
但是前方的道路，
越是困难就越要坚持，
勇敢地向前。

新年的钟声，
渐渐敲响；
新年的焰火，
即将燃放。
我愿意，
抚摸你那柔软的皮毛，
抱着你，
一同走向那辉煌的明天。

曹立闻/文，四年级　指导老师：朱海粟

可爱的小金鱼

上个星期五，阳光灿烂，放学的我蹦蹦跳跳地往家里走。忽然，我被商店里的一条小金鱼吸引了。它是那么可爱、迷人，就像一颗活动的红宝石。我仿佛被磁铁石吸住了似的，不知不觉就走到了鱼缸前。妈妈见我很喜欢它，便将它买下，作为礼物送给我，我把它小心翼翼地捧回了家。

回到家，我在鱼缸边目不转睛地观察着小金鱼。它的眼睛大大的，像两个水泡，穿着一条薄如蝉翼的红色纱裙，身上镶着闪闪发光的亮片。当它游泳时，"纱裙"随之摇摆，像一位正在跳舞的姑娘。我不禁哼起了小曲，小金鱼"跳"得更欢了，我一乐，唱得更大声了，我们就像形影不离的好朋友。

黄昏时，太阳红着脸，害羞地往山下走去。到吃晚饭的时间了，小金鱼的身体被夕阳照得闪闪发光，好像在对我说："小主人，我饿了，请给我东西吃吧！"我急忙扔给它一些面包屑，它便狼吞虎咽，像几十年没吃东西一样。

后来，我在电视上看到了"爱护动物"的标语便想到了小金鱼。我不应该把它关进水缸里，得马上放生！我立刻跑回家，依依不舍地把小金鱼放入河流，它看了我很久，嘴巴一张一合，似乎在与我告别，接着，就欢快地游走了。

看着小金鱼美丽的背影，我知道，大自然才是它们最好的家。我们要爱护动物，不要让小动物们失去自由。

田芮西/文，三年级　指导老师：胡妃珍

四季的树

　　一年四季，春夏秋冬，更新交替；而四季的树，也各有不同。

　　春天的树，刚刚从枝上长出小芽来，嫩绿嫩绿的。柳树从梦中醒来，对着宽而长的大河，那像镜子一样的河面，一边照着"镜子"，一边梳理着"头发"，像一个爱漂亮的小姑娘。

　　初夏的树，树上的叶子碧绿无比。而着炎炎的夏日，树越长越茂盛，像一个大大的绿顶凉亭，人们可以在树下纳凉。树干上还有知了，不停地在叫，好像在说"天气太热了，天气太热了"！

　　秋天，是一个丰收的季节，果园里的果树结果了。苹果树上结出了红红的大苹果，一个个红红的苹果像一个个害羞的小姑娘。银杏树的叶子像一把把黄色的小扇子，扇哪，扇哪，扇走了夏天的炎热。瞧，枫树的叶子像一只只可爱的小手，风一吹，似乎在向我们招手，让我们迎接秋天的到来。

　　冬天到了，好多树的树枝已经光秃秃的了，只有松柏昂首挺胸，不怕严寒，真是太坚强了！

　　我爱四季的树。

郑熠文/文，三年级

可爱的小斗鱼

星期天，爸爸给我买了一条小斗鱼，我可喜欢它了！

我的小斗鱼长着一双亮晶晶的大眼睛，小小的嘴巴，碧蓝的身体上有五彩缤纷的鳞片，它还拖着一条金黄色的大尾巴，真像是一位彩虹公主！每当我喂它食物时，它就像女儿见到自己妈妈一样，飞快地游过来，张开嘴，一下子就把食物吞到肚子里。

我闲着的时候，就用小草触碰它的身体。我还没碰到它的身体，它就闪电般地躲开了。我穷追不舍，只见它一会儿往那游，一会儿往这游，最后，它躲进了石缝里。任凭我怎么逗弄它，它都不出来。我伤心地说："我的小斗鱼，你别躲藏了，快出来吧，我再也不弄你了！"话音刚落，我的小斗鱼战战兢兢地探出了脑袋，好像在对我说："小主人，你不要骗我哦！"

哈哈！我最喜欢这条既美丽又聪明的小斗鱼！

胡安蝶/文，三年级

我家乡的一棵树

我独自一人漫步在小巷里，看见了我曾经的伙伴——一棵梧桐树。如今变得光秃秃的，不禁让我打了个寒战，一种酸溜溜的感觉油然而生。

小时候，我曾躲在它的树荫下避暑。一阵阵清凉的风不时从身上拂过，真是凉快无比！它那茂密的枝条，一根一根从窗户外伸进屋里。如果所有的窗户都开着，在家里也不会感到炎热。要是下雨，躲在它的树底下，你也不会被淋湿，因为它用撑开的枝叶为你遮挡了雨水。

春天，它更是生机勃勃。棕色、白色、黄色、翠绿色纷纷在它身上雀跃起舞。不说有许多棵，就它一棵，也能把小巷子点缀成水墨画。

冬日里的它，是一幅最美的画。在雪花染白了它终年不掉的树叶时，我总是呼朋唤友，叫上一大群小孩子，在它旁边玩游戏。一组人想办法爬到树上，另一组人围观。伴随着大呼小叫的口号声、此起彼伏的加油声，我们开始了"陆空雪仗"。双方"杀气腾腾"，又势均力敌。不一会儿，原本银装素裹的它，一下子空了……

可是，就在今年，不知什么原因，已经枯萎的梧桐树被伐木工人剪了它的叶，折了它的枝，砍了它的干，只留下了一个矮矮的、秃秃的小树桩。我无比惋惜地看着小树桩，但眼前仿佛还是那么挺拔和高大的它。

它的形象已经被我印在了心里。

叶泓瑞/文，五年级　指导老师：董行

菊 花

　　花盆里的菊花开了，我在屋里都能闻到那股淡淡的馨香，沁人心脾。千姿百态的菊花犹如落日的云霞，把大地染成了菊黄色。

　　走近一看，才发现菊花真的美。菊花的花瓣尖尖的，颜色是那种明黄色的，亮亮的，中间还有一点橙黄，花瓣很轻很薄，好像是用黄色的太阳作为颜料涂抹上去的。花瓣一层又一层，整齐而又有序地排列，中间是花蕊，也是黄色的，整朵花都是黄色的。花蕊上有花粉，花蕊像蓬松的毛线，走到它身旁，香气越来越浓，充满了肺腑。几只小蚂蚁在花蕊上爬来爬去，菊花动了一下，仿佛在笑，笑得那么甜、那么美。半开的菊花露出了半个笑脸，还是花骨朵的菊花，含苞待放，鼓得好像要冲破花苞。

　　从远处看，那菊花犹如一颗颗黄宝石，犹如一群乐呵呵的少女，犹如一只只花蝴蝶，这就是菊花真正的美。

　　菊花秋天开放，冬天凋零。但它即使完全枯萎了，也仍然挂在枝头。它不甘这样死去，它与寒风斗争，虽然枯萎了，但没有落地。这也印证了菊花那顽强地与寒冬斗争的精神。我敬佩菊花那顽强的精神。

卜方羿/文，五年级

我家的小兔子

　　我家的小兔子，是我前段时间经过花鸟市场时买的。我第一眼看到她时，她安静地待在笼子里，我便想：这真是一只乖巧的小兔子。

　　这只小兔子长着两颗红宝石般的眼睛和一对灵敏的耳朵，只要周围有一点点细微的声音，它就"唰"的一下把耳朵竖起来。但她不会像别的兔子一样，跑来跑去，而是静静地站在那里，左看看，右看看，就像我们说的"乖乖女"。

　　"乖乖女"都是千金大小姐，她当然也不例外。她喜欢晒太阳，每当我带她出去玩的时候，她就懒懒地在阳光下沐浴。有时她也会开心得蹦蹦跳跳，像一团雪球在阳光下滚动。当她累了，就趴在地上，翘个二郎腿，十足一副千金大小姐的模样。

　　我家的小兔子也会安慰人。有一次，我在学自行车，但怎么也学不会。正当休息时，我的小兔子一蹦一跳地跑了过来，她在我旁边蹲下，用那水汪汪的眼睛盯着我，好像在说："小主人，不要灰心，多试几次就一定能学会的！"果然，我在小兔子的鼓励下进步很大，没多久也基本学会了骑车。

　　这么可爱的小兔子，你们会喜欢吗？反正我一直当她是我的好朋友。

　　　　　　　　　　　　　吴桐语/文，四年级　指导老师：沈志美

可爱的小猫

我姥姥家养了一只可爱的小猫，是英国短毛蓝猫，我给它起了一个自认为很好听的名字"煤球"。它是一只又馋又招人喜爱的猫，给我们带来了无穷的乐趣，还有烦恼！

它高兴的时候任你怎么抱它、玩它、摸它，它都很高兴地喵喵叫着，睡觉的时候还发出呼噜呼噜的声音。如果它在睡觉的时候，你把它弄醒了，它会非常生气。有一天，我看小"煤球"睡觉的样子真是可爱，就忍不住去抱它。它不高兴了，脚里的指甲就会突然伸出来抓我，把我的小手抓出两条血道来，还咬了我一口，被它咬破了一块皮，痛得我把猫一扔，哇哇大哭起来。这下可把姥姥和妈妈吓坏了，"煤球"知道自己犯了错，以最快的速度藏到了衣柜下面，不敢出来。接下来，我被妈妈带去医院打狂犬疫苗，而且要打好几次。经过这次教训，它睡觉的时候，我再也不会去弄它了。

"煤球"身上是黑蓝色的，没有一点其他杂色。有一对三角形的耳朵，脸上长着一双炯炯有神的大眼睛，圆溜溜的，一只小鼻子非常灵敏，一闻到香味馋得喵喵直叫。鼻子下面长着一张贪吃的小嘴，两旁还长着像钢针一样的胡须，非常硬。

姥姥家一个大鱼缸里养了好多条漂亮的小金鱼，"煤球"每天围着鱼缸转圈，还不停地喵喵叫着。姥姥看到了，冲过来说："不许吃小鱼啊！""煤球"似懂非懂地看着姥姥，依然喵喵地叫着。

有一天，妈妈又买了几条漂亮的小金鱼。妈妈说："先把小金鱼放在一个盆里，等它们适应后再放进大的鱼缸里。"这时妈妈去厨房做饭了，我在屋里写作业。等妈妈叫我们来吃饭的时候，我感觉有些不对劲。盆子里的小金鱼怎么一条也没有了，我们怀疑是"煤球"干的好事，找了一圈才发现它正趴在鱼缸的下面，津津有味地吃着妈妈买回来的小金鱼呢。等我们发现时，就剩下最后半条小鱼了，妈妈大声斥责它。它好像看出来我们生气了，把头压得很低，肚皮紧紧地贴在地上，"喵喵"地叫着，好像在说："主人我再也不敢了，饶了我吧！"一见它那可怜的样子，再想想平时它招人喜爱的情景，我们只好原谅了它。

这就是我们家的小猫，又可爱又淘气！更让人怜爱！

于陆一永/文，四年级　指导老师：戚刚红

主 席 台

　　我们所在的文苑小学是一个美丽的地方。校园里有各种各样的建筑，有教学楼、综艺楼、实验楼等。其中，我印象最深刻的是操场那边的主席台。

　　走进操场向右看，是高大而茂密的树木，隐隐约约中看见了主席台的一角。走近主席台，映入眼帘的是三根笔直的铁旗杆，抬头仰望，中间的旗杆最高，一面鲜红的五星红旗迎风飘扬，令人肃然起敬。它象征着革命精神，象征着希望，象征着光荣与梦想。两边的旗杆略低，旗杆在阳光下，闪闪发光。有时，它们也在风雨中接受洗礼，它们就像战士一样昂首挺胸，坚守岗位，不辱使命。

　　主席台两侧花草树木繁多，有香泡树、桃树、玉兰花树等。微风吹起，它们有的在风中翩翩起舞，有的像士兵一样庄严地站立着，有的在向国旗敬礼。它们错落有致，仿佛将主席台簇拥在它们的怀抱中。

　　主席台四四方方的，是用水泥做成的，两侧有石阶梯。主席台往往是主持人、国旗手、荣誉者登台的地方。它虽然有点高，却是接受大家掌声与鲜花的地方，也是个神圣的地方。

　　别看主席台简陋，它却在完成一项艰巨的任务，那就是坚守我们学校的尊严！

　　　　　　　　　　　　　陈方圆/文，四年级　指导老师：吴尘

橘 子

"小小黄盆子，盛满黄饺子。吃掉黄饺子，吐出白珠子。"哈哈，你们猜，这是什么水果呀？还是让我来告诉你们吧！谜底是"橘子"。

橘子身穿黄外套，看上去是扁圆的，就像一盏小小的南瓜灯笼！仔细看，外衣上还有许多小点点，柄上带几片嫩绿的叶子。轻轻脱下"外套"，一股清香扑鼻而来，像花儿绽开了笑脸。只见十几片橘子肉紧紧围坐在一起，好像在讨论国家大事呢！橘瓣外还有一层白色纱衣，老师告诉我们，这是橘络。它的营养价值很高，还可以做药材。

看着诱人的橘子，我馋得直流口水，迫不及待地瓣下一片橘子肉，往嘴里一塞，甜甜的，凉凉的，真是爽极了。一股汁水流到了我胃里，好吃极了。

老师告诉我们，橘子全身是宝，橘子皮可以用来泡茶，橘子肉可以吃，还可以做罐头，连橘子核都能做药……

啊，橘子，我好喜欢你啊！

孙语湘/文，二年级　指导老师：楼晓霞

肥狗包子

我代养过一只狗，那只狗的名字叫包子。

因为它长得跟一只小猪一样，肥肥胖胖的，让人感觉它有一天会把家全吃光一样。而且它的四条腿又短又粗，像乌龟的腿一样，让我有点担心：它会不会跑不动啊！最让我害怕的是，它那又长又粗的尾巴，都快超过我腿的长度了。

它很爱吃，每一次吃饱的时候就会乱跑。可饿了就跑到火腿肠面前，张开"血盆大口"使劲地吃，不吃到撑不罢休，不吃完四根火腿肠就不走。它狼吞虎咽的时候，我多想把盘子拿走不让它吃啊！我多想让它减减肥啊！

别看它那又粗又短的四条腿，其实跑得很快的！它跑到这个屋子里吼着要吃饭，你一不留神，它又跑到另一个屋子里轻声地叫着要睡觉。

这是一条喜欢做运动，又会拼命吃的奇特的小狗！我估计它会成为运动员，或者是狗类的吃货比赛冠军。

孟静仪/文，四年级

雨后的清晨

天空并没有被雨水冲洗得十分干净，依然蒙着一层淡淡的灰，好像带着心事和委屈的小孩，随时都有可能会"落泪"。

——《雨后的清晨》

雨后的清晨

早上，我还在蒙眬的睡梦中，就已经闻到了春雨的味道，青涩又带点潮潮的花草香。

起来推窗一望，却发现雨刚刚停。就在我推窗的一刹那，雨点留在了窗格子上，留在了庭前的香樟树叶上。

天空并没有被雨水冲洗得十分干净，依然蒙着一层淡淡的灰，好像带着心事和委屈的小孩，随时都有可能会"落泪"。

雨后的空气像被过滤过似的，格外清新，那些昨日还在漫天飞舞的柳絮也已驻足停息。花草树木经过雨水的冲洗，鲜艳夺目；那枝叶上的盈盈水珠，远远看去像是镀上了一层透明的银光。柳树绿得发亮，看那婀娜多姿的神韵，仿若刚刚出浴的少女。

路上的行人，有的穿着雨衣，有的撑着伞，有的正停下脚步收伞，有几个喜欢淋雨的，身上还是湿漉漉的。

雨后的小巷，乌亮乌亮的，远处的戢山，黛青黛青的。

睡了一夜的绍兴城洗了一次"晨浴"，是那么有精神。

陆莹/文，三年级

曾经的钱山漾

　　我的家乡在湖州钱山漾，这真是个令人怀念的地方，因为那里年年盛开着万里桃花。

　　村子还在的时候，一切都还很好。

　　村子的周围是一个湖，水面如镜，映出树的葱郁，花的艳丽，天的无际。起风了，那几株翠柳随风飘舞，轻轻拨动着水面。翠鸟滑过水面，停在竹竿上休息。

　　山上的寒气还未消失，阳光就已充足，光秃秃的树枝上冒出嫩绿的芽儿，山上一片新绿。

　　嫩嫩的绿草上有几处土被翻过的地方，那是野麂的足迹，可现在已经很难见到它们了。远处看，几只"尖嘴鸟"停在电线杆上。桃花开得正旺，一片粉红。

　　只记得那天一场突如其来的大雨，将桃花打落，一棵棵树干孤独地站立着。不久，村子没了，一切美景都消失了……

戴潇楠/文，五年级

美丽的秋天

　　九月一到，就有了秋意。秋意在一个多雾的黎明悄悄溜来，它踮起脚尖，掠过树顶，染红了几片枫叶。

　　秋姑娘迈着轻盈的步子来到了森林。枯黄的落叶一片、两片轻悠悠地飘落在水面上，像小船一样顺风慢慢地荡走。秋天的枫叶好似燃烧着的旗帜，在阳光下闪闪发光，美丽极了。秋天，小草被风吹得发黄，草地变成了金色的海洋。群雁抖着翅膀，悠然地从草地上飞起，它们排着"一"字形飞上天空，像出征的战士，呼喊着，歌唱着，声音中充满了必胜的信念。秋天，燕子似乎也怕冷，穿着燕尾服，准备飞向温暖的南方。松鼠忙着准备过冬的食物，它们把食物塞进老树的缝隙里，塞得满满的。到了冬天，它们的过冬食物就一点都不用愁了。青蛙也停下，不再唱催眠曲了。到了秋天，蚂蚁们更加勤劳了，它们排着小火车似的队伍，把各种各样的食物运送回家。秋天，小蛇们似乎在跟我们捉迷藏，躲到地里去了。

　　秋姑娘迈着轻盈的步子来到了花园里。看，一簇簇的菊花堆在一起，在听秋风老师讲故事。一阵阵风吹过来，带着甜甜香气的桂花，在树枝间轻轻摇晃，似乎在向我们点头。牵牛花的果子，像一盏盏小灯，向下垂着，好像在找合适的地方，把种子弹落。向日葵开的花，金灿灿的，就像阳光一样灿烂。远远看去，鸡冠花红得像一团火，十分耀眼。

　　秋姑娘迈着轻盈的步子来到了果园里。红彤彤的苹果挂满了枝头，又大又圆，好似喜庆的气球。石榴挺着大肚子，像一个快要生宝宝的女子。橘子穿上了橙色的衣服，非常诱人。一个个柿子像打起了红色的小灯笼，可爱极了。黄澄澄的香蕉好似一条条小船，一串串紫色的葡萄像一颗颗玛瑙。梨黄黄的，好似一个不倒翁。摘果子的人看见了，一个个都笑了。

秋姑娘迈着轻盈的步子来到了田地里。低处的地里，稻子熟了，金黄金黄的，好像谁在地里铺上了金色的地毯。火红的高粱，不时弯着腰笑一笑。玉米脱去了绿色的衣服，换上了黄马褂，等着农民伯伯验收。苍老的甘蔗叶子舍不得挣脱母亲的怀抱，躺在泥土里，成了肥料。稻田里机器声隆隆，一台台收割机唱着欢歌，在田里来回穿梭，将沉甸甸的稻穗揽入怀中。

秋，丰收的季节，金黄的季节，同春一样可爱，与夏一样热情，跟冬一样迷人。秋天真美啊！我爱秋天。

单童胤/文，三年级

四季西湖

西湖是一个享誉国内外的旅游景区，这里景色秀丽，四季如画，每个季节都各有特点，美不胜收。

春天，大家可以去柳浪闻莺、苏堤春晓游玩。那里青草芳香，百花齐放。青草绿得像无瑕的翡翠，上面沾着晶莹剔透的小珍珠，在阳光下闪闪发光；鲜花开得像灿烂的笑脸，中间的花蕊黄澄澄的，十分好看。微风吹过，细细的柳枝随风摇摆跳舞。

夏天，我们就去曲院风荷、花港观鱼。那里荷花满池，那里鱼虾满塘。朵朵荷花像一位位亭亭玉立的仙子，片片荷叶随风舞动。成群的鱼儿在中间穿梭，有红的、黄的、黑的、白的，种类繁多，那真是满眼灵动的美！

秋天，大伙儿可以去平湖秋月、雷峰夕照散步。夜晚，伴随着月亮缓缓升起，天上的月亮，湖里的嫦娥，遥相呼应，让人浮想联翩。慢慢登上雷峰塔，西湖和山峰在夕阳余晖的照耀下，满眼都是金色。此时，自己仿佛也被金光普照，融入其中。

冬天，人们都喜欢去断桥残雪、三潭印月。那里雪景如画，游人如织。远处看去，断桥好像真的断了，桥上铺满了白雪，空中的雪花轻轻地洒落在人们的笑脸上。小朋友们打雪仗、堆雪人，一个个雪人生动形象，笑容满面。

我喜欢四季的西湖，我喜欢我生活的城市——杭州！

郑启晗/文，五年级

赏 樱 花

　　我根本就不懂花，一种花都不认识，更别说去欣赏了。就像你不懂咖啡，尝到的只能是它的苦涩，而不是它独特的风味。

　　在我的面前有几棵樱花树，以前我把它们当成了桃花。现在，我第一次仔细看眼前的这些樱花树，第一次觉得它们是这么美。可能是因为阳光照射的角度问题，它们都是斜着向一个地方生长，枝丫长得非常粗壮，却又不失它的柔美。每棵树都长得错落有致，它们之间相互映衬又相互制约，每一节上面都会分出一些小的枝丫，在顶部逐渐变细，慢慢长出了花苞。

　　粉嫩的花瓣，显得有些娇弱。花瓣的根部，还有些颜色稍深的粉色，就好像一层层蔓延开来的光晕，它是那么有层次感，美得炫目，美得让人窒息。第一次，我开始认真赏花，试着用心去感受花的美。

　　此时正是樱花开得烂漫的时节，每一个少女都有一颗充满活力的心，我也有。在樱花树下，作为一个欣赏者，第一次，不是用严谨、审视的角度，而是用纯粹欣赏的目光看待它们。几棵树离得很近，没有什么风，花瓣悠扬地飘落。这个世界从不缺少美，缺少的只是一颗宁静的心。人们都走得太匆忙了，从而忘了停下脚步，发现身边的美。

　　一点一点，我的心也渐渐有了温度，不再沉寂。我开始意识到，是我把所有的人都推向了门外，对别人视而不见，又如何去奢望能有一个真正的朋友呢。摇曳的樱花，此时是那么艳丽，太阳的光芒都被它所掩盖。这一刻，我的世界里，只有眼前的这一幅画，以及我身边的人。如果没有它，我不知道有些道理我要悟多久；如果没有它，我不知道自己能否发现樱花的艳丽；如果没有它，也许我到现在都不知道有些东西已经离我这么近，可我却又差点将它放走。这个世界从不缺少机会，而是当机会摆在眼前的时候，你是否能够抓住它。

终于，我走到了树下，看着樱花从我眼前飘过，嘴角不由得扬起了弧度，我的脚步慢了下来。"一个人赏花没意思，今天你陪我走。""好啊，我今天放学陪你走。对，我就是这个意思。"一个人痴痴地笑，没有人会知道我到底在笑什么，但我知道这一刻，心因你而跳动，因你而有了温度。多想停下来，就这样静静闲赏落花岁月，一人相伴，执手流年。

花有花期，可我与你的情谊绝不只是花期那么长。谢谢你，给了我一份机遇、一份烂漫。

林珑轩/文，七年级

四季的美

嫩叶，推开了春的大门，

小河欢快极了，叮叮咚咚地唱起了歌；

花儿见春天来了，便绽开了灿烂的笑容；

春，一个万物复苏、鸟语花香的季节。

骄阳，推开了夏的大门，

蝉热得在树上"知了，知了"地唱着歌；

青蛙在田间兴奋地跳跃；

夏，一个烈日高照、万物生长的季节。

落叶，推开了秋的大门，

树叶在空中翩翩起舞；

果实向着农民频频点头；

秋，一个瓜果丰收、落叶飞舞的季节。

北风，推开了冬的大门，

狂风肆意地吹着孩子们红彤彤的脸庞；

雪花像个精灵，随风飘落；

冬，一个宁静寒冷、白雪皑皑的季节。

朱泓哲/文，三年级

呼伦贝尔草原

在我国的北方，有一片辽阔无边的大草原，它绵延千里，就像一块天工织就的绿色巨毯，它就是内蒙古呼伦贝尔草原。

那里的天是那样的蓝，纯净得就像一块丝质的手帕，连着急赶路的白云都停下了她的脚步，越走越慢。白云有的像脱缰的烈马，有的像翻滚的浪花，还有的像一幅巨大的油画挂在空中。

天苍苍，野茫茫，漫山遍野牛羊成群。它们有的穿着棕色套服，在草地上悠闲地散步；有的穿着黑白相间的迷彩服在窃窃私语，好像说着悄悄话；还有的啥都不理，只顾低头享用它那美味的午餐。"咩～"一只长着漂亮的角、浑身雪白的小羊，突然抬头神气地对着天空叫了一声，好像在说："我长得最英俊了，你们谁来和我比比啊？"顿时激起了其他羊的不服气，"咩咩～""咩咩咩～"羊群的叫声此起彼伏，久久回荡在草原的上空。

那是什么？好漂亮啊！原来那是敖包呢。用石头围着圈，砌成了一个井字形，上面插满了红色的旗子。四周还挂满了经幡，五彩缤纷。一阵风吹过，经幡随风飘扬，把刻在上面满满的祝福带给了远方的亲人。

草原上散落着一个个白色的蒙古包，点缀在绿茵如毯的草原上，就像是撒落在玉盘上的珍珠。牧羊姑娘的歌声若隐若现，从远方飘来，讲述着一个个动人的草原英雄故事。

夕阳西下，云彩穿着金色的披风都赶着回家呢。天空的颜色也渐渐地从浅蓝变成了深蓝，慢慢又过渡到橙色、胭脂红，最后沉入了黑色。草原也安静了下来，满天的繁星对着我们眨眼睛，仿佛在给我们讲着睡前的故事。

李家怡/文，四年级　指导老师：朱莉英

秋　韵

　　"洛阳城里见秋风，欲作家书意万重"。秋天，萧萧瑟瑟，凄凄凉凉，自古以来曾有多少悲欢离合的故事发生在秋天。我印象中的秋，有涛天云浪，有明月高悬，有悠悠鹤群。残云收夏暑，新雨带秋岚。秋天悄然无息，就如此盈盈地来了。

　　秋风，翻山越岭，带着幽幽清香，染黄了片片树叶。漫游林间，满地金灿灿的，令人遥想，叶子犹如残翼的蝴蝶，依依不舍地飘然而下，有的落在地上，有的则成为一叶扁舟，驶向远方。空谷深而幽，听鸟鸣，悠然自得，忽高忽低，让森林多了几分韵味，让这一方天际多了几分凄凉。

　　盛夏的荷塘，被荷叶塞得满满当当，一幅"小荷才露尖尖角，早有蜻蜓立上头"的景象。而如今的荷塘却不如往日，看着都觉得有些忧伤，但韵味却大有不同：一池的枯叶零零散散地傲然挺立在秋风中，它们显得如此顽强；微风徐徐，波光粼粼，几朵残荷拉扯着荷叶，这画面好似一幅水墨丹青，令人浮想联翩，好像自己也融入此画，变成一枝历经沧桑的荷花。

　　秋风夹杂着秋雨，夜凉添几许。无边无际的雨丝，如一条条若隐若现的银色线，被风吹得有些东倒西歪、断断续续的。秋雨浸润后的青苔好似越发葱茏，参天大树的叶子奏起了欢歌，羞涩的小草上挂满了晶莹剔透的水珠。秋雨为朵朵野菊平添了几分野性，为把把杏扇增添了秀气。它洗净了空气中的尘垢，令空气变得清新怡人，伴着泥土的芬芳扑鼻而来。刺眼的车灯照透了雨丝，在电影里总有雨中依依惜别的镜头，演绎了多少人的诗情画意、亲情缠绵。想必，这也是秋别具一格的风韵吧！

远处缕缕炊烟升起，雨依旧淋淋沥沥，地平线上的淡淡迷雾变幻莫测，流水潺潺，叮咚着奔向远方……

秋天，烂漫、妩媚又清新，是一个萧瑟多彩的季节。秋韵，道也道不尽，说也说不完。我置身在秋韵里做着一个迷离的梦，一场秋的梦……

陈其远/文，五年级　指导老师：钱洪芹

繁 星

　　我凝视着眼前的景物，快乐得像只从动物园刚回到家的小猴子，兴奋地穿梭于其间。这里的树高大挺拔，像一个个面带笑容、久未谋面的老友。这里的河清澈见底，没有一点儿杂物，城市里的任何一条河都无法与它媲美。远处，妈妈正在搭我们今晚要住的温馨小帐篷。

　　眼看着巨大而明亮的太阳纵身一跃，跳进了西边的群山，收回了最后一丝光明，世界就像被某个顽皮的小孩泼上了一桶灰色的油漆，眼前的一切事物都变得隐隐约约。晚归的鸟儿在穿着灰色衣服的树林里欢唱，偶尔还可以看到一个黑影在树枝上跳跃。

　　灰色渐渐褪去，夜幕真正降临了，一幅美丽的画卷在我眼前铺天盖地地展现出来。夜空中那一颗颗银色的小星星忍不住探出头来，大的、小的，远的、近的，都闪烁着，美丽极了。成千上万颗星星在向我眨眼，它们像一个个好奇的小宝宝，打量着外面的世界。它们的光芒淡淡的，你感觉不到它，但它却无处不在，洒下了一层洁白、迷人的光芒。我躺在草坪上，仰望星空，它是那样辽阔而深邃。我仔细辨认着北斗七星，它们是否还在原位？此时，在漆黑的夜里散发着亮光，和其他同伴一起照亮了人们前进的路。

　　时间静静地流逝，星空越来越灿烂，形成了银河，我多么希望我每天都能看到这些美景。这一夜的星空，成为我脑海里挥之不去的一道亮丽的风景线。

胡航景/文，四年级　指导老师：王宇红

米文集

远方

印象杭州·春

杭州的春是春茶独有的气息，是竹林里春笋发芽的声音，是寺庙中僧人朗朗的晨读声。春天在杭州制作了一张独特的明信片，投入四季的邮箱，等待时间的回信。

春雨，带来了生命的成长。竹林里，竹节擎满了甘甜的雨水献给我，雨水滴到竹叶上，奏出春天的乐章。雨雾像是给山色蒙上了神秘的面纱。春雨像是画家，给雨中的山色画上了与平日不同的一笔——近处的山经过春雨的冲刷后，变成一种鲜亮鲜亮的嫩绿。那绿，绿得透明，像琉璃泛着五光十色；那绿，绿得沉静，像睿智的老人向我们诉说生命的意义。远处的山变成了一种水绿，不是近墨色，而是像西湖水色的绿，又像一块绿松石。远山近山相映成趣。

突然，天空放晴，山林一片新意，一道彩虹横跨两山之间。放眼望去，茶海随着春风轻轻荡漾，卷起波涛。细看每片茶叶都不同，有的像针尖，有的像羽毛，可味道都是一样的。它的绿与众不同，一丛茶树，从深到浅，由浅变深，像用绿色渲染的中国画一样，独具一种别样的味道。茶农们腰系筐子，双手在茶丛中来回拨弄，一亩茶园一天就可以摘完。

春天的杭州山林，它不仅是一种美景，更具有一种独特的意味。

王语宸/文，五年级　指导老师：徐清

春 天

冬去春来，小朋友们脱下厚厚的羽绒服，欢蹦乱跳地冲出家门，去寻找春天的气息。

来到花园，草地上小草从地下探出了脑袋，一片绿油油的，像一张嫩绿的地毯，踩上去软软的、柔柔的。小朋友们干脆躺在草地上，尽情地沐浴春光。花坛中百花齐放，竞相争艳，有红的、白的、黄的、紫的……五颜六色的花儿，一朵有一朵的姿势，这朵很美，那朵也很美，一簇簇一丛丛的小花在向你点头微笑。

来到树林，树枝上抽出了新的枝条，长出了嫩绿的叶子。那叶子像一件漂亮的外套，在春风的吹动下轻轻地摇曳，又像一群欢快的小姑娘在翩翩起舞，美丽极了。

来到果园，梨树上开满了白白的梨花，像刚下过雪似的，压着枝条。繁如群星的粉红色桃花，像小姑娘的笑脸，在春风里欢快地摇曳着。小鸟站在枝头上叽叽喳喳地叫着，像在为我们唱歌，可好听啦！大自然的春天真是鸟语花香。

春天是一个万物复苏的季节，也是一个五彩缤纷的季节。我爱春天。

商彬钰/文，四年级　指导老师：吴月芬

千年古韵河坊街

翠碧的吴山下，柔软的泥土间，古街巷陌，那蕴藏着悠久历史的粉墙黛瓦、飞檐雕窗，任季节之风去洗礼，任岁月之光去雕琢。

转过街角，漫步河坊街，木质酒楼里的喧嚣，淡墨茶室间的细语，街边商人们的叫卖，普通白姓的欢乐，在时光的打磨中，散发出耀眼的光芒，熠熠生辉。

你轻闭双眼，倾心静听，嘚嘚嘚的马蹄声似乎萦绕耳畔。锣鼓同鸣，羌管齐奏，千骑拥高牙，成醉听箫鼓，绫罗珠宝的叮咚声，管乐的奏鸣声，百姓的吆喝声，成就了钱塘自古繁华的胜景。

轻轻停下脚步，这里的每一尺、每一寸，伴随着岁月的沧桑，仿佛在这一刻都凝固了。街边一尊不起眼的铜制雕像吸引了我的眼球，指间在石像上慢慢滑过，那看似粗糙却又平整光滑的纹路是时光的艺术品。

一阵风拂过我的脸颊，千年古街似乎加快了脚步，茶香四溢，酒旗飘扬，隐约的茶香，淡淡的酒香，其中蕴藏着多少浓浓的情。

街旁有一条幽窄的小巷，我微微放慢脚步，向右微顾，便见一扇看似不起眼的小门，我双眼出神地看着，心灵被其深深吸引。斑驳的小门似乎蒙上了一层神秘的面纱。"粉身碎骨全不怕，要留清白在人间"的作者便是这扇小门内的昔日之主。

故居简朴，无雕栏玉器，无金砖银瓦，却曾让一段闪闪发光的文字散发着无尽的光辉。

走进于谦故居，一股淡淡的竹香盈于其间。书房就在门边，跨过低矮的门槛，心灵似乎与于谦进行了一次邂逅，与故居来了一次交谈。狭小的书房格外静谧，书架上也许曾摆放过多少绝世名作，书桌也许曾被浓墨浸染，而那小床又也许受过于谦的爱抚吧！门前庭院在常人看来不过是一条普通的小径罢了。可你曾想过？一位明代诗人曾在此种过青竹，曾在此独自徘徊，曾在此吟唱一首又一首的千古绝句。或许，只有在此屹立千年的旗杆石与造像碑，才目睹了它的千年风雨。

一池方塘，两座小亭，便是后园之景了。想必在闹市繁华的街旁，柴扉半掩，主人正倾心拨动琴弦，正静听春鸟微鸣！只可惜岁月不待人，忠肃堂之主早已孤独离去，但当年风韵犹存。于谦平生之迹已随着沉默的岁月，静静地躺在一方泥土之中了。

一池的绿，一池无声的歌。岂有生活于山乡村野才叫隐居，岂有生活于松间沙路才是归隐。小隐于野，中隐于市，大隐于朝，墨绿的池塘，葱茂的青竹，淡淡的书香，或许是对这位穿梭于繁华闹市与朝廷之中的人间隐士，最美好的回忆了吧！

千年风雨，百年沧桑，河坊街的容颜仍似当年。如今精致的小窗正诉说着千古风情，一方石板正倾诉着岁月之光。一草，一木，一砖，一瓦，和它相逢，与它对话，品味那已尘封的历史。"年年岁岁街相似，岁岁年年人不同。"繁华依然，灯火依旧，幽隐的故居淡雅如昔，而那来往于世、穿梭于堂的行人，已非胡雪岩，亦不再是张俊、于谦，无骑兵、无官员，但历代名人的身影却又仿佛微笑于飞檐，落泪于雕窗。

时光荏苒，岁月匆匆。纵有千种风情，在时间长河的问候里，朱颜早已变幻数千。但那夜晚之灯火阑珊，白昼之熙攘喧闹，却从未改变，从未掩饰过它的一丝美好。

冯天凯/文，五年级

残 月

　　人们常说花好月圆，月亮只有在圆满时才是美丽的。人们也常用嫦娥奔月等美丽的传说来形容月儿圆满时的美。

　　然而，夜空中那一轮残月不美吗？

　　残月，也拥有它独特的美。望着空中那一轮弯弯的残月，你或许会有无限的遐想吧！残缺的月儿别有一番韵味。

　　残月，你是传说中天使精灵的小船吗？你是星星的摇篮吗？你是彩云通往另一个国度的飞船吗？你每夜漫游在空中，嘴角时时挂着微笑，望着我们，你的笑容是那样的甜蜜。

　　或许，那一轮弯弯的残月是为满月时的圆满在积蓄着力量。若没有残月，又何来对圆月的向往与期盼。

　　如若夜空中的月亮一直都是那样圆圆的、大大的，没有一点点的残缺，也许这个夜晚我们会觉得异常美好。可日复一日，年复一年，美丽的圆圆的月亮一直都未曾改变，也不会改变，那时我们是否会觉得它是那么单调、乏味了呢？

　　美丽的残月，每夜都有着新的变化，每夜都以不同的形态展现着自己。虽然它并不完美，但今日的残缺代表着明日有无限的可能！

　　每年，圆月的日子屈指可数。多少个夜晚，是那一轮残月与我们相伴。美丽的残月以它那迷人的微笑和千姿百态的身影，伴我们度过了一天又一天。若说圆月是美的，那有残月相伴、憧憬满月的日子或许更美！

　　　　　　　　　　　　　　　　　　　冯天凯/文，五年级

又见雪纷飞

不经意间，窗外已飘起了雪花，犹如从天而降的柳絮洒满了世界。雪悠悠地飘洒，用那无声的洁白渲染着天地。这是入冬以来的第一场雪。

没有"千里冰封，万里雪飘"的寒意与萧瑟，反而透着"白雪却嫌春色晚，故穿庭树作飞花"的冰清雅致，透着南方特有的温婉与细腻。

柳絮一般的雪、芦花一般的雪、绒毛一般的雪、轻烟一般的雪，流转、追逐，来时纤尘不染，落时点尘不沾。朵朵六角小花，玲珑剔透，冰清玉洁，在天地之间绽放，不被红尘所染，不为污泥所浊。这是大自然的杰作，我宁可相信它是天宫仙子的泪。

顷刻间，树木满身银白，冷杉、苍松都变成了琼枝玉树。白昼还未落幕，夜色就已匆匆地赶来了。墨色的天朦朦胧胧，雪还在纷飞，这就是冬日的韵律。

星星点点的雪花落到了红红的羽绒衣上。雪融化了，是春天啊！但何人又能言雪非花呢？雪不就是绽放在冬日、绽放于天地之间最美丽娇艳的花儿吗？

可惜，我不是林黛玉也不是李清照，不然我定会赋首新词小曲。雪是那样天真，不被俗世凡尘所扰的天真，不像星星那样深沉，不似春雨那般琐碎，也不似秋霜那般冷酷。

不舍地抖落一身银白，捧起雪，看它们在掌心慢慢融化。雪还在纷纷飘落，我怀着对下一场雪的憧憬，朝家走去……

陆思羽/文，五年级　指导老师：潘慧俊

夏 之 韵

沿着潺潺流动的小溪，顺着一声声蝉鸣，夏款款而来。

还记得外婆家那条每年夏天都绿树成荫的小径，傍晚六点左右天还亮着，许多老人会光着脚，摇着扇子，一边和老伴聊天，一边享受这美好的夕阳。小径的附近有一潭湖水，夕阳在湖面上洒下点点光辉，鱼儿还会探出头来，又下去，只留下"扑通"一声和一圈圈回荡着的波纹。

夏天的荷花婀娜多姿。荷花一身粉白，在一片绿色中更衬托出她的娇艳。有些花骨朵儿还没开放，有的一枝独秀。清凉的风吹过，她们也随风舞蹈。看着她们在风中摇曳，我好像感受到了夏的清凉。

青绿、翠绿、草绿、深绿……都是夏天的颜色。公园的绿色草坪被染成了浅浅的，是让人看着舒服的浅绿色，小草们都探出头来仰望天空。最有代表性的是青绿和翠绿，一棵古柏昂首挺胸，展现着自己的青春和自己身强的体壮。一片梧桐郁郁葱葱，时而有老鹰在天上徘徊，忽然又一头扎进了无穷无尽的绿色中……

"轰隆隆！"一道闪电划破天空，一声巨响打破宁静。雷雨好像在开玩笑，还没等我找到避雨的地方，瓢泼的雨水就从天而降，打在我的身上。

幽长的小径、婀娜的荷花、葱茏的绿树、匆匆的雷雨，是夏天的韵味。

沈思瑶/文，六年级　指导老师：李英

家乡的太子湾公园

　　杭州的名胜古迹数不胜数，大大小小的公园遍布其中。我最喜欢的还是太子湾公园，那里风景优美，空气格外清新，还有万平方米大草坪，你困了累了的时候都可以在这上面小憩一会儿。

　　太子湾公园最大的看点就是赏花。3月20日至4月10日，太子湾就是花的海洋，樱花、郁金香、风信子……真的是争奇斗艳，百花齐放。来赏花的人络绎不绝，人山人海。

　　太子湾的草坪真的是太大了，目前正式对外开放。有搞活动的，也有在办草坪婚礼的。看，正有一对新人在办草坪婚礼，新娘穿着雪白婚纱，新郎穿着笔挺的西装，满脸洋溢着幸福的笑容……

　　春天，小草从大地妈妈的怀抱中探出嫩绿的小脑袋，把大地全都给染成绿色的，像披上了一块绿色的绸缎。在小草的旁边，种着许许多多的花。小花和小草在相互打招呼："你们好！"

　　这时我忍不住了，扑倒在这碧绿柔软的绿毯上。不管妈妈怎么叫我，我一个人陶醉在这个花的世界、草的天堂里。这里真的太美了，回头东望，那里是成片的郁金香，有粉色、有黄色、有红色，美不胜收！再看看西边那一树树美丽的樱花，像穿了一身粉色裙子，被风一吹，随风摇曳，仿佛是仙女下凡尘一样。

　　不知不觉，一天过去了，我恋恋不舍地离开了太子湾公园。再见，太子湾公园！我还会再来的！

　　　　　　　　　　　于陆一正/文，四年级　指导老师：戚刚红

秋夜·美景·希望

秋夜是静谧的，也是热闹的。

夕阳西下，夜幕织上天空，一切仿佛陷入了沉睡。星星被镶在夜幕上，似乎还没睡醒，不停地眨着眼。土壤中，倦了的虫儿蜷缩着身子，呼呼大睡；只待来年惊蛰时，钻出地面，大闹一场。也有迷恋秋景的人们，踏在宁静的乡间路上，说说笑笑，悠然自得。几声蝉鸣与话语声，回荡在空旷的路旁。枝上栖着的鸟儿，为何迟迟不肯入睡？是不舍这夜晚时光，还是迷恋这秋夜景色？

美景是陈旧的，也是新鲜的。

黄叶飘落，碧草皆枯黄了，一切都呈现出浓浓秋意。高大的梧桐再无扶疏绿叶，满树都金黄了。金黄的叶儿呀，翩翩飞落在各处。农作物也该收获了，果实挂出来，番薯被挖出来了……农民伯伯乐得合不拢嘴。桂花正香，缕缕香气随风入鼻，沁入肺腑。如此美景，怎叫人不陶醉呢？

希望是短暂的，也是长远的。

旭日初升，月亮渐落，一切都有了新的希望。教室里，传出一阵诵读课文的声音。声音里饱含学生们的志向，谁没一点"鸿鹄之志"呢？或是为期末考试的理想成绩，或是为将来的一份好工作，或是"为中华之崛起而读书"的远大志向。

秋天是美丽的、收获的季节。那秋夜，那美景，以及那饱含着的希望，是秋天金色的名片！

程睿行/文，六年级　指导老师：鲁贞君

美丽的东西岩

　　东西岩在丽水的莲都，那里风景优美，空气新鲜。它是一个有着许多名胜古迹的旅游胜地。

　　春天，东西岩的雪开始融化，小溪解冻了，瀑布开始"哗哗"地流动，从山崖冲到谷底，一路上灌溉了各种各样的花草树木。在植物旁，总会有一些奇形怪状的岩石，上面还有一些雪水，"嘀嗒、嘀嗒"地滴到地面上。

　　夏天，东西岩的树木长得最茂盛。吊桥底下原本是深渊，可是在夏天，吊桥底下长满了郁郁葱葱的树木，所以会觉得桥下不是深渊，而是绿色的"蹦蹦床"。走过吊桥，马上就会看到水岩洞，水岩洞里的泉水顺着石头滑下来，流到底下。因为没有牢固的台阶，所以没人敢下去打水。

　　秋天，东西岩的树木落叶了，叶子落到大地上，给大地铺上了一层红地毯。千万缕阳光穿过树林，照在小溪上，溪面就变得金光闪闪，格外抢眼。

　　冬天，东西岩的小溪被冰住了，到处都变白了，大地盖上了厚厚的雪毯，树木穿上了雪白的棉袄。

　　东西岩真美！我爱东西岩！相信明天的东西岩会更美丽！

吴欣妍/文，三年级　指导老师：黄冶秋

找 春 天

周末，妈妈带我去植物园找春天。

阳春三月，清风拂面，柔柳垂绦。春天像一支蘸满绿意的笔，在大地这张巨大的宣纸上轻轻一点，这绿色便慢慢晕开，晕满这张宣纸……走进大门，路的两边是两排葱郁葱茏的大树，枝丫向四面展开，犹如一把巨大的雨伞。

走进公园，那树、那花、那草，仿佛是用一条条柔美的线条勾勒出来的水墨画，向我们呈现出江南独有的春色。小草偷偷从土里钻出来，嫩嫩的、绿绿的，这清新淡雅的绿色吸引了许多人来到这里。孩子们来到草地上，他们或坐着、或躺着，踢足球、捉迷藏、放风筝，玩得开心极了。大人坐在旁边，草软绵绵的，犹如一张巨大的毛毯，舒服极了！

一年中最美好的时节，这就是桃花盛开的三月。我在桃树下漫步，空气中充满了清新的香甜，一阵微风吹来，柔弱无骨的桃花像仙女的扇子，美不胜收。嫩绿色的叶子就像一叶叶碧绿的小舟，桃花就从这一叶叶小舟之间冒出来。有的才展开两三片花瓣；有的花瓣全都展开了，露出棕色的花蕊；有的还是花骨朵儿，看起来饱胀得马上要破裂似的。我忽然觉得自己仿佛就是一朵桃花，在阳光中翩翩起舞。

春姑娘就像一位神奇的画师，画出了一张立体的巨型江南春景图。

汪雨霏/文，写于四年级　指导老师：沈瑛

美丽的西湖

俗话说："上有天堂，下有苏杭。"如果把杭州比作一条项链，那西湖就是那条项链上最耀眼的一颗钻石。

春天的西湖，万物苏醒。柳树抽出新的枝叶，长出嫩绿色的叶子。桃花像一位俊美的姑娘，在那儿红着脸娇笑着。一阵微风吹过，偶尔有几片花瓣飘落下来，像是几只花蝴蝶在空中翩翩起舞。一株杨柳一株桃，桃红柳绿，相映成趣。小草迫不及待地从地下探出小脑袋，想看看春天的美！

夏天的西湖，树木长得葱葱茏茏。梧桐树密密层层的枝叶挡住了刺眼的阳光，像一个个小凉棚。太阳穿过稠密的树叶，像利剑一样射进来。阳光洒在湖面上，波光粼粼，仙女般的荷花从荷叶之间冒出来，露出可爱的笑脸。

秋天的西湖，丹桂飘香，整个城市仿佛浸透在花香之中。绿绿的桂花树上如众星坠落，似孔雀开屏。远远望去，小巧的桂花在秋风的吹拂下，像一位穿着金色纱裙的仙女在翩翩起舞。我最喜欢坐在桂花树下静静地看书，闻着那阵阵清香，好像进入了童话世界。

冬天的西湖，如果下了雪，远看就像一片冰雪世界，粉妆玉砌。天空中大雪纷飞，犹如片片鹅毛在空中自由自在地飞翔。远处的断桥被包裹上了雪白的轻纱。湖边小朋友欢快地玩耍，欢笑声、雪落声，合在一起变成了一首美妙的交响曲。

我爱我的家乡——杭州，更爱这美丽的西湖。

汪雨霏/文，写于五年级　指导老师：沈瑛

暴 风 雨

刚吃过午饭，天上的乌云就漫无边际地压下来。空气越来越潮湿，风渐渐大了起来，天越来越暗，树在空中疯狂地扭动着腰肢，好像在告诉我们："暴风雨要来了！"

几分钟后，天上的云变得乌黑乌黑。突然，天空中闪过一道闪电，亮得人睁不开眼睛。不一会儿，从天边传来一阵"轰隆隆"的响声，好像一支鼓号队在吹奏。"轰隆隆！"冷不丁的炸雷炸得我们的耳膜都要被震破了。

顿时，天上电闪雷鸣，那声音连大地也被震得颤动起来。

暴雨来临了！窗外尽是雨击打地面的"啪啪"声，以及敲打枝叶的"咔咔"声。我们站在教室里往外看，梧桐树的枝条在风中狂舞，好像在向我们求救一样。对面，岩壁上的瀑布犹如银河决堤，飞流直下；这边，屋檐流下的水，有的细如珠帘，有的粗若冰柱，似乎谁都阻止不了它们的去路。总之，世界一片嘈杂。

过了许久，这个世界才恢复了平静。只剩下雨水偶尔落到地上的"滴答"声，以及水洼里的水流进下水道的"哗哗"声。

陈正焯/文，四年级　指导老师：倪爱华

四季如画的西湖

"欲把西湖比西子，淡妆浓抹总相宜。"一读到这首诗，我就想起四季如画的西湖。

春天，柳树抽出新的枝条，长出嫩绿的叶子，像一把把小梳子，为正准备去参加舞会的春姑娘梳理头发。柳枝还像一条条翠绿的丝带。春风拂过，柳树真像一位穿着绿绸衣的少女在翩翩起舞。小草绿油油的，风一吹，就像一块舞动的地毯。

夏天，远远望去，荷叶像成千上万的小雨伞。走近一看，一朵朵娇小的躲在茂盛的枝叶中的荷花，像害羞的少女。有的舒展开自己美丽的花瓣，有的像一位女王坐在自己的宝座上，还有的荷花仍是个花骨朵儿，上面就早已有一架"小飞机"了，这不禁让我想到"小荷才露尖尖角，早有蜻蜓立上头"的诗句来。

秋天，秋姑娘来到了西湖，给西湖涂上了五颜六色的颜料。她把红色给了枫树，把黄色给了银杏树，火红的枫叶和黄黄的银杏叶像一把把小扇子。风一吹，"小扇子"们像那一群群调皮的蝴蝶，你追我赶地在空中上下飞舞。最后累了倦了，便悄无声息地落在了地上，给大地妈妈盖上一层厚厚的棉被，美丽极了。

冬天，最美的景点要属"断桥残雪"了。整个西湖银装素裹，桥两端的柳枝、屋顶堆着厚厚的积雪，整座桥在西湖上若隐若现、似断非断。

西湖的四季，四季的西湖，不论你什么时候来，都别有一番风景。

翁诗语/文，四年级　指导老师：林阳阳

西　湖

　　"上有天堂，下有苏杭。"杭州以风景优美闻名于世。如果说杭州是一块织工精美的锦缎，西湖就是点缀在这块锦缎上的那颗熠熠生辉的明珠。

　　如果你是在春天来到西湖，你会情不自禁地走上苏堤、白堤。堤岸边的小草刚刚钻出绿色的小脑袋，枝头上的桃花浅浅地绽开了粉红色的笑脸，真是"乱花渐欲迷人眼，浅草才能没马蹄"。几只黄莺唱着歌飞来，落在刚刚抽出嫩芽的柳树上，南方飞回来的燕子已经迫不及待地开始啄来春泥造新家。只要你站在这里，浓浓的春意就会扑面而来。

　　"接天莲叶无穷碧，映日荷花别样红。"夏天，我们可以去曲院风荷坐一坐。那里的荷花开得正好，有红色的，有白色的，还有粉色的。含苞待放的，上面立着蜻蜓的，花瓣绽开的，围着闹哄哄的蝴蝶蜜蜂的，应有尽有。还有开得早的，已经露出花心里嫩黄的惹人怜的莲蓬。风从湖面轻轻地吹过，裹挟着荷的清香，送来一丝清凉。

　　秋天的夜晚，伴着满觉陇飘来的阵阵桂花香，泛起一叶扁舟，拨开静静的水面，来到湖中心等待月亮的升起。四周一片寂静，秋虫好像也都安静了下来。只有偶尔传来鱼儿跃出水面的声音，好像它们也等得不耐烦了。月亮终于缓缓地从远处升起，皎洁的月光洒满湖面。这时候，你是不是也像我一样想起"白苹红蓼西风里，一色湖光万顷秋"的诗句呢？

冬天请你到西湖来看雪，因为历来就有"西湖之胜，晴湖不如雨湖，雨湖不如月湖，月湖不如雪湖"的说法。大雪纷飞中站在宝石山顶向下望去，西湖已经是一片银装素裹。桥上、树上、船上、房顶上都是积雪，白茫茫一片。游人撑开五色的雨伞，霎那间如同雪地里开出了美丽的花朵。行人如织的断桥，积雪早被踩化了，从高处看去，真的像断了一样。

西湖的每一季都有不一样的风景，再动听的诗句也写不尽西湖的美。所以苏轼毫不吝啬地把西湖比作美丽的西子姑娘，说她"淡妆浓抹总相宜"。而白居易离开西湖后更是不无遗憾地说："自别钱塘山水后，不多饮酒懒吟诗。"

邢珉语/文，三年级　指导老师：欧阳早仙

小 夜 曲

江畔莲动,清风吹拂,浩浩渺渺,波光粼粼。

镜花水月,红尘烟雨中,浅声吟唱,细水浮华,岁月静好如初。

琴声荷韵之间,烟波缭绕,沉鳞竞跃。

黄昏从山的那边走来,消失在大的另一边。

天光湖泊浑然一体,夕日照水,水印黄昏。云霭弥漫,光影斑驳,灼灼霞光染红了遍地的绿意。

"疏影横斜水清浅,暗香浮动月黄昏"。暮色沉淀了下来,傍晚微凉的风夹杂着细雨袅袅地来了,像是经年流离的故事,枝枝蔓蔓,交叠覆盖。

日落之后,小路上朦朦胧胧,青石板上覆满了小水珠,散发出草木的清香,给沉郁的街道注入一份生机。在逐渐变暗的天色里,一轮皎月发出惨白而微弱的光;夜色下,湖上笼罩着一抹轻烟,影影绰绰。

风将最后一抹斜阳隐去了,夜色深深笼罩了天地。路灯一盏接一盏地亮了起来,在地面上打出深深浅浅昏黄的光晕。

虫声窸窸窣窣,空气是清凉寂静而又清澈的。秋季的夜晚,月光如注,寒气袭人,夜深露重。

小屋里的灯渐渐熄灭了,只有寥寥数盏一直亮到了天明。

冷露无声湿桂花。雨依然淅淅沥沥地落着,带来的是阵阵幽香。

深夜悄然来临,天地都在静静安睡。

娇嫩的花瓣左右敧斜,在夜晚微凉的氤氲中哆哆嗦嗦,战栗着不愿落下。

雨停了，空气中依然弥漫着潮湿的气息。

庭院深深锁清秋，夜很静，可以听见月色缓缓飘落，落在微张的花蕊中。

漫长而寂静，夜风萧萧，细若无声。

今夜没有星星，只有浓郁的仿佛可以吞噬一切的黑暗，万籁俱寂。

又是寂静无声的长夜。

张欣然/文，八年级

秋 天

大雁南飞，秋色怡人，落叶飘飘，秋姑娘迈着轻盈的步伐悄然而至。她来到了山谷，来到了田野，来到了果园，到处都留下了秋姑娘的足迹！

田野上，高粱举起了燃烧的火把，金黄色稻穗害羞地笑弯了腰。一阵风吹过，金色的稻海发出一阵沙沙的声音，好像一首丰收的曲子，把躲在里面偷吃粮食的麻雀吓得一哄而散。

山谷中，层林尽染，火红的枫树林格外引人注目。红红的枫叶像手掌一样，由绿变红。走进枫树林，感觉像走进了五彩缤纷的童话世界。微风吹落的树叶像一只只美丽的花蝴蝶，在空中翩翩起舞，偶尔还掉下几颗野果来。

果园里，黄澄澄的柿子挂满了枝头，像一个个小灯笼，展示着今年是个丰收年；害羞的石榴咧开了嘴，红彤彤的小脸像个害羞的小姑娘；酸甜可口的橘子会啪的一声落下来，给你一个意外的"礼物"，让你开心无比。

啊，秋天，你给我们带来了五彩缤纷的世界，给劳动人民带来了丰收的喜悦。希望你慢些、慢些、再慢些走！

陈嘉诚/文，四年级　指导老师：王凤娣

水底下的美丽世界

奶奶老家有个天然的游泳场，在那里，我可以享受到水带给我的无穷乐趣。今天，我准备做个潜水员，看看水底下另一个美丽的世界。

我戴上泳镜，像一条鱼似的"扑通"一声跳入水中，顿时被水下美丽的景色惊得目瞪口呆。不过我马上回过神来，欣赏着人生最美好的时刻。

啊！水下的鱼真多啊，多得像天上的星星数也数不清；水下的鱼真漂亮啊，漂亮得就像一幅美丽的画卷；水下的鱼真友好啊，瞧！这两条帅气十足的小鱼正勾肩搭背地聊天呢……突然，从一片海草中钻出一条与其他鱼比算肥胖的胖胖鱼，看见了我这只巨手，它吓得鱼鳞战栗，连忙游回那片海草中。

水下不仅有各种各样的小鱼，还有色彩斑斓的石头哦！看，这里就有一块"宝石"。

这块"宝石"具有蓝、黑的圆点点，像波浪般的黑色条纹围了这块石头一周，它用自己身体唯一的一个优点——大肚子，稳稳地坐在其他石头上面，好像在思考着什么。像这样美丽的石头数不胜数，多数是五颜六色的，如果你有兴趣的话可以来这里看看。记住哦！这里是仙岩村鼎鼎有名的蓝溪湖。

经过这次全新的水下游览，水下的美丽世界真是让我大开眼界。

木页/文，四年级

头顶 " 聪明 " 草

我一走进班级，大家突然捧腹大笑起来。后来，我发现他们是冲着我头上的草笑的。

——《头顶 " 聪明 " 草》

头顶"聪明"草

"走开！走开！你这只调皮的小鸟！"我拿着树枝往头顶上挥着。原来是一只鸟把我凌乱的头发当成鸟巢了。小鸟扑着翅膀在我头顶上转了一圈又一圈。突然，我感觉到头皮一阵凉飕飕的。妈呀！不会是鸟屎吧！我连忙用手摸了摸，再闻了一闻，好像并没有什么异味，于是继续悠闲地向家走去。

回到家，我感到头皮痒痒的，用手摸了摸，没有什么异常。到了夜晚，头越来越重，照镜子一看，呀！头顶上怎么长了一些草？我先是呆若木鸡，然后用力拔头上的草。拔不掉啊！这可怎么办呢？明天我还要上学！不管了，先用帽子遮一遮吧。

第二天早上，为了赶时间，我穿好衣服，戴上帽子，背上书包，直奔学校。我一走进班级，大家突然捧腹大笑起来。后来，我发现他们是冲着我头上的草笑的。这可不是普通的草，它竟然可以穿透钢盔，让大家都看到。

我本以为有了这些草会大难临头，而事实恰恰相反。自从有了这些草，我做任何事都非常顺利。最近练了几张卷子，同学们看到题目后一个个愁眉苦脸，甚至有的同学还大喊大叫："救命啊！这是什么破练习题，每一道题都超难啊，我不会，谁来救救我啊！"一个人起哄，其他人也接二连三地叫起来。混乱之中只有我在认真解答题目，竟然还没读完题目，脑子里就有了答案。

练习结束后，我自信满满地告诉别人，我全部会做，一题没空，但同学们都不相信。

"丁零零！"又到了上课的时间，课上老师每一个问题，不管简单还是复杂的，我都积极地举起了手，并且能答到点子上。老师目瞪口呆，立马对我刮目相看。

练习卷发下来了，我夺了4个全班第一，而且全是满分。同学们不敢再鄙视、嘲笑我了。这功劳全靠头上的这些"聪明"草。

一天早晨，我看到警察正用放大镜在查看什么，我止不住好奇心，凑过去一看，原来他们正在收集犯罪证据。我东瞧瞧西瞧瞧，就查找出了凶手，并将推理的过程告诉了警察。警察半信半疑，看了监控之后真的找出了凶手。

几个星期后，这些"聪明"草渐渐枯萎，然后莫名其妙地消失了，一切又恢复了原样。

应诚雪/文，四年级　指导老师：曹靓娴

一片叶子的生命

一个秋天的早晨，一片叶子一觉醒来发现所有的叶子都变了，左边的尼塔丽变成了红色，红得像一个红灯笼；右边的可巴变成了橙黄色，黄得像一个橙子；下面的生可尼变成了紫红色；自己则变成了金色。大家都漂亮无比。

左边的尼塔丽说话了："有谁知道我们为什么会变成这样吗？"

下面的生可尼说："我们变了色代表夏天过去，秋天来了，离冬天也不远了。"

可巴好奇地问："离冬天也不远了，这又代表什么呢？"

生可尼深深地叹了一口气说："代表生命接近尾声了。"

这下可把树叶们吓坏了，大家异口同声地说："这么说我们快死了？"

"嗯。"生可尼可惜地说。

忽然一个奇怪的声音出现了："不会吧，我们已经过了好几个春秋了。"原来是松树上的叶子们在说话。

"我们和你们不一样，我们是枫树叶子，你们是松树叶子。"生可尼叹着气说。

松树叶子不想枫树叶子伤心，就安慰道："你们虽然死了，但你们活着的时候已经把一生的事情做完了。"

可巴说："我们干了什么事呢？"

一片松树叶子说："夏天你们为玩耍的孩子遮阳，为在下面野餐的游客扇风，这些还不够吗？"

一阵阵狂风吹来，把所有叶子都吹走了，就连最强壮的朱鼓力也被吹走了。

不过它们的生命没有结束，它们有的变成了书签，有的烧成灰变成了肥料。它们的生命虽然短暂，但它们都留下了生命的痕迹。

徐若茜/文，三年级　指导老师：吴彬

小狐狸月牙的故事

在一个大森林里，狐狸贝儿要生宝宝了。几天后，小狐狸出世了。这个小狐狸一生出来就非常特别，它能跑、能跳、还能爬。贝儿叫它过来，它就乖乖地来了，贝儿叫它走开，它就走了。小狐狸背上有月牙形的图案，所以贝儿就为小狐狸取名月牙。

小狐狸月牙出生的第二天，贝儿被一阵叫声吵醒了。睁眼一看，惊呆了！月牙正在津津有味地吃着自己捉来的鹅呢！月牙吃了几口，再满意地叫几声，好像很好吃的样子。一天时间，月牙就把所有狐狸的技能全都学会了，就连妈妈贝儿不知道的一些事情，小狐狸月牙也已经会了，真是很神奇。狐狸妈妈贝儿认为，月牙生下来就比别的狐狸聪明，因此，贝儿请来了狐狸大师——爱丽克。

爱丽克很聪明，是整个狐狸族群的灵魂人物，它是唯一一只懂得所有人类语言和所有狐狸特别技能的狐狸。贝儿请爱丽克来就是想让它教月牙人类的各种语言。看到异常聪明的月牙，爱丽克点头同意了，收了月牙为自己的学生，她也是爱丽克唯一的一个学生。

在接下来的学习中，爱丽克首先教月牙说人类的一些语言。教的第一句人类语言就是"你好"。因为"你好"既可以表示自己的礼貌，又可以用来吓唬人类。聪明的月牙没多久就学会了说"你好"，并且发音准确。爱丽克满意地点了点头，跟贝儿说："你家孩子确实聪明，本来要学一两年的话，她几天就会了，我会把我的所有本领都教给她。""谢谢大师！"贝儿说。爱丽克笑着点了点头。

时光荏苒，一转眼4年过去了，月牙已经学会了所有人类的语言和狐狸所有的特别技巧。但是她除了贝儿和爱丽克，就没有和别的狐狸打过交道，不知道如何应付陌生的狐狸。

一天，一只陌生的狐狸闯进了她们的地盘，而且还在一块石头上分泌臭味，发出"这里已经是他的地盘了，外人不得进入，不然就拼个你死我活"的信息。月牙看到了这一切，非常生气，他决定用自己的办法把那只陌生而且霸道的狐狸赶走。那只陌生的狐狸名叫棕恶，全身的毛是棕色的，脸上还有一道疤痕。他是一个恶霸，成天偷别人的东西，占地盘，别的狐狸都很讨厌他。所以，他到现在还没有找到自己的伴侣，可能它一生都不会有伴侣了吧。

月牙在一个山洞里想了一天，想到了一个好点子。他跟老师爱丽克学习的时候，知道人类中的猎人都会养着一些凶猛的猎狗来帮助自己捕猎，而恰好附近就住着一位猎人和他的一群猎狗。于是，月牙用自己超常的奔跑速度和惟妙惟肖模仿小鹿叫声的本领成功将猎狗引到了棕恶所在的地方。棕恶一开始并没有看到紧追在月牙身后的猎狗，以为只有月牙一只狐狸，所以就用它凶恶的眼睛紧紧地盯着月牙。月牙不慌不忙，继续往前，掠过棕恶的时候，棕恶猛地扑上去想咬月牙，月牙灵活的身躯巧妙地一转，避开了，还在棕恶的头上狠狠踹了一脚，棕恶不由得翻了个跟头。这个跟头刚好摔在月牙和猎狗的中间，棕恶这下是两眼一黑，知道自己插翅难飞了。

月牙成功了，棕恶被猎人捕获。月牙又可以安心地回到自己的地盘了，妈妈贝儿也不用再为此有什么担忧啦。这是月牙第一次运用自己的聪明才智去对付凶恶的坏狐狸，竟然就这么成功了。

这天，乌云密集，正在溜达的月牙看到天马上要下大雨，便急急忙忙地往家赶。回到家里，妈妈贝儿已经在洞里焦急地等待月牙很久了，看到及时回家的月牙，贝儿终于松了一口气。

暴风雨在傍晚的时候来临了，极亮的闪电带来让人心惊的雷鸣。妈妈贝儿和月牙依偎在一起，都有些害怕。突然，一道白昼似的闪电划过，洞口赫然出现了一头狼。只见这头狼的双眼闪着贪婪的绿光，龇着一口白森森的尖牙，分明是一头饿了许久的饿狼。妈妈贝儿第一时间反应了过来，大喊一声："快跑！"听到妈妈的喊声，月牙没有丝毫犹豫，以一种诡异的奔跑速度率先向洞口跑去，饿狼只觉得眼前一花，还没有反应过来，月牙就从它的肚皮下跑出去了。这一招可是有来历的，名叫移形幻步，也只有月牙这样天赋异禀的狐狸才能学会。月牙虽然成功逃出，可是他马上意识到妈妈贝儿还没有出来，急忙折返回来，发现妈妈已经被饿狼咬住了尾巴。月牙想救妈妈，可是贝儿厉声对月牙喊道："别回来，快逃，不要管我！""可是……""别可是了，快逃！"看了妈妈贝儿最后一眼后，月牙忍住泪水低下头，转身拼命向前跑去了。月牙觉得自己对不起妈妈，没能救出她，他觉得自己太笨，竟然想不出办法救妈妈……

贝儿死了，但她永远是一个伟大的母亲！

卢昱菲/文，五年级　指导老师：姚益兰

未来教室

在未来教室，一进校门，门口有人脸识别设备，每一个学生都能一下子被认出来，自动进行签到。如果有学生没有来上课，系统会自动把没来的同学名字告诉老师。

在未来教室，你也不用怕忘带书本了。在桌子中间有一个屏幕，屏幕上有所有书的目录。只要你点一下这节课要上的书对应的按钮，书本会自动出现在桌柜里，就像自助售货机一样。

老师写板书和学生抄板书方便而轻松。只要老师点下板书对应的按钮，并且把要写的内容说出来，学生的板书上就会出现老师所说的内容。如果是老师提问，那么问题就会自动出现在学生的板书上。学生把自己思考的答案写上去，点下板书上的提交按钮，回答正确的，板书上就会出现"钩"，回答错误的，板书上就会出现"叉"，并且会标注错在哪里，正确的应该是什么。

如果是考试，教室四周会自动出现摄像头，我们的一举一动都在老师的掌控之中。

当教室里面没人的时候，灯会自动关闭；有人进来的时候，会自动亮起来。同时，灯会随着外面光线的变化而自动调整灯光的亮度，直到让我们的眼睛感觉最舒服。教室内温度也会自动调整成我们最舒适的模式……

我希望将来能有这样方便快捷的教室，期盼这一天快快到来！

周子君/文，四年级

骄傲的玫瑰

有一天，主人拿来了一盆落地生根与玫瑰为伴。

它们正懒洋洋地晒着太阳，玫瑰伸了伸懒腰，打了一个哈欠，瞧了瞧旁边的落地生根，冷笑道："哟！新来的，你长得又矮又胖，这么丑还敢出来见人，真不要脸！""你瞧你，又不会开花，又不会结果，拿来有什么用！"玫瑰一副瞧不起人的样子。"我主人最喜欢在我身上闻来闻去。我看你，主人是不会喜欢的。""我叫落地生根，可以用来消毒和止痛。"落地生根委屈地说。玫瑰还是一副傲慢的样子。这时水壶被玫瑰尖锐的声音吵醒了，很不高兴地说："吵什么吵，再吵就不给你们浇水了！"

有一次，小主人手被割伤了，跑到落地生根旁，摘下一片叶子，捏碎后往伤口上涂抹。小主人伤好了之后，感谢了落地生根。玫瑰在一旁只是冷笑："你运气好，今天小主人心情好！"

后来，主人一家去旅行了。几天过去了，水壶的水都晒干了，主人旅行才归来。落地生根顽强地活着，但玫瑰已经枯萎了。

原来，娇嫩的外表无法持久，只有顽强地活着才是能长久的。

周子君/文，四年级

121

真 惊 险

　　《老鼠记者》里面的故事生动又有趣，很容易使人着迷，沉浸在里面。但令我印象最深刻的还是那本——

　　一天晚上，我梦见我漂浮在太空中，在各种奶酪构成的星球之间幸福地飞翔。突然，我听到金属声，再是锁被撬开的咔擦声，接着是门被打开的嘎吱声，最后是蹑手蹑脚的脚步声——哎呀！有人潜入我家！我随手抓起一件东西（一只拖鞋），然后勇气十足地（嗯，算是吧）举起它，悄悄走进客厅，只见两个黑影在那里偷偷摸摸地走来走去。我对黑影嘶吼了起来，过了一会儿，我借着微弱的月光看见两个一高一矮的黑影，然后就晕倒了。

　　直到第二天清晨，我才醒过来，一缕阳光照射在我的鼻子上。我费力地坐了起来，走到了镜子旁边，发现自己变成了一只老鼠。这只老鼠看着很熟悉却又很陌生，我发现家都变了。我想起昨晚发生的事，才记起这就像《老鼠记者》中的太空秘密行动。

　　理清思路后，我找到了小字条并照着上面做。过了一会儿，我就被带到秘密基地指导任务，并接受了严格的训练。终于，我登上了火箭，来到太空。就在我观赏时，一阵阵警报声闯入了我的耳朵，才知道有零件坏了。我马上去修火箭，刚要修好时，绳索脱落了，掉落在茫茫宇宙之中。奇怪的是，我被一股强大的吸力吸到一个黄色星球上，准确说这不是星球而是一艘飞船。我小心翼翼往里面探，就掉了进去，被人带到了两位品行差劲的科学家面前。他们告诉我这里装了炸弹，等时间一到就会爆炸，说完就把我敲晕了。当我再次醒来时，队友来救我，他们告诉我炸弹已经取消了，我才放心。可事情还没有结束，大厅里又响起倒计时声，我们都担心起来，跑回了火箭上。登上火箭上的后一秒，"砰！"的一声爆炸了！"真惊险。"说完，我又晕了过去……

　　我被一阵闹钟声吵醒了，起来，看了看周围，原来我在自己家的床上。刚刚难道是在做梦？

陈奕成/文，五年级　指导老师：刘滨丽

未来住宅之旅

想知道未来的住宅是什么样子的吗？正好今天我研发的时光机完工了，想去看看未来住宅的朋友，可以随我一起去体验一下。

我坐上时光机，摁下启动按钮。机器瞬间加速，顿时，我感觉全身被撕碎一般。我闭上眼睛，双手紧紧地抓住安全带。恍惚间，机器慢慢稳定下来，我睁开眼睛，发现时光机的仪表盘上显示着4500年。我一脸惊愕，不敢相信自己突然到了几千年后的中国。

我打开舱门，发现有一个小小的萌萌的机器人正瞪大眼睛傻傻地盯着我，他似乎对凭空冒出来的我很有兴趣。突然，它说："新纪录，新纪录，2080年的人类，原来人类2080年就发明出时光机了！"我问："我现在在哪？"它说："在4500年的地球上。"

过了一会儿，他歪了一下脑袋，似乎接到了一个信息，对我说："为了欢迎时间的旅行家，我们为你准备了一套房子，在你的旅行时间里，可以在这里自由生活。"然后，他从肚子里抽出一张纸和一串钥匙。看着机器人细小的身体，我不禁问："你这么小的肚子，能装多少钥匙？"他瞥了我一眼："我的肚子是虫洞，钥匙并不在我肚子里，只是通过肚子拿到而已！所以，多少个钥匙都不怕啊！"看着萌萌的机器人，我又问："这张纸有什么用？"他说："你点一下就知道了。"我点了一下，原来这是一张地图，它已经通过我们的对话，显现出了我住的房子的位置。

我按照地图指示的方向走在大马路上。未来的人用疯子似的眼光看着我，应该是不敢相信我的到来。我也很惊异地看着他们，因为现在是大夏天，他们的衣服却都是厚厚的。原来他们的衣服里有温度调节系统，即使是在现在这样的大夏天都不用换衣服！

终于走到了住宅，我发现未来住宅的外观似乎和我生活的时代并无二致。我刚用手碰到大门的把手，门忽然就打开了，发出电子产品的声音："欢迎来自21世纪的主人。"我刚进屋，门就自动快速地合上了。我吓了一大跳，身体不稳，往墙上一靠，不小心碰到了一个按钮，房子突然说："反引力装置即将启动，十、九、八、七、六、五、四、三、二、一、零，开启！"我看了一下窗子，发现我的房子正在上升，越来越高，越来越高。突然，房子停了下来，这时，我发现自己飞了起来，在空中飘着。我使劲挥舞着双臂，双脚也不停地左右乱蹬，像极了在游泳池里游泳。飞着飞着，我的心慢慢静下来，不再乱蹬乱踢了。

在飞行的过程中，我发现了一个标为房子驾驶室的房间。我倒吸了一口冷气，因为我从来没有驾驶过飞机，更别提房子了，我甚至连汽车都没驾驶过。为了让房子恢复原样，我只能硬着头皮去试一试。我仔细环顾了一下驾驶室四周，松了一口气。主控台已经启动，驾驶说明书在屏幕上一闪一闪的。我先选择了中文，然后仔仔细细地看了起来。至少学习了一百遍吧！我才敢把说明书程序关闭，驾驶了起来。起初我老是撞车，哦不对，是撞房子。后来我吸取教训，不断调整，很快就能对房子的飞行轨迹掌控自如了！我觉得这个会飞的房子真的好好玩，就在空中多飞了一会儿，过了一把飞行员的瘾。玩够了，我让房子回到原来的位置。

我出了驾驶室，继续参观我的住宅。走着走着，我发现了一间游戏室，这是专门为我准备的吗？我心里暗暗高兴。但游戏室上的标志一直在变，一会儿是游戏室，一会儿是虚拟世界。我走进去一看，发现了一副AR眼镜，我戴上后进入了标志上所说的虚拟世界。这个世界里非常地绚烂，有花草树木，还有很多人！我可以和他们对话，他们也可以和我对话。这时，我的眼前出现了一个按钮，我伸出手，居然正好触碰到这个按钮。我手指在空中动了一下，啥都没碰到，但是眼前的按钮启动了。这时AR眼镜里显示："游戏正在加载中，请勿退出。"一瞬间，我的眼前又是另一幅画面，我出现在一棵大树底下，刚才的那些人都穿起了原始的服装。我走到一个人前面，眼前又出现了一个按钮，上面写着游戏情节对话，我按了一下，发现我的生命值有所减少，我却可以跟他对话了。我和好多人一起聊天，还和他们 起背上剑去冒险……正在意犹未尽之时，我却发现AR眼镜的屏幕上出现了一行字：game over！

虽然游戏结束了，但是我的住宅之旅还是没有停下。正在我的肚子咕咕叫的时候，我发现了厨房。厨房上面有一些按钮，上面写着：糖醋里脊、西湖醋鱼、东坡肉……我点了糖醋里脊。原料和锅子马上飞了过来，我想这大概也是反引力装置。我坐在餐桌的椅子上，餐盘马上飞到了餐桌上，甚至餐盘上面的盖子都不用我打开，是自己打开的。吃完饭后，我又有力气继续参观这个住宅了。

天色逐渐暗了下来，我面前出现了一个虫洞，钻进去后，在我面前出现了一张床。哈哈，这个卧室取名叫"虫洞卧室"好了。床边上立着一排衣柜，最左边的门上有一个按钮，我一按，又跳出了很多按钮，分别写着散步时穿的衣服、舞会时穿的衣服、开会时穿的衣服、家里穿的衣服……我还发现了一个小机器人，它会发热发光，可以给你睡觉时提供温暖。床头柜上还有一个智能故事机，它可以收集你的脑电波，你想一个故事主题，它就能给你编出这个故事。这台机器还能检测出你的性格，以你为主人公编故事。

　　站在卧室里，我的睡意一阵阵袭来，看来今天是累坏了。我从衣柜里找了一套睡觉时穿的衣服，穿在身上，好光滑、好柔软。我惬意地躺在床上，床按照我的身形慢慢地凹下去一块，感觉好像睡在摇篮里，又像睡在妈妈的怀里，好舒服啊！我想着给我讲一个睡前故事吧……其实我自己也没有想好，故事机却慢慢传出舒缓的音乐来了，床边机器人的光线越来越淡，温度也调节到我感觉最舒服的程度。一切都恰到好处，我想我会做一个美梦的！

金沈麒/文，四年级

"钓" 书

　　暑假里，我几乎每天都要面对一本本课外书看上老半天，但老爸却有意见了！他抱怨：看书太久对视力不好，看课外书会使学习功课的时间变短……凭这些理由，他就把书给藏到"无顶仓库"——电动车库去了。

　　电动车库说是没顶，其实只是与顶留了条很大的缝，就像是结冰的湖面留了条小沟。这让我灵机一动，想到了"钓"书计划。我拿来了一个大瓶子，用针把头尾都戳了一个洞，并用一个带针的线，从中间穿过。最后，在底部全粘满双面胶，就像一块大吸铁石。大家知道我要干什么吗？俗话说："欲要看究竟，处处留细心。"我这可是打算"姜太公钓鱼，愿者上钩"呢——拿双面胶粘书。

　　我估摸着放书的位置，把瓶子放下去，然后像钓鱼一样，东拎一下，西拎一下，先感觉一下，哪边的鱼愿意上钩。突然，"鱼竿"变重了，有"鱼儿"上钩了。我内心一阵激动，仿佛一只饿了好久的小猫闻到了鱼腥味。我心潮澎湃，想着钩上来的会是哪一本书呢？不会是"电动车说明书"吧？不会不会，肯定不会。我不敢快速拉升，怕把"鱼儿""吓跑"了。我非常谨慎地、一点一点地往上提，如同手里抱着个小婴儿，怕弄疼他，那个不容易啊！

　　很快了，很快了，耶！再看一下，《猫武士》，没错！就是它！我这只"饿"了好多天的"小猫"，终于可以品尝这"条"鲜美的"鱼"了！

宋轶辉/文，五年级　指导老师：华珊

大书包减肥记

从上幼儿园的第一天起，我就背上了小书包。随着年龄的增长，书包越来越重、越来越胖了！每天回家放下书包后，肩膀都被勒红了。

突然，我听到书包里面有说话的声音。我伸手摸着大肚子的书包，听见一个声音传来："唉！太重了，语文书、数学书、英语书、作业本、特时特训、文具……你们统统给我出来！"语文书、数学书、英语书异口同声地说，"我们都是主科呀！主人哪天不用我们啊，我们可是重点保护对象呢！出去，那怎么行？上课怎么办呢？"

书包气呼呼地说："那么，文具盒滚蛋吧！你看里面乱七八糟的，别人用过的修正带的盒子也和铅笔、橡皮等挤在一起，光三角尺子就有好几把，一个文具盒就有一千克重了！"文具盒听了不高兴了，理直气壮地说："我是主人学习的必需品，要是没有我，铅笔啊、钢笔呀、圆珠笔呀、尺子呀、橡皮擦呀……放哪儿？"

美术、音乐、科学等书本也不高兴了，七嘴八舌地说："凭什么轻视我们，课程表里有我们的，要是我们出去了，主人上美术课、音乐课、科学课找不到我们，岂不是得害他被批评？""字典爷爷，要不你出去吧，主人不常用，而且你也很重啊！"

字典爷爷胡子一翘，生气地说："凭什么？你们这些小鬼头！主人一碰到不认识或不会写的字，都要找我帮忙，你们竟然赶我出去？你们也太小看我了……"

吵吵吵……我被吵得烦死了，大声呵斥他们不要吵了！我说："有办法了，我每天可以看着课程表来带书本，那样书包减肥计划就成功了！"

这时书包里的所有物品都欢腾起来。

于陆一永/文，四年级　指导老师：戚刚红

舰舰号航空母舰

在小主人的家里有一艘名叫舰舰号的航空母舰。它由小蚂蚁黑黑主宰着，这航空母舰可不止一只蚂蚁，还有一个蚂蚁大海军团。舰舰号上有7门大炮、2枚防空导弹、30架战机、5架直升机等。

突然，一只蚂蚁说："大家注意，赶快上船，洪水来啦！"黑黑跑进驾驶舱，打开马达，这时水已漫到了桌子上。"舵手左满舵。"舰舰号出发了。洪水冲上船，甲板湿了，穿棕衣服的蚂蚁马上把它的飞机固定在了甲板上。这时，信号员说："前方一海里处有船泊遇难。"舰长一看说："五级战斗准备，飞机准备起飞，导弹准备，海盗来了。"这时甲板上乱成了一锅粥，"发射！"20架战斗机腾空而起。空气中弥漫着火药味，大炮发射了燃烧弹，海盗船上燃起了熊熊大火。海盗们不是葬身火海，就是葬身鱼腹。只见海盗船慢慢地沉了下去，舰舰号的船员唱起了歌："我们是小蚂蚁，有一艘航母舰，嘿！嘿……"

在北极边上，舰舰号停靠在冰岛欢乐岸上，黑黑舰长要去寻找在北极圈内的5艘军舰。

在冰岛加满油后，开动马达，飞快地向北极驶去。"报告舰长，前方有浮冰！"舰长说："舵手马力200，破冰开始。"只听"咔……咔……"的声音不断从船头传来。突然，舰长说："北纬30°，东经121°，马力全开！"不一会儿大家都看到了5艘军舰。"停！"舰舰号停了下来，急救士兵马上去抢救，这5艘军舰分别是巡洋舰蛟龙号、战列舰无畏号、鱼雷艇天狼号、护卫舰隐身号、驱逐舰飞毛腿号。急救完成了，舰舰号用铁索扣住，开足马力。不一会儿，几艘被困千年的军舰被成功解救了，舰舰号把5艘船拖到了修舰公司。冰岛欢乐岸的所有蚂蚁一起修理舰，不一会儿，所有的舰一转眼便焕然一新。冰岛皇家战队还送给了他们一艘潜水艇。

于是，所有的蚂蚁在那一刻，开心地笑了。

一天，一阵声音打破宁静的海面。

"呜……呜"舰舰号的警铃响了起来。"前方一海里，有一艘航空母舰。"信号员说。"大炮装满，战斗机准备起飞。"黑黑说。空气中弥漫着火药味。黑黑对副舰长说："白鲨去升鱼雷艇。"敌方的战机已起飞。舰舰号和另5艘军舰齐发炮弹，20多架敌方战机一个个栽下头去。攻击机全起飞，敌方舰船已出现了一个大窟窿。在黑黑舰长的领导下，他们压住了敌方的炮火。突然，敌方藏入了烟中，无影无踪。黑黑犯困了。前有虎，后有狼，于是他们放下了潜水艇，开启了声呐。终于，通话机里说："已探测到敌方。"黑黑舰长从通话机里说："1号管，鱼雷发射。"鱼雷射了出去，时间一分一秒地过去。听到"轰……"的一声，大家欢呼了起来。

他们又开始了新的旅程。

陈梓心/文，四年级　指导老师：厉必爱

叶子和虫子

很久以前，有一片茂密的森林，森林里的树木伟岸挺拔，尤其是那一片片树叶，一簇堆在另一簇上面，绿得发亮、绿得耀眼。

有一天，森林里来了一群吃叶子的"霸王"——虫子。这些虫子看到这么鲜美可口的树叶，早就垂涎欲滴了。它们迫不及待地爬上了树，大口大口地贪婪地嚼食着树叶，丝毫不顾树叶的痛苦与反对。眼看树叶一天天快速减少，原来生机勃勃的树木现在已是遍体鳞伤。

终于，树木们忍无可忍，提出了坐下来和虫子好好谈谈的要求。到了那一天，森林里的虫子慢慢汇集到了约定的地点，一个个都镇定自若，根本没把树木放在眼里……这时，一棵老树上的一片半黄半绿的叶子终于忍不住了："虫子们，请你们静一静，现在我们开始谈正事。""有什么好谈的呢？"一只肥头大耳的虫子不耐烦地说。叶子说："你们既然是食草动物，枯草、黄叶你们都可以吃呀，为什么要吃我们这样鲜嫩的叶子呢？"

"吃你们就吃你们，吃了你们，鸟儿就没地方做窝了，就不会来吃我们了！"正好，一只鸟从这飞过，听到虫子的话，大声说："你们这可恶的虫子，还在为你们的贪婪找借口，我们鸟类专吃害虫，你们若不伤害树木和庄稼，我们怎会吃你们？今天正好让我撞见了你们，我会让你们死无葬身之地……"说着，鸟儿就把这一只只"霸王"叼走了。

树上的叶子又渐渐地多了起来，森林里的树木又恢复了生机。

张徐力/文，六年级　指导老师：张良英

长着"自私虫"的"树"

　　我是一只刚刚成年的啄木鸟。从小妈妈就告诉我："孩子，我们啄木鸟天生就是树林的保护神，只要我们在，就不会让任何害虫破坏我们的森林。"那天，在接过祖传的神功《看树啄虫指南》后，我就立刻飞到了我的责任树上。

　　根据《看树啄虫指南》中的资料与我的实战经验，很快，我负责的所有树都渐渐恢复了健康。

　　可是今天我却遇到了麻烦。

　　早晨，我在树林里巡逻。突然，我眼前出现了一棵会走路的"树"。咦？这棵"树"我怎么不认识？只见它走到了一棵大树前，看了一会说道："一看这棵树的样子，就知道有虫……与其让它这样死去，还不如让我把它砍倒，去当木材，为人类做一些贡献。这也是为它好嘛！"说完，它拿出了一把奇怪的工具，向那棵树砍去。

　　这可气坏了我，你说说，我每天在林子里飞来飞去地照顾这些树木，你倒好，竟说这些树里面有虫！我看你这棵"树"里才有虫呢。

　　我飞到它的"树枝"上，使劲地啄它。啄着啄着，我忽然听见它的"树干"中有一个声音在说话："快砍！快砍！快把这棵树砍倒！砍倒了拿去卖，一定能卖个好价钱。这里有这么多的树，我发财了，发财了……"

　　可恶的家伙！我拼命地啄，想把它赶走，可是这棵"树"没有虫洞怎么办。有了！去找爷爷，他一定知道对付它的办法。

"你说的虫子叫'自私虫'，它们专门居住在一种叫'人'的动物里；说白了，它们就是人类的私欲。因为有了"自私虫"，一些人就只为自己着想，不断做破坏环境的事，使得地球环境越来越差……"

　　爷爷叹了口气。

　　我也叹了口气。

张徐力/文，六年级　指导老师：张良英

白犀牛的困惑

我是一只白犀牛，濒临种族灭绝的白犀牛。

从小，我就和爸爸妈妈，还有其他白犀牛，一起住在热带雨林。那时候，我们的族群非常庞大，许多时光都是在和小伙伴的玩耍中度过的。我们或是在河里快乐地戏水，或是在林间散步，靠着树蹭痒，饿了就吃树上的果子、树叶，渴了就喝河里的水，无忧无虑，快乐极了。

不知道从什么时候起，我们族群的成员开始减少，周围的小伙伴纷纷离奇失踪。有一天，正是夕阳时分，大家在河里泡澡。我一边泡，一边注视着太阳一点一点落下去，感觉美滋滋的。突然，"砰"的一声枪响，打破了这个美好世界的宁静。咻！一颗子弹与我擦肩而过，我急忙往旁边闪了一下，还好没被射中。可我身后的一个同伴就没那么幸运了，它还陶醉在泡澡的美妙中，根本就没注意到朝它射来的子弹。一颗子弹射进了它的胸膛，它还没来得及叫一声，就慢慢地沉了下去，只留下一摊鲜血浮在水面上。

打那以后，每过几天，就有一个猎人出现在树林里，一来就会打死我们一个甚至好几个同伴。白犀牛越来越少，当知道世界上只剩下我们最后两头白犀牛时，我终于绝望了……

人类啊人类，你们为什么要猎杀我们呢？我不理解。毕竟，我们都是同一个星球上的生灵呀！

聂亦张/文，四年级　指导老师：方彦媛

一片落叶的旅程

一个秋天的早晨，我迎着朝阳伸了一个大大的懒腰。这时，一阵秋风吹过，秋姑姑驾着她的魔毯轻轻地把我托了起来，在空中慢慢飞着。就这样，我开始了我的旅程。

我是一片落叶，乘着秋姑姑的魔毯向前飞。我的第一站是一个果园。望着这硕果累累的果园，我情不自禁地笑了。蝴蝶对苹果讲了一个笑话，笑得苹果脸都红了，她又对橘子说了几句悄悄话，气得橘子全身都变成了橘黄色。瞧，小朋友们正在摘石榴呢！他们的脸上洋溢着快乐的笑容，和他们手里拿着的石榴一样红。

我是一片落叶，乘着秋姑姑的魔毯继续往前飘啊飘。我来到了一片稻田的上空，那稻田金黄金黄的，远远望去好似金色的海洋。农民们编的稻草人，那稻草人各式各样，有戴帽子的、有穿棉袄的……看着那些贪吃的鸟儿被它们吓得惊慌失措的场景，我不禁捧腹大笑。

我是一片落叶，乘着魔毯继续飞向远方。我的眼前出现了一片翠绿的湖。那层林尽染的山坡，在湖光中影影绰绰，像极了一幅大师的油画。瞧，那画中浮动的小点点，正是一只只摇曳在湖面上的小舟，我不禁陶醉在此情此景中。

"秋姑姑，我觉得这儿最好，请把我放下吧！"秋姑姑轻轻地点了点头，魔毯渐渐落在了水中央。我便成了大师油画中那动人的一笔，随着波浪，继续着我的旅程……

赵子霖/文，三年级　指导老师：金咪雪

二十年后回故乡

时光飞逝，白驹过隙。20年后，原本还十分无知的我摇身一变，成了科学界的知名人士，还发表了多篇学术论文。但是我仍然禁不住思念故乡，我于是趁着假期，到故乡走了一趟。

回到了故乡，我只看到大街上极少有汽车驶过，大多都是骑着自行车。在大街上走走，我一看到路边的垃圾桶，便忍不住脱口而出："哇，好精致！"只见垃圾桶不再只有两种分类，而是分成可回收、不可回收、有害物、会腐烂……在大的分类中还有好几个小盒子，其中又分成了几类，里面分得更细呢！这小小的垃圾分类足以看出浦江人民文明素养的提高。

从机场出来，人群里面钻出一个人，拍着我的肩膀说："儿子，你终于回来了！"我看着这个满头白发、身体已不再硬朗的老人，泪水在眼眶中打转……

年岁已高的父亲把我带到一间周边是绿树成荫的小洋房旁边："看，儿子，这就是你爸妈的房子。"我发现房子上一片砖瓦也没有，全是黑白相间的斜坡板。我看了许久，也没看出个所以然，后来才知道这是太阳能板。走进去一看，家具电器一应俱全，而且功能还是全自动的，不再大量费电，而是采用太阳能，在下雨天也可以利用储存的应急太阳能来发电。

我又去游览了金狮湖，发现了好多不同之处。游览的范围更加广了，既保留了古朴的特色，又有现代科技的创新。更加难以置信的是，没有游人在景点上涂涂画画了。我不禁感叹："现在游人的素质比原来高了太多了！"在广场上，各种运动器材免费供人们使用，还有好多大妈在跳时下最流行的广场舞呢！

为了祖国更加强大，我只好与我的老父母告别，坐上音速飞机赶回北京工作室……

傅俊锴/文，五年级　指导老师：石琳琳

魔法瓶子

　　这是一个深秋的下午，小松鼠果果正在寻找从树上掉下来的松果，储备过冬的食物。它踩着如同金色地毯一般的落叶，留下一串好听的"沙沙"声。

　　在果果身后，有一位叫茉莉的小女巫一直跟着她。果果假装没发现，突然猛地一转身，问道："你是谁？""我叫茉莉。你居然能看到我！"那个小女巫感到很奇怪，继续说："只有心地最善良的孩子才能看到我们巫师。看来你一定就是那样的小松鼠咯！""那你为什么要跟着我？你手里那个五颜六色的瓶子里装着什么呀？"果果也觉得奇怪得很呢。茉莉回答："每个秋天，我们这样的小巫师就会到处采集各种秋天的声音，然后装进这个魔法瓶子。最后把它送给那些听不见的孩子。当他们打开瓶子的时候，就能听到那么多美妙的声音。刚才我正在收集你捡松果时踩落叶的声音呢！""噢，原来是这样！"果果明白了。"那么，让我也一起帮忙吧！"

　　果果带着茉莉一起去看小鸟的演唱会，小鸟的歌声真好听！各种小鸟都拿出了自己的绝活，悦耳的歌曲一首接着一首。茉莉打开魔法瓶，一股淡淡的青烟飘了进去。果果奇怪地问："那些聋人孩子怎么才能听到小鸟的歌声呢？"只见茉莉挥起魔杖，小鸟的歌声似乎就从瓶子里飘了出来，又在果果的耳边响了起来。"哇，真神奇呀！"果果赞叹道。

　　在果果的带领下，他们又去森林中的不同地方采集了好多美妙的声音。有风吹进白桦林，树叶发出唰唰的响声；有小溪从山的高处往下流，一路欢快的叮咚声；有小羊们在草地上奔跑，时而顶顶角，时而追来追去，时而咩咩叫着闹着的嬉笑声；还有果果和茉莉非常小心地、轻手轻脚靠近一只熟睡的大老虎，收集来"呼呼呼……呼呼呼"的打呼噜声。

　　一转眼几天时间就过去了，茉莉的魔法瓶终于装满了，再也收不进任何新的声音了，小女巫要回去了。看着那只五彩绚烂的美丽瓶子，果果的眼睛有点湿湿的，她对茉莉说："虽然我很舍不得你，但那些聋人孩子一定等急了吧！带上森林里这些美丽的声音，快点回去吧！""嗯，好的。"茉莉骑上扫把，一阵青烟淡淡地升起，一下子就飞向了远方。

吴商/文，五年级

蚕宝宝的自述

　　我是一粒芝麻大小的蚕卵，名字叫熊熊。我刚从妈妈肚子里出生不久，就被装在一个小小的袋子里，然后一个可爱的小男孩把我领回了家。又过了一会儿，我感觉很凉爽。哇！原来我住进了人类的冰箱里了呀！日子一天天过去了，在一个阳光明媚的春日，我从冰箱里被取了出来，我突然感觉无比温暖。

　　我要从卵里出来了，从原先刚出生时的淡黄色变成了紫黑色，就像一粒黑芝麻。天气越来越暖和了，我想活动活动筋骨，于是就用尽全身的力气往外咬、往外钻。终于，我能看见一点光了，于是我更有干劲儿了，更用力地往前钻。我钻破蚕卵，破壳而出了。我慢慢地往前爬，边爬边环顾四周。我发现我的家有两层楼，第一层是给我和兄弟姐妹住的，第二层是给我们长大之后吐丝结茧用的。参观完了我的"洋房"之后，我的肚子有点饿了，于是我在"洋房"里转来转去，寻找食物。小主人一直在细心地看着我，这时仿佛也看懂了我的心思，于是他就去问妈妈："妈妈，小蚕要吃什么食物啊？"妈妈说："小蚕当然是吃桑叶喽！"于是小主人立马出发和妈妈一起去给我寻找"营养大餐"了。我盼星星盼月亮，总算是把桑叶盼来了。我每天都在不停地吃桑叶，然后不停地睡觉，日复一日。

　　有一天，我感觉浑身发痒，非常不舒服，于是我决定把旧衣服脱掉。我先美美地睡了一觉，养精蓄锐，接着开始我人生中的第一次蜕皮。我用头使劲一顶，眼睛一睁，头部的皮裂开了。算是开了一个好头，我继续努力地扭动身体。小主人好奇地问妈妈："妈妈，妈妈，你快来看，小蚕是在干嘛呀？"妈妈说："放心吧，小蚕长大了，正在蜕皮呢！"对呀，我亲爱的小主人，我是在蜕皮呢。到了傍晚，我的皮终于蜕下来了，蜕下来的皮成吸管折叠状。蜕完皮之后的我，变得又黄又瘦，有点虚弱。

换好衣服后，我感到饥肠辘辘，于是我就去寻找食物。我找来找去，终于找到了一片桑叶，我用尽全身力气爬上去，用镰刀似的嘴疯狂啃起来。这时，我的兄弟姐妹也来了，我们就这样开始了"家庭聚餐"。听！我们发出的"沙沙"声多么像一家人的欢声笑语啊。

我们吃了几天桑叶，又睡在桑叶上了，我不吃也不动。蜕下黄色的衣服，换上了雪白的新衣，简直是颜值爆表了！又经历了两次这样的蜕皮之后，我的身体一点点长大，变得白白胖胖，而且亮亮的，在阳光下显得非常好看。

换过四次衣服之后，我就要吐丝啦。我仰起头，挺起胸，寻找可以结茧的地方。一番侦查之后，我选定了一个合适的位置。我爬过去，先用吐出的丝织成"Z"形，接着再吐出雪白的丝缕，把头伸进去，然后让吐出的丝把自己裹起来。确认把自己包好之后，我继续在里面上上下下。左左右右地吐出雪白的丝缕，把我的茧进行加固。我边吐边想：太棒了，再过一两天我就有一个真正属于自己的家了。一想到这里，我就充满了干劲儿。过了两天两夜，我终于结好茧了。我的茧呈椭圆形，是漂亮的白色，我在茧里还完成了一次蜕皮，然后就安心地睡在温暖的家里了。这时的我，已经变成了土黄色。

我在茧里待了半个月，变成了蚕蛾。我想去外面兜个风，于是就用一种粉色的分泌液把"家"弄出了一个洞。我往外爬，就再次回到了我的"老家"。只是破茧而出的我，已经完全变了一个模样。我像蝴蝶，全身披着白色的鳞毛，有一对小翅膀，可是却不会飞。我看着看着，突然瞧见了一个小美女，身体散发出一股奇怪的气味。然后美人向我爬来，就这样我们交配后生了宝宝。

生完宝宝，我奄奄一息动弹不得。隐约听到小主人说："妈妈，这只蚕蛾好像要死了，好可惜啊！"妈妈说："对呀，小蚕的一生，辛勤劳动，勇于突破自己，过程艰难，却永不放弃！"

我闭上眼睛，听见小主人向我告别，还和妈妈说明年还要孵出我的孩子们。再见，亲爱的小主人，明年就让我的孩子们来你幸福的家里做客吧！

唐宸翀/文，四年级

鸡蛋也强大

今天，老师给我们请来了一位特别嘉宾，那就是——鸡蛋。我们班本来带了19个鸡蛋，可是同学们在来的路上，就打碎了10个。于是，我们得出了一个结论：鸡蛋很易碎。可是，老师对我们说："我可以让这个鸡蛋变成'大力士'哦！"老师把我们分成3组，分别叫鸡鸡组、蛋蛋组和鸡鸡组，我被分到了鸡鸡组。

老师宣布游戏规则：首先，把老师施了"魔法"的鸡蛋放在手里，用力握，看看能不能握碎。同学们个个摩拳擦掌，准备把鸡蛋握碎。

第一轮，老师朝鸡蛋吹了一口气，算是施了魔法，然后给蛋蛋组的代表握。蛋蛋组的代表自信地接过了鸡蛋，握紧了，脖子上的青筋都突了出来，鼻子旁边出现了两道纹路，眼珠差点跳了出来，可是鸡蛋就是握不碎。其他代表也试过了，鸡蛋还是没碎。

第二轮，我们组的代表是我，我使出浑身解数，抿紧双唇，用力一握，只听到"咯噔"一声，咦，鸡蛋碎了？不！是我的手扭了！我只好把鸡蛋往旁边一放，摸起我的手来。其他同学也没能把鸡蛋握碎。

原来，鸡蛋的壳是拱形的，能承受大于人的握力。赵州桥就是按照这个原理设计的。当我们把鸡蛋握在手心时，四周都在受压，所有的力都均匀地分散，每个点所受的力就变小了，同学们这才恍然大悟。

小小的一个鸡蛋，让我懂得了不要小看那些平时看起来弱小的人的道理，人不可貌相！

金奇/文，四年级

145

三根睫毛惹的祸

最近，我美丽的双眼好像被什么骚扰，时儿发痒，真心疼我的"光明天使"。

今天，爸爸带我去医院检查，看看到底是什么在骚扰我的"光明天使"。

来到眼科就诊室，看见一台长着眼睛一样的机器，旁边坐着一位身穿白大褂的漂亮女医生，戴着口罩，露出一双炯炯有神的眼睛。爸爸把号递给她，我连忙跟上去说："医生，这几天眼睛很痒，请帮我看看。"

医生轻声细语地说："来，坐在这儿，让我看看你的眼睛吧！"

我按照医生的吩咐，好奇地坐在那台机器前面，脸紧贴着那冰冷的铁架，用力睁大双眼看着机器的两个圆孔，医生也仔细地对着机器看。过了一会儿，她拿起一根长长的、头圆圆的签，沾了一下黄黄的药水，向我的右眼和左眼各滴了一滴，眼睛马上感觉一丝清凉舒适。

医生继续检查，一边查看一边记录，说："你的眼睛有倒睫毛，它刺伤了眼膜，有点儿发炎了，所以才会发痒，要把这些惹祸的睫毛拔掉。"

我听到"拔"字就毛骨悚然，担惊受怕地急着问："会很疼吗？要拔光我的睫毛？"

医生温柔地笑着说："放心，不会拔光你美丽的睫毛。我技术好着呢，一点儿也不疼。"听了医生的话，我松了一口气。

医生带我到另外的一个房间。她左手轻轻地摸着我的眼睛，右手小心翼翼地把镊子慢慢地伸向眼睛。我感觉像被蚊子叮了几下似的，三根弯钩形的睫毛已躺在铁盘上了。

没有了它们的骚扰，我的"光明天使"顿时舒服多了。

舒嬰乐/文，三年级　指导老师：胡茂晔

海浪和寄居蟹

　　海浪像一个调皮的孩子，在海滩上追逐着，嬉闹着，还时不时地掏出一份意外的惊喜送给你。游人到处都是，有的在捡贝壳，有的在堆沙堡。

　　　　　　——《海浪和寄居蟹》

车窗外的风景

今天是全家出门旅游的日子，我坐在靠窗的位置。

车子发动了，车窗外的景色由繁华无比的城市，变成了一片片田地，以及两三层的小洋房。忽然，一大片一大片的嫩黄色扑入了我的眼帘，仔细一看，原来是大片大片的油菜花正在向我展示它们的容貌呢！瞧，它们就如一个个上天赐予大自然的小精灵一般可爱。如果我不在车上的话，肯定会跑进这片花海，尽情享受花朵的簇拥。

过了一会儿，"舞台"又变了，湛蓝的天空成了"背景"，房子成了"配角"，而远处那连绵不断的山峰则成了"主角"。那些山峰就像画家用墨水泼上去似的，重重叠叠仿佛没有尽头。

不一会儿，车窗外一片绿映入眼帘，原来是片树林呀。不同的绿闪烁着不同的光泽：深绿、浅绿、嫩绿……此时，车内传来优美的音乐声，让人心情特别愉悦，真想让时间停留在这一刻。

是啊，有人说："人生就像一场旅行，不必在乎目的地，在乎的是沿途的风景，以及看风景的心情。"在你的人生旅途中，要适时停下匆忙的脚步，欣赏生命旅程中的缤纷色彩。车窗外的风景，或许弥足珍贵。

樊晓燕/文，四年级　指导老师：叶勤萍

最难忘的一件事

"春色满园关不住，一枝红杏出墙来。"春天踩着无比轻快的脚步向我们走来了，爸爸妈妈于是决定带我去遥远的四川九寨沟游玩。

来到九寨沟，下车深深地吸了一口气，我嗅到了风中露水夹杂着的淡淡的花香，瞬间我的肺像被清洗过一样。九寨沟是大自然鬼斧神工之杰作，热情奔放的飞瀑水帘悬挂、浪花飞溅、多姿多彩，四周雪峰高耸、湖水清澈艳丽，急流汹涌澎湃，林木青葱婆娑。九寨沟历来被当地藏族同胞视为"神山圣水"之地。

进入景区，我们到的第一个景点是珍珠滩。这儿有许多奇形怪状的礁石，水从上流喷涌而出，经过这一带时，水冲刷在岩石上面，瓦解成了一滴滴小水珠。在一缕缕阳光的照耀下，好似一颗颗晶莹剔透的珍珠，珍珠滩因此得名。一路沿着木栈道往上走，就来到了最为壮观的五彩池，人们把入口围得水泄不通，人人高举手机拍照。挤进人群中，五彩池依稀可见，它就像是一块晶莹剔透的玻璃，水底的沙石清晰可见。几根已经腐烂的树干，因为时间太久，半浸在水中，树干上已经长出了绿绿的藻类。看！那还有几条小鱼，它们在腐烂的树干中自由穿梭，有几条还在品尝木块上的一些藻类植物。岸边的垂柳把枝条浸入水中，像一个爱美的姑娘正头披秀发，在圣水中尽情地沐浴嬉戏呢！

这一次的九寨沟之旅让我大开眼界，让我对这个水的世界永生难忘。

曹烨锴/文，七年级　指导老师：潜丽婉

科罗拉多大峡谷之旅

　　整整4个小时的车程之后，科罗拉多大峡谷的入口终于进入我们的视线。车开进了国家公园，从这一刻起，我开始了一段奇妙的旅程。

　　下了车，我们沿着大峡谷步行到第一个观景台。当我来到峡谷边时，一下子被震住了：奇迹，这真是大自然创造的一个奇迹！峡谷十分宽阔，放眼望去，峡谷的那一边仿佛是在天的尽头。峡谷的谷底是一条条"小峡谷"，它们是被科罗拉多河冲刷出来的。一条条沟渠将峡谷那宽阔的谷底变成了小岛的天下。每一个小岛上都有一座小山，隔开小岛的是多年前就干掉了的河床。河水长年累月的冲刷创造了这一条条沟渠，它们是时间留在人间的足迹。

　　峡谷整体是红色和黄色的，十分鲜艳。两边的峭壁上长了少许苍翠的松树，为壮丽的峡谷添上了精巧的一面。

　　今天，不知是哪儿来的好运，我们看到了一种由阳光、乌云与雷电同时呈现的美妙场景。远离峡谷的地方是晴空万里，峡谷上空却是乌云密布。这天气制造了一种奇怪的风景：有几座小山上出现了一根水柱，直上云霄。仔细一看，呀！原来是在下暴雨呀！一阵阵狂风在峡谷中呼啸而过，树叶沙沙响着。暴雨噼里啪啦地打在土地上，漫起了一片烟尘。地平线上时不时划出一道白色的闪电，而后是一阵阵雷声。

　　这儿的小动物们也非常有个性。一只乌鸦停在一块石头上，它的羽毛乌黑发亮，十分干净，它眺望远方，一动不动，如同一个专注的冒险家。在路边的草地上，一头鹿非常悠闲地吃草，一群人在为它照相，小鹿乖乖地抬起头，温顺地看着镜头，似乎早就习惯了这样的场景。

壮丽的景色与可爱的动物，这一段旅程令我大饱眼福。再见，科罗拉多大峡谷，我永远不会忘记你。

林湛宁/文，五年级　指导老师：张华莲

异域风情

从那拉提到巴音布鲁克的路上，一路惊喜不断，我们不光领略了五彩缤纷的花海，更令人兴奋的是刚好赶上了哈萨克族第一届摔跤比赛开幕式。我们欣赏了他们的民族歌舞，还有冬不拉表演，也看了养蜂场，还在草原上策马奔腾，做了回草原上的小牛仔。

一出那拉提景区，便看到了路边一大片一大片的花海。现在杭州是三伏盛夏，这里却春意盎然：橘黄色的蜂窝菊、紫色的沙漠马鞭草、粉色白色玫红色相间的格桑花，还有泛着白色星星点点的屈曲花，一大片一大片纵横交错，令我们陶醉。

当我们还沉浸在花海的美丽中，远处传来了一阵热闹的音乐声，原来是哈萨克族第一届摔跤比赛开幕式开始了。我们兴冲冲地跑过去。在花海公园门口的大舞台上，哈萨克族的少男少女们正在载歌载舞，他们的舞蹈热情奔放，脸上洋溢着幸福的笑容，优美的舞姿和迷人的笑容迷住了我们，这时突然"砰砰"两声，吓我一跳。哈萨克族英俊潇洒的少年身着白色摔跤服出场了。他们弯着腰，脸涨得通红，双手抓住对方的肩膀，用力将对方抱起，豆大的汗水从他们脸庞滑下。不时发出一声怒吼，一不留神就被摔在对方身下。在双方不分上下时，看得我连气都不敢喘，我怕我的呼吸会影响他们发挥。他们顽强拼搏的精神让我很感动。由于行程安排，我不得不在依依不舍中离开了摔跤场。

车开出半小时左右，路边的蜂箱和帐篷吸引了我们。我们停下车去看，养蜂人在忙碌，一个戴着帽子围着沙巾的阿姨将蜂巢中的幼虫挑出递给叔叔，叔叔用一个特制的小勺子将里面又白又浓的蜂王浆挖到容器里，然后再将蜂巢递给一个伯伯模样的人，只见伯伯麻利地用一个小刷子将蜂巢里的杂物清理干净。他们三个很熟练地配合着，我都看呆了。他们还让我们品尝了他们的蜂蜜，吃得我感觉全身都变甜了。

离开养蜂场，我们继续前行。很快我们又被朝我们奔跑来的骏马吸引了。于是我们突发奇想，下车骑马！这个决定太酷了！我选了一匹又高又壮但很温顺的棕色马，经过一个草坡，来到一条河边，马儿过河的时候还停在河中央，低头饮纯净的河水。它的样子很可爱，很想抱抱他，但是它太大了，只好摸摸它。过了河，牵马的哥哥还带我在草原上奔跑了一会儿，让我过足了骑马的瘾。

我们继续前行，赶往巴音布鲁克。这段路程，让我领略了西域风情。美丽的草原、朴实的民风让我终生难忘！

方华/文，四年级　指导老师：杨群

浙大，我为你写诗

浙大，我为你写诗！古老的南华院，显示了浙大的历史悠久；求是鹰的校徽，作为浙大的标志；闪亮的月牙湖，是浙大的风景。我的爸爸就在浙江大学当老师，我的家就在浙大的紫金港校区内。一走进浙大的紫金港校区，就能望见那块巨型红褐色太湖石，上面雕刻着老校长竺可桢亲笔题写的四个金色大字——"浙江大学"。

浙江大学共有五个校区，历史悠久的之江校区、依山而居的玉泉校区、环水而建的华家池校区、碧草如茵的西溪校区、还有时尚现代的紫金港校区。我家所处的紫金港校区是五个校区中最新最大的校区。春天我们全家会在校园的大草坪上放风筝，夏天我们会在南华楼边的荷花池赏荷花。有时候爸爸带我去球场和他的研究生一起打篮球，有时候爸爸还带我去号称"亚洲最大食堂"的浙大学生食堂吃晚餐。我从爸爸14楼的办公室向下望，圆圆的体育馆看上去像只螃蟹。长长的游泳馆一节一节的，特别像蜈蚣。两个建筑合在一起，我跟爸爸给它们取了一个有意思的名字，叫"蜈蚣战螃蟹"。我热爱浙大，我想为你写诗！

如果我的诗落在之江的钟楼上，钟楼敲响的钟声惊起展翅的白鸽，引着学生迈向教室。在浙大的校区内都能看到竺可桢校长向师生提出的两个问题：一是来浙大干什么？二是将来毕业后做什么样的人？大哥哥和大姐姐们就是带着这样的问题和使命，在这里努力学习、刻苦钻研。

　　如果我的诗落在华家池的水面上，池面荡起的水花惊醒一群蜻蜓，领着小船划向彼岸。一潭碧绿的池水，池面上盛开着粉嫩的荷花，池边的四周是弯弯的垂柳。树下是刻苦读书的大哥哥和大姐姐们，在夕阳的映衬下显得格外安静和谐。

　　如果我的诗落在玉泉的主席像上，毛主席高举的手臂直指前方，带着大家奔向未来。这里有辉煌的昨天，有苏步青、竺可桢、王淦昌、李政道等著名学者，这里更有大哥哥和大姐姐们用青春书写出的灿烂明天！

　　浙大，我为你写诗！用学生们的今天，作为浙大的历史；用学生们的辉煌，作为浙大的旗帜！

　　　　　　　　　　　董子墨/文，五年级　指导老师：兰慧琴

圣马可广场一游

暑假，我和妈妈去了欧洲旅行。在威尼斯的一天中，我们去看了圣马可广场，这个广场给我留下了深刻的印象。

圣马可广场，又名"威尼斯中心广场"，被称为欧洲的会客厅，一直是威尼斯政治、宗教和传统节日的公共活动中心。鸟瞰整个广场，它呈一个长方形，中间的空地上是密密麻麻的鸽子和来来往往的游客。令我印象最深的就是圣马可大教堂的侧面，那里有一排排很整齐的拱形门，就像一个硕大的马蜂窝，非常震撼。

我们来到了广场的一个咖啡厅休息。放下包，我就和同行的小伙伴王新航飞奔到广场上找那些鸽子。我们的到来吓坏了正在觅食的鸽子们，它们"呼啦"一下子飞了起来，头顶的阳光瞬间全被挡住了。还没等我看清楚它们飞翔的身影，天空一下子就亮堂了起来；再看时，它们已经落在了别处的空地上，和游客们在嬉戏。整个圣马可广场就沉浸在鸽子的起起落落和游客们的欢笑声中。

我发现有一些鸽子与众不同，它们比一般的鸽子脖子粗，一走路还会左右摇摆不定。一开始我以为那是雄鸽子或者是鸽子群里的王，一查百度才知道，那是得了严重胃胀病的鸽子，原来是它们太贪吃了。

在鸽子群里，还有一些特别大的白色鸟类，我不假思索地说："哇！海鸥！""不对，是信天翁吧?"王新航不认为是海鸥。不一会儿，这些大家伙落了下来，哇！它们足足比普通鸽子高大半个头，嘴和脚都比鸽子长好多，真有点鹤立鸡群的感觉。在它们面前，我都觉得自己渺小了好多。

俗话说个大不吃亏，这大家伙抢起食来厉害多了。一看到游客给的食物，它们就张开大翅膀，把鸽子们都赶到了一边，迅速叼起食物，高昂着头，然后奋力一跃，大翅膀像两把大扇子，扇出一阵狂风，再然后"呼啦"一下就飞到了高高的钟楼上了，独自享受着美食。

我突然想起包里还有两块玉米饼，就兴冲冲地跑去分给了王新航一块，然后自己先咬了一口，再掰下一些，扔到了广场上，立马，黑压压的"鸽浪"就朝我这边扑过来争抢玉米饼。我又掰下一块，揉碎了，扔到了另一边，这下，一部分眼尖的鸽子就马上换了阵地。

突然，我的手被一个黑人抓了起来，他往我手里塞了一包玉米粒，见我一脸茫然的样子，他就举起了我拿玉米粒的手，还吹起了口哨。这下，鸽子们蜂拥而上，有的还落在我的头、肩、手臂上。哦，我明白了，这个黑人是来帮助我引鸽子的。我感激地看着他，招呼妈妈赶紧给我抓拍这美妙的瞬间。等拍完照片，我们准备走时，那个黑人突然挡在了我和妈妈的面前，一只手比划着"二"，另一只手摊在我们面前。啊？这是向我们要钱呐！我惊恐地看着妈妈，妈妈冷静地说"No"，可黑人依然没走。这样僵持了近半分钟，广场上的黑人一下子全部聚集在我们的边上，不知道他们发现了什么，一下子又溜得无影无踪了。我疑惑地问妈妈："他们怎么走了？""是看到警察了。看，那就是警察。"我顺着妈妈的手望去，身穿制服的警察正在不远处巡视呢！

这些强买强卖的黑人，还在警察看不见的地方游走，他们给这个美丽的广场抹上了浓浓的黑。我把目光转向了这些胖得不行的鸽子，突然有些难过。

宿晗/文，四年级

游大英博物馆有感

英国历史文化中最具有代表性的该是大英博物馆了。大英博物馆规模高居博物馆之首,它收藏了各地珍宝,藏品十分丰富。

令我印象最深的是中国馆。这里有精致的紫金花瓶、青花瓷瓶、青玉皿、梅花瓷茶具等宝物。这些宝物上面绘有水墨画式的高山流水纹、中国式的小鸟花卉纹,甚至还有小楷和红印。有雕刻十分精美的飞龙玉坛,有写着"接天莲叶无穷碧,映日荷花别样红"的荷花盆……多么熟悉的文物!多么亲切的气质!这是原本属于我们伟大的祖国的东西!但现在,这些中国珍贵的文物却背井离乡,带着中国人的泪,中国人的血,作为被掠夺的战利品,永远无法返回。

这些文物都是出自心灵手巧、技艺精湛的中国制瓷人之手。中国匠人创造了它们,给了它们中国的气质与内涵,它们理应属于中国。中国是它们魂牵梦萦的故土,是它们灵魂的所在地,它们应该回到祖国的怀抱。那段时间,中国丢失的不仅仅是价值连城的宝物,还有大片大片的领土,被迫签下一份又一份不平等的条约,中国忍气吞声。落后就要挨打,所以我们要好好学习,将来让祖国更加繁荣富强!

参观中国馆期间,我既开心又难过。开心的是我有幸在此遇见如此精美的文物!难过的是它们现在不属于中国了。我带着深深的遗憾,依依不舍地离开了大英博物馆。

郭妮/文,五年级　指导老师:朱科静

海浪和寄居蟹

"哗啦啦——"海浪欢快地拍打着沙滩，唱着歌。暑假里，我来到了青岛，又一次看到了大海。

金色的沙滩上散落着各种各样的贝壳。放眼望去，无边无际的大海蔚蓝蔚蓝的。海浪像一个调皮的孩子，在海滩上追逐着、嬉闹着，时不时掏出一份意外的惊喜送给你。游人到处都是，有的在捡贝壳，有的在堆城堡。而我，对这些都不感兴趣，只想着玩"跳浪花"游戏。

我卷起裤管，光着脚丫走到海边，等待着海浪。"哗"一波海浪袭过来，我向上一跳，就把海浪躲过去了，海浪渐渐消失在沙滩上。海浪一波一波地来，我一次一次地跳，一波特大的海浪冲湿了我的裤子，还溅到我的脸上，逗得我哈哈大笑。爸爸看着我这个傻女儿，脸上也挂着笑容，估计是无奈的笑。

我弯下腰，准备拧干裤腿。咦！发现有一个白色的螺壳躺在一旁的沙滩上，这是大海送给我的小惊喜吧。我兴冲冲地过去准备拾起它，突然，那个螺壳动了一下，从里面钻出一只寄居蟹。

我以为寄居蟹要夹我，吓了一跳。赶紧跑到爸爸身边，再也不敢回去了。

"怎么回事?"爸爸问。

"那——那边有一只寄居蟹。"

"没关系，海滩是寄居蟹的家。"爸爸笑眯眯地鼓励我。

原来，是我惊扰了寄居蟹，并不是它惊扰了我。听了爸爸的话，我又重新走回到海水里，也许真的没有那么危险。我靠近了一点，寄居蟹没有什么动静。我悄悄地从它身边绕过去，它依然纹丝不动。这下我完全放松了，重新快乐地跳起了浪花。海滩是属于我的，也是属于寄居蟹的。

金光洒在海面上，黄昏降临了，我恋恋不舍地离开了寄居蟹，离开了海边。

聂亦张/文，四年级　指导老师：方彦媛

雪的梦幻家园

寒假里，我们去了哈尔滨，还去了梦幻家园般的雪乡。

到达雪乡的时候天色已暗，只见天地之间白茫茫一片。白雪给马路盖上了一层厚厚的白被子；白雪给大树们披上了白色的披风，矗立在寒风中，威风凛凛；白雪覆盖在小小房屋的屋顶上，远远望去像一朵朵盛开的"雪蘑菇"。欣赏着这安安静静的雪乡，我情不自禁地赞叹道："真是太美啦！"妈妈深情地感叹道："大自然有大美而不语啊！"

我们沿着雪韵大街走向我们入住的"大炕"。大街两旁挂着形态各异的灯笼，把这白茫茫的世界照得五光十色，仿佛圣诞老人会从哪个"雪蘑菇"的小屋子里突然冒出来，真是期待极了！

第二天一大清早，我们就起床了。一推开门，雪片随着寒风狠狠地吹进房间里，飘到我们脸上，冰冰凉凉的，既寒冷又舒服。门外一片白雪皑皑，随风飘落的雪片和随风吹起的雪花，就像是电影特效的仙境一般，让生在江南长在江南的我们都惊呼了起来。屋顶上厚厚的积雪，就像生日蛋糕上的白色奶油，我们忍不住去舔了一口雪，没有一丝甜味，但是冰冰酥酥的，很是奇妙。然后，我们就迫不及待地滚雪球、打雪战、滑雪板！妈妈们开始拍照、拍小视频。不一会儿工夫，我的眉毛沾上了雪花，亮晶晶的，妈妈叫我"白眉大侠"！

夜晚的雪乡，是童话的梦幻家园；白天的雪乡，是我们的玩雪王国。美丽又好玩的雪乡，我一定会再来的！

周锡奥/文，三年级

游南明山

金秋十月，丹桂飘香。在这诗情画意的季节里，我们学校组织了一年一度的秋游活动，四年级的游玩地点在风光秀丽的南明山。

我们一到南明山脚，抬头仰望，可见连绵起伏的山岭，山上层林尽染，一座山门映入眼帘，门上"南明山"三个大字分外显眼。

拾级而上，穿过山门，可以看见一个长方形的湖，名叫"明秀湖"。碧绿的湖水倒映着蓝天白云，鱼儿在水里优哉游哉地游来游去：有红的、有黑的、有黄的、还有红黑相间的……真是眼花缭乱，好一幅生机勃勃的画面啊！我们一拥而上，围着围栏，争着给鱼儿喂食。鱼儿们抢食的动作就像"鲤鱼跳龙门"那样精彩，它们互相挤着、撞着、蹦着，真热闹呀！好像在欢迎我们的到来。

沿着山路再往前走，就可以看见一片枝繁叶茂的竹林，每根竹子就像一位位站岗的"士兵"，在接受游人的检阅。透过竹林，隐约可以看见一条银龙似的小瀑布，唱着歌从山上倾泻而下。我们在旁边一个古色古香的"半云亭"里小憩后，又迫不及待地往上走，这一路上有苍松作陪、翠竹相伴，还有长满青苔和刻着"忠孝廉节"的石壁护送。很快通过第二道山门，只见眼前顿时豁然开朗起来：石狮、小桥、流水等，仿佛进入人间仙境似的。最引人注目的是那浑然天成的"摩崖题刻"，听杨老师说，这些石刻十分珍贵，有宋代著名的书法家米芾、黄庭坚等留下的墨宝，经过长年累月的风吹雨打，有些已经斑驳。大家饶有兴趣地辨认起来："半云""敬义""心虹""悬虹""石梁"……

或隶书，或行书，或篆书，真是一场石刻的盛宴啊！

　　我们正讨论着，不知不觉来到了仁寿寺，跨进门槛，就看见了一棵挂满了红丝带的许愿树。许多人在那里祈福，我也在红丝带上写下了一个心愿："希望爸爸妈妈万事如意"，并把它小心翼翼地挂在了许愿树上。走出仁寿寺，我们进行休整，开始享用自带的零食。"零食大会"后开始登顶，当我们气喘吁吁地路过"遐观亭"后，终于成功登上了山顶，整个丽水城尽收眼底。一阵阵凉风扑面而来，让人神清气爽，心旷神怡，不禁让我产生"会当凌绝顶，一览众山小"的感慨。停留片刻，我们一个个便迈着轻盈的步伐，哼着小曲儿，依依不舍地下山了。

　　这次南明山秋游，我收获满满：欣赏到摩崖石刻，受到一次文化熏陶；许下美丽心愿，为家人带来好运；成功登顶，虽然累，但磨炼了意志。

　　　　　　　　　　　　　　蔡京宸/文，四年级　指导老师：吴春丽

美丽的鹳山

　　在我的家乡富阳，有一座十分美丽的山，名叫鹳山。听大人们说，因为山的形状像一只鹳鸟正在喝富春江的水，所以叫鹳山。

　　一走进景区，只见大门上挂着一块牌子，上面有"鹳山"两个醒目的大字。同时也会看到两边张牙舞爪的石狮子正威风凛凛地站在石头上：一边是一只大狮子抱着一只小狮子，轻轻抚摸着，嘴里含着一个石球；另外一边是一只狮子手掌下有一个球，好像在比赛呢！它们就像迎宾狮，正热情地招呼："小朋友，这里风景优美，鹳山欢迎你们来这里游玩！"

　　走进大门，就看见花坛里的花在微风中冲着我们频频点头，里面盛开着各种各样争奇斗艳的花，漂亮极了！

　　沿着鹅卵石铺成的小路往南走，看到一座六十米的长廊横卧在富春江边。鹳山的长廊非常古老，一根根木头柱子十分坚固，上面雕刻着精美的图案。旁边还有一个凉亭。早晨，它是老人们晨练的场所；白天，孩子们在里面玩耍；晚上，它却成了大人们纳凉休息的好地方。这里还能看到很多景色，美不胜收！

　　离开长廊，我们拾级而上，来到了半山腰的平台上。这里的树木郁郁葱葱，其中有一棵大樟树，它已经有三百多年的历史了。从山顶往下眺望，整个富春江尽收眼底！

　　面对这美丽的景色，我不禁深深地赞叹："啊！我爱你，风景优美的家乡——富阳！"

　　　　　　　　　　　　　　　　　　　　唐泰如/文，三年级

167

秋游南明山

在这个秋高气爽、丹桂飘香的季节里，我校举行了一年一度的秋游活动，活动地点在南明山。

一大早，同学们就兴高采烈地来到南明山脚，老师整理好队伍，我们就出发去登山了。我们先到了葛洪炼丹处，这里有一个池塘，映入眼帘的是一群活泼的红鲤鱼和池中央的小喷泉。一座桥隔开了它们，一半清、一半浊，一半大、一半小，一半闹、一半静，各有意境，感觉好神奇。

一路行来，我看到一块青苔上的石刻，仿佛带我回到了南宋时期。这些石刻默默见证着时代的变迁，让我感受到文化的传承，需要我用心去体会。不一会儿，我们爬到了二道山门，抬头望去只见青砖白墙上写着"南明山"三个隶书大字。我发现南明山三个字中"明"字的日字旁故意写成月字旁，这大概是书法家特有的写法吧。

我们继续向前走，来到了半云亭，之所以取这个名字，是因为它身在云层之中。不知不觉中，我们来到了摩崖题刻"南明洞天"处，在摩崖题刻的下方有许多古代记载南明山大事记的石碑，由于年代久远，石碑上的文字已经斑驳不清，许多文字已经很难辨认。石碑的上方一块长条形的巨石仿佛从天而降，这是人称"南明洞天"的景观。在这条石梁上，有许多古时候的文人骚客留下的摩崖石刻，其中有一幅让我印象深刻，叫"半云"，意思是人在这里，仿佛就置身于云层中一般，真如仙境啊。这些石刻都是历史名人先题写，然后石匠再刻上去，在那个时代真是不容易。题刻的文人书法苍劲有力，宋代的书法家米芾题写了"南明山"三字。

过了南明洞天，我们来到一处空地，大家开始休息。我们津津有味地吃着带来的食品，有说有笑。休息后，我们继续向上爬，一直爬到遢观亭。放眼望去，丽水城的风景尽收眼底，看远处高楼林立，防洪堤上活动的人们依稀可见，紫金大桥上车来车往，美不胜收！

我喜欢秋游！以后我要多来南明山游玩，观察它四季的变化！

潘宣妤/文，四年级　指导老师：吴春丽

难忘的新加坡之旅

就在这蝉鸣的八月，爸爸妈妈带我开启了新加坡之旅。

哇，好干净、好安静的城市啊。这里有点像三亚，到处可见热带植物，但比三亚干净。也有点像香港，算是个岛屿，但比香港宽敞。出租车还未到酒店，我们在不远处就看到一头超级大狮子正"虎视眈眈"，原来是新加坡的城市地标——鱼尾狮。

要说新加坡给我印象最深的，毫无疑问当属环球影城了。环城影城是新加坡的著名景点之一，美食、美景，最好玩的、最刺激的都在这里。我们首先玩的是变形金刚馆。其实就是游客坐在一辆观光车里，移动着看4D电影。车子每移动到一个地方，都会播放不同的场景，有打斗的，有快速穿越城市街区的，有急速倒车的，有飞速旋转的。总之，能让人身临其境。有好几次我以为要被甩到了，吓得闭上了眼睛。随后，我们来到了木乃伊馆。本以为也就感受一下木乃伊的阴森恐怖，玩了才知道远比想象中的要恐怖100倍。游客们坐在一辆黑暗笼罩下的过山车上，周边擦身而过的是木乃伊、各类爬行虫和火球，想想都后怕……最后，我们又去观看了未来水世界的超级电影特技表演。

新加坡的城市建筑也非常漂亮。有个酒店，用53层高的三幢楼托起一个船型的建筑物。船型的建筑物中有个著名的无边泳池，可以将整个新加坡城市尽收眼底。

这次旅行，让我下定决心学好英语，这样才能前往更多的国家游玩。

吴桐语/文，四年级　指导老师：沈志美

印象花灯

　　一排排灯儿，一丛丛花儿。灯儿照着花儿，花儿映着灯儿。若只是单纯的花儿，没有那么夺目；如果单单是灯儿，也没有那么艳丽。这里是灯儿的世界，这里也是花儿的王国。不知道是花儿让灯儿更亮了，还是灯儿让花儿更艳了；反正在这里，人儿是笑了、美了，更醉了。猜猜，这是哪儿呢？

　　傍晚，太阳下山了，留下一片金色的余晖。小伙伴来齐了，我们即将出发——去云澜湾赏花灯。

　　抵达云澜湾，找停车位的时候，我就急着向里面张望，因为一路看久了路灯，现在看里面已是眼花缭乱，只知道那儿的灯光是多么炫目，那儿的建筑是多么高大，那儿的人流是多么拥挤！每一座建筑，每一株植物都有五彩的灯装饰，所有东西都是五彩的，好不绚丽壮观！

　　真正踏进这个"花灯城堡"时，我的眼睛是一次又一次地应接不暇，定睛一看，每一处、每一景、每一物又是那样绚丽、那样斑斓。一切的一切让人不由得恍惚起来，不知自己是身在仙境还是凡间；身在现代还是穿越了……一切的一切都是那样神奇梦幻！

　　头顶吊着彩灯，好似流星雨洒落下来，而路旁是棵棵"彩树"，它们伴随着我们，照耀着我们一直到出口。眼前有三条路，我选择直走，走进了一座外呈洞形、内似彩虹的建筑，顾名思义，我就称它"彩虹洞"吧！"彩虹洞"并非笔直向前，它迂回曲折，让人难以一眼看透；它的灯光五彩缤纷、变幻莫测。我在"彩虹洞"里见识到了灯的魅力，真是美不胜收！

穿过"彩虹洞"，是一片"小沙滩"，我走过去，那里居然有水。我用脚尖点点水，感觉水中好像有什么宝物似的，却看不出是什么，引起我的好奇心，可又不能下水一探究竟，只好随大家继续往前走。

走了几步，路旁又呈现一大片"郁金香花海"，只有红、白两种颜色，但并不显得单调。忍不住一摸，原来是假花！不过，这可真是"以假乱真"啊！

渐渐地，除了几条石子路，旁边都是沙地了，这里居然有沙滩啊！我还看见一个酷似宝宝的巨型玩偶，有人说是天线宝宝，可不是嘛！这里的一切都那么栩栩如生。旁边的一个建筑像是个屋顶！可是却没有屋体。它是一个颜色的，我就称它"灯屋"吧！它被许多彩色的灯带子"簇拥"着，在夜色中显得好看极了！

继续走着，又看见几朵"大荷花"和几片"大荷叶"，它们中间还有"大鲤鱼"！"大荷花"被"大荷叶"围绕着，就像独舞者被群舞者簇拥着，煞是好看。这里的一切都那么栩栩如生。

接着，这里是一只"高跟鞋"，那里一顶"皇冠"；这里一颗超大的"钻石"，这里一只"花蝴蝶"立在"郁金香花海"中，那里一个城堡变换着灯光……这儿的任何东西在灯光的点缀下显得格外靓丽。

我好奇地来到一棵小树下，因为我看见树上有一个小牌子，上面写着什么呢？我看不清，但是我能猜到，这应该是某一位小朋友认领的一棵小树！想到这里，我不禁感慨起来：植物也需要保护。这里不就是植物温暖的家吗？

两个小时一晃过去了，我们绕回了入口，也是出口。这意味着赏花灯要结束了，大家都意犹未尽。

潘仪菲/文，六年级　指导老师：俞晓燕

瑰丽的黄山

开学前，我、爸爸、妈妈一起去登黄山。

到黄山脚下时，虽然只看到了一座山峰，但它特别高，特别陡，而且跟周围的山比，它更雄伟。

下了玉屏索道后，站在山峰上一看，我仿佛就站在了云上。我对自己充满了信心，拉着铁链，一步一步地往上爬。

走了几百步后，我们爬到了迎客松旁。迎客松举着"手"仿佛欢迎我们的到来，同时在介绍黄山的美景。我还看见对面的天都峰，太惊人了！那笔直又陡峭的山峰上，远看只见蚂蚁大小的人们爬着石级，石级看上去是垂直的。

我们走过百步云梯，穿过了一条安静的小路，我还用山上干净的泉水洗了下手。在一个平台上，云海扑面而来，我好像已经接触到了云雾。

晚上，我们在山上的宾馆住了下来。第二天，天还没亮，我们就起床赶往光明顶，看到了黄山的日出。先是地平线上有一丝亮光，之后有了彩霞，我们看见脚下的云彩瑰丽夺目。接着，红太阳从天边升了起来，西面出现了两道彩虹。这美景，连妈妈都说，她八次上黄山都没见到过呢。

下午一点，太阳到了头顶，我们开始下山，旅行快要结束了。我们走了好几个小时，又坐云谷索道缆车回到山脚下。

詹子篁/文，三年级

佛堂老街

　　国庆假期里，爸爸开车带我来到佛堂镇上游玩。这里是一条保留着古色古香历史原貌的老街，我们走在用鹅卵石铺地的街道上，两旁是明清时期的两层木结构屋子，朝街的店面都是优雅开合的木排门窗，还有处处粉墙黛瓦的民居；而在雕梁画栋的徽式建筑后面，是各式清幽的庭院与窄长的巷弄，仿佛带我们回到历史的长廊里……

　　我们正兴奋地穿梭在络绎不绝的人群中，沿街商铺林立，商品琳琅满目，让人目不暇接。几百米的老街很快走到头了，来到河边一个叫盐埠头的码头，石板上坐着几位精神矍铄的老人。爸爸上前搭讪，他们慢慢地提起佛堂码头的昔日辉煌。古代佛堂是义乌、东阳两地重要的交通枢纽，水路可以通向金华、兰溪、衢县、屯溪、杭州等地。据《义乌县志》记载，佛堂码头入夜之后桅杆林立，江面上停泊着五百多艘船只、上千条竹筏，有数以千计的船员与客商上码头找住宿、下馆子。那时的佛堂老街外地客商众多，茶楼酒肆、钱庄当铺、面料百货等一应俱全，素有"小兰溪"之称。或许只有堤上这棵两百多年的老樟树，见证了佛堂码头的荣枯与沧桑。

　　河边的小镇却随着历史的变迁，经历了一场场天翻地覆的变化。正是公路、铁路、航空等交通工具的诞生，让佛堂码头消失在历史的长河里。特别是改革开放以后，经济开始飞速发展，佛堂是义乌市最大的中心镇，积极倡导文化搭台、经济唱戏的城镇化建设理念。现在的佛堂老街作为旅游景点来开发，繁华的街市处处高楼林立，崭新的义南工业区也已经有上百家大型骨干企业入驻，今日的佛堂又踏上了新的征程。

今天的天气特别晴朗，金秋十月正值桂花飘香，堤上的老樟树依然苍翠挺拔。此时，江面上飞来两只沙鸥，波光潋滟的江水千百年来从不停息，从码头前缓缓地流过。而河道两旁几十千米的江滨公园绿树成荫，鸟语花香。草坪、小径、亭子、栏杆、假山、水景等都布置得错落有致，让游客们流连忘返，仿佛都在告诉世人佛堂的明天会更加美好。

再见了，美丽的佛堂；再见了，佛堂老街！我挥一挥衣袖，作别佛堂老街。不过，明年我还会再来！

范雨轩/文，五年级

读书的故事

当夜幕降临，一间间商铺熄灯打烊，有一个地方的灯光却依旧温暖明亮，它就像温州这座城市的"眼睛"，在黑夜里为人们指明方向，它就是"城市书房"。

——《一路书香，伴我成长》

读书的故事

我们每个人都有不少读书的故事，其中有些还很有趣。

暑假时，我和爸爸去法国、意大利、瑞士、德国四国旅行，首站到达位于莱茵河畔的法兰克福。刚到那里，时差还没有倒过来，当地时间凌晨三点不到我就醒了。

醒了之后，我翻来覆去再也睡不着了，便想坐起身来看书，可被爸爸发现了，他不同意这样做。我只好悻悻地将灯关了，静静地躺在床上，窗外有静静流淌的莱茵河与嵌在空中的一轮明月，显得异常幽静。

没过多久，老爸那儿传来了阵阵呼噜声。我暗自窃喜，轻轻打开床头灯，调暗光线，蹑手蹑脚地翻下床，找到那本《第二次世界大战全史》，就像一匹贪婪的饿狼般读了起来。不一会儿，我就仿佛回到了那烽火连天、硝烟四起的"二战"战场。

当读到基辅大合围时，我像朱可夫的一名参谋，为70万苏军的被歼而潜然泪下；当读到莫斯科保卫战时，斯大林于民族存亡之际举行大阅兵，我仿佛化身成了一名苏军战士，置身于群情激昂的行列，宣誓誓死保卫莫斯科；当读到诺曼底登陆时，我又仿佛成了阿肯色号上的一名炮手，用406毫米巨炮向法西斯宣告末日的来临……

我就这样沉浸在书中的世界，一页，两页，三页……时间在指尖间飞逝，东方泛起了第一缕阳光，而我仍在书中与法西斯战斗。窗外，一架EF2000"台风"的轰鸣声划破了泛白的天空。我差点抱着枕头向

外窜，因为我正巧读到盟军轰炸法兰克福，恍惚间还以为盟军准备来
轰炸了，要将这片宁静的土地夷为平地。

东方升起了旭日，阳光透过玻璃洒进房间，我这才猛然惊醒，回
到现实。这个晚上，我仿佛在时光的隧道中穿越，从宁静祥和的月夜，
回到人类史上最残酷的"二战"时代，体验了战争的残酷与血腥。

高尔基曾说过："书籍是人类进步的阶梯。"读书能知史，读书能
明志，读书更能展望未来，让我们在书的王国里遨游吧。

沈哲浩/文，五年级

最美的"沉迷"

"书中自有黄金屋，书中自有颜如玉。"从古至今，书是人类的挚友，更是人类进步的阶梯。有多少人因爱阅读而创造历史，有多少人因爱阅读而不再封建愚昧……

爸爸经常对我说："阅读是一种态度，是一种传承！"在他还很小的时候，爷爷就开始引导他阅读各类书籍。因为爱上阅读，享受阅读，这给爸爸今后的学习和工作带来了很多的帮助！

在我牙牙学语之时，就开始接触点读类书籍。在点读笔的帮助下，幼小的我感受到了生活的五彩缤纷，领略了四季的交替变幻，畅游在世界各地……点读笔可以说是我阅读道路上的启蒙老师！

上幼儿园，我已经可以读一些简单的童话故事，而且越来越喜欢阅读，养成了每天阅读的习惯。从拼音读物过渡到纯文字读本，彼时我也已经成了一名小学生，会因书中的人物悲苦而心酸，会因书中的精彩情节而心动。阅读几乎成了我生活中最美的事！

我深知，阅读是需要长期坚持的！虽然我的阅龄还不是很长，可是阅读已经对我产生了潜移默化的影响。它让我从内向孤单变得活泼自信，让我从懵懂无知变得明白事理。书是我精神的食粮，哺育我慢慢成长；书是我灵感的源泉，带领我汲取甘醇。

好书可以陪伴我们一生，成为我们精神上的财富，没有人可以偷走，也没有人可以抢走。我愿沉迷于斯，在阅读的道路上做最美的自己！

黄湉/文，三年级　指导老师：孙洁

《重返狼群》读后感

　　《重返狼群》是迄今为止我读过的最厚的一本书，也是我看过的唯一一本真实记录狼成长的书。作者李微漪是个画家，她在一次去野外写生的过程中，救了一只奄奄一息的小狼，又把小狼带回了成都，并给小狼取名"格林"。

　　这只城市里的"宅狼"，从此开始在钢筋水泥组成的森林中谱写着另类的曲调。随着小格林的慢慢长大，小小的屋子已经容不下它了。在城市里，它闯了不少祸：强行抢走了别人的肉；在屋顶发出了令人毛骨悚然的狼嚎，引来了警察……渐渐地，作者觉察到格林日渐滋长的狼性，决定让它重返狼群。

　　他们来到了大草原，在牧民的獒场里生活。本以为格林和这些藏獒们会合不来，没想到格林不但不怕它们，甚至还有了几个藏獒小伙伴。可好景不长，有一次，格林抢了藏獒的食物，被最凶猛的藏獒"暴龙"咬了。额头的天眼状的疤痕告诉格林，在自然界有朋友，也有敌人，必须时时刻刻小心谨慎。格林慢慢适应了草原的气候，也开始自主捕食猎物。它学会了抓老鼠，逮野兔，赶羊，虽然饿一顿饱一顿的，但总算撑过来了。格林还学会了藏食物，把逮到的野兔埋在雪地里，在主人生病时，它竟然挖出了野兔给主人吃，这是只多么有情谊的狼啊！除夕之夜，格林一夜未归。两天后，格林回了家。大家发现格林身上多了一些野性，而且心情也非常好！这一切都证明，格林已经找到了自己的组织，并融入大自然了。后来，格林再一次出走，在走后的第12天，作者来到山坡上找格林，他们终于再一次相见。已经适应野外生存的格林虽然有些依依不舍，但还是朝着自由的方向选择了自己该走的路。作者纵有万千不舍，此刻也都将这些深埋于雪山草原之间——因为，格林有自己的路要走。

小狼的经历使我想起了去年在四明山的一段经历。去年暑假，妈妈把我送到了四明山上参加一期夏令营，我在那一待就是近一个月。这是我第一次离开爸爸妈妈。正值盛夏，因为在山上，气温虽然不高，但蚊子却多得吓人。毫不夸张地说，出去跑个操，就会被蚊子叮几个包。晚上睡觉，虽然有蚊帐，但蚊帐却破了三四个洞，蚊子总是趁机溜进来。叮我也罢了，关键是老被吵醒，蚊子的叫声简直是这个世界上最难听的噪音了。

我想念家里的那个没有噪音没有蚊子的小床，我想回家！可是，夏令营有规定，不准擅自给家里人打电话。那时候，我真的很恨妈妈的狠心，没办法，我只有自己动脑筋了。我从本子上撕下一页纸，剪成几小块之后，用胶带把纸粘在蚊帐的破洞上，补好了破洞。那天晚上，我终于舒服地睡了个好觉。结果这个方法被其他室友广泛使用，不管走到谁的房间，都看到蚊帐上贴满了花花绿绿的"补丁"。

山上到了半夜还是挺凉的，因为晚上没有人为我盖被子，我一下子感冒了。头昏沉沉的，我多么希望妈妈就在眼前啊！可是，我眼前只有教练发给我的一包板蓝根。后来，感冒没有加重，我也就撑过了一天又一天。

四明山上的一个月，虽然很苦很艰难，但是现在想起来，却是人生的一段历练。狼都有自己的路要走，何况是人呢！只有不断磨砺自己，才能翻开人生一个个精彩的篇章。

宿晗/文，四年级

《三字经》读后感

　　书是我生活和学习中必不可少的。平时老师推荐阅读的各类书目中，给我印象最深的是经典名著《三字经》。刚开始我不是很喜欢看这本书，因为它不像《格林童话》《伊索寓言》有一波三折的情节。妈妈就经常和我一起背诵，并把《三字经》逐字逐句地解释给我听。她的讲解使我明白，《三字经》里虽然没有有趣的故事，但它更有意义。

　　渐渐地，我爱上了《三字经》。《三字经》是我国悠久历史文化的精华，也是我们中国人的国学经典。这本书里，每三个字为一句话，一段共有四句。它涵盖了中华五千年文学历史、人伦义理、忠孝节义等，内容非常丰富。

　　当我读到"子不学，非所宜。幼不学，老何为"时，我很有感触。这句话的意思是：小孩子不肯好好学习，是很不应该的。一个人倘若小时候不好好学习，到老的时候既不懂做人的道理，又无知识，能有什么用呢？这让我想到课文中学到的一句话：少壮不努力，老大徒伤悲。一开始还不是很了解这些话的含义，现在想想我们这些小学生有幸福的生活和良好的学习环境，有什么理由不用功学习呢？

　　当我读到"香九龄，能温席。孝于亲，所当执"时，我很感动。小黄香九岁时，就懂得孝顺父亲。炎炎夏日，她用扇子把父亲睡的席子枕头扇凉；寒冬腊月，她自己先睡下，用自己的体温去焐热席子和枕头，等把席子和枕头弄暖和了再让父亲安寝。黄香不仅以孝心闻名，还勤奋刻苦，博学多才。现在，许多同学家境优越，整天过着"衣来伸手、饭来张口"的生活，却认为这一切是理所当然的，不知道孝敬长辈、感恩父母，稍有不顺心不满足，就会大吵大闹、不讲道理，没把心思用在学习上。父母是真正爱护我们、替我们着想的人，我们要学会爱自己的父母。只有爱自己的父母，才能爱他人、爱集体，将来长大才会爱社会、爱祖国。

总之，读了《三字经》后，我的收获真不少！

黄司扬/文，三年级　指导老师：王微微

一路书香，伴我成长

我喜欢看书，喜欢闻墨香。在我牙牙学语时，每天晚上爸爸妈妈都会给我读故事，陪我看那五彩缤纷的图画，伴着浓浓的墨香，我睡得很甜、很香。

从小学起，每周六下午，爸爸都会骑自行车载着我去市图书馆看书。市图书馆离我家有点远，每次爸爸都会累得大汗淋漓，但他始终坚持。一到图书馆，我们就各自找到喜欢看的书，沉浸其中。离开时，每次我都会借一包书回去，这样我就可以在家里继续我的"阅读大餐"。苏东坡曾经说过"宁可食无肉，不可居无竹"，可我却是"宁可食无肉，不可居无书!"即使是外出旅游，我也会带几本书打发旅途中的无聊时光。

我曾想，为什么图书馆那么少，要是有个离家近的图书馆就好了，爸爸也不会那么辛苦，我也可以随时光顾了。一次偶然的机会，我在一处街角发现了一个叫"城市书房"的地方。这里小巧而简洁，几排整齐的桌椅，里面摆满书架，从经济书到哲学书，从古代书到现代书，也算是应有尽有了，正应了那句话"麻雀虽小，五脏俱全"。虽没有图书馆大，却也是包罗万象的，因此它被命名为"城市书房"。我随手抽出几本，《青铜葵花》《狼王梦》……都是我喜欢看的书，我的眼里放射出激动的光芒! 这里实现了我离家近有书看的梦想!

现在，每逢周末，我都会和爸爸一起来到离家最近的"城市书房"，拿几本我喜欢的书。看着道路上车水马龙，而这里却安静中散发着浓浓的墨香，我沉浸其中，一泡就是一个下午。

到了"城市书房"我才知道，这样的书房已经遍布了温州的大街小巷，人们可以就近阅读，就近借阅，就近还书，而且还24小时开放。这是给我们这些小书迷和阅读爱好者创造的灵性空间，我们因阅读而满足。当夜幕降临，一间间商铺熄灯打烊，有一个地方的灯光却依旧温暖明亮，它就像温州这座城市的"眼睛"，在黑夜里为人们指明方向，它就是"城市书房"。

"仓廪实而知礼节，衣食足而知荣辱。""城市书房"遍布大街小巷的同时，温州这座城市也弥漫着浓浓的书卷气息，远离了商业的喧嚣。当你放下手机，远离电脑，你会发现，你有了一个新的去处，那就是"城市书房"。

阅读伴我一路成长，我从最简单的图画书到曹文轩、沈石溪的作品集，我的阅读领域也在不断扩大。我的阅读地点也从家到学校、到图书馆、到"城市书房"，我阅读环境的变化也在不断见证着温州这个城市的成长。将来我还要看更多的书，去更多的地方，但当我回头看的时候，我一定会记得那个城市黑夜里的"眼睛"，那个让我在夜晚感到温暖明亮的地方……

高阳/文，六年级　指导老师：肖佳敏

走近他们的心灵

　　周末，我读了一个温暖人心的故事：笑猫的孩子胖头，在刻苦练琴的日子里，它在银杏林里遇见了一个可爱的小男孩——一个仿佛是从外星球来的孩子。渐渐地，胖头走近了他，踏上了一段神奇而又温暖的成长之旅……

　　我看完这本书后，心情久久不能平静。原来世界上有许多得了自闭症的孩子，他们紧紧地关闭心灵的窗户，在自己孤独的世界里久久不能自拔。那个得自闭症的孩子康复时，他的爸爸妈妈都高兴得热泪盈眶，那是何等的快乐和幸福啊！

　　在这个地球村里，有很多很多的家庭还沉浸在莫大的悲伤之中。我知道，有无数个家还需要一个能走进那些"来自星星的孩子"心灵的生灵。我希望，我自己也能成为一个作家，拿起笔，号召人们走进他们封闭的心灵，点亮他们寂寞的心灯，使那些"来自星星的孩子"不再孤独！希望他们能和我们成为好朋友，不再只沉浸于自己小小的世界里。

　　那些孩子，大多都天资聪颖。比如书中的胖头，他的音乐天赋非常高，几乎是无师自通。他的乐感也很不错，欢快的大珠小珠落玉盘是雨中清亮亮的小河，柔和的低音符是花朵在绽放，活泼而舒缓的乐声则是池中游戏的锦鲤……如果放弃了他，也许就扼杀了另一个贝多芬，另一个爱迪生，另一个马克·吐温……

　　最后，我在月光下许下我的心愿：愿有更多的人走进"来自星星的孩子"的心灵，关心他们，解开他们孤独的枷锁！祝愿他们能早日打开心灵的天窗，通往幸福！

郭妮/文，五年级　指导老师：朱科静

书 之 旅

　　书，我不知道它到底是什么。看起来，它仿佛只是一册印满文字的纸张。白纸黑字，却有什么魔力，将我带进一个新天地，为我描绘一泓奔涌的山泉，一片连绵起伏、云雾蒙蒙的青山呢？

　　大人告诉过我，读书要做笔记。我却从来不喜欢这样做。读书，就像是一次足不出户的旅行，我不愿意行到一半，看见一处美丽的风景就必须退出，把它记下来。那样，我的旅行好像就不完整了。当我看见那些令人赏心悦目的景色时，我会多看几遍，把它们记在脑海中。这样，我看到的优美文字便是我的了。它们并不是僵硬而冰冷的，而是生动的图画、有温度的故事。在我写作文时，它们总是不由自主地从笔尖流泻而出。因为它们是活的呀！它们是我书之旅的见闻，喜爱的美景，并不单单只是印刷在纸上的普通符号。

　　书之旅，是一次说走就走的旅行。我能够走遍世界的天涯海角，看遍各地的风土人情，游遍异国的大街小巷。我甚至能够不分时间、不分地点地轻易穿越时空隧道，来到清代的旧中国、18世纪的英格兰、曾经辉煌的古埃及……我还能够交到许许多多的新朋友，如安妮、林黛玉、宋江……这些古今中外大大小小的人物，我都能很容易地与他们进行交谈。

　　我想，去书中旅行很容易，不过请你带上一颗容易感动的心，一双敏锐的眼睛。你准备好了吗？

　　　　　　　　　　　　　郭妮/文，五年级　指导老师：朱科静

190

读《我在天堂遇见猫》有感

暑假里，我读了一本非常有意义的书，书名叫"我在天堂遇见猫"。我刚看到书名，就被深深地吸引住了。如饥似渴地读着这本书，里面优美的语句让我目不暇接，里面的内容令我感动，感触颇深。

这本书主要讲的是：十一岁的简简陪失恋的堂姐到一座美丽的小岛散心，入住岛上的度假村。度假村后面有一片山林。简简跟随导游到山林徒步，途中发现有一处地方，黑白色的羽毛散落一地，好像发生了一起"动物命案"。导游对此事遮遮掩掩，引起了简简的好奇心。简简为了调查真相，一个人偷偷折返现场，她发现斜坡到溪边一路都有羽毛，怀疑"动物命案"的受害者可能被拖至溪水里。于是，简简顺坡而下，来到了溪边。忽然，一股无形的力量在背后推了她一把。阴差阳错，简简竟然闯入了诡异的动物天堂！简简可以逃出去吗？

当我看完简介时，我的心像被揪了一下，为简简的安全担心。当我看到精灵长老说的话"逾时的话，恐怕你会面临很大的生命危险"，我瞬间感觉脑子昏沉沉的，像有一窝蜜蜂在我脑子里嗡嗡嗡地乱飞，我鼓起勇气继续看了下去。

"我决定了，长大以后要保护全世界的动物。"这是书的末尾简简说的一句话。小说里面的那只黑熊，也就是娜娜，被抽了20年胆汁，含泪杀死孩子后自杀，这个故事是真实的！我搜索"母熊"两个字，就有一个叫"母熊含泪杀子并自杀"的网页跳出来。怪不得小说里面的娜娜那么憎恨人类，到了动物天堂仍然对人类充满憎恨。

记得有一次，应该是巧合吧，我在网站上看见网友们发了一张图片，看完后，我便热泪盈眶。这张图片是这样的：一个透明的玻璃窗里面有一件非常漂亮的大衣，领子上有一只狐狸头做装饰。下方有大小两只狐狸，还有两句话——"爸爸，你看！妈妈在对我们笑呢！""孩子别说了，有人来了。"看完这张图片，我的心一阵刺痛，人类真是太无耻了！不惜一切代价，破坏动物们生活的家园。人类到底有什么权利，去破坏一个共同属于人类和动物的美好家园呢？

相似的事情不计其数。举个例子，犀牛角就是受人类欢迎的东西。人类把犀牛角活生生地拔下来，然后磨成粉高价出售……人们只是迷信地认为这些东西可以治病、强身健体等，其实还不如用普通的中药呢！

因此，我在这里提议：不要再伤害动物了！让我们一起爱护动物、保护动物吧！我相信，只要我们诚心对待它们，它们也会友好得像自己的亲人一样。其实动物们的要求也不是很高，只希望拥有一个和谐、自由的世界，希望人类和它们友好相处。保护动物，从我做起！

钱俊翰/文，六年级　指导老师：冯卫芬

致阿梅的一封信

亲爱的阿梅：

　　你好！当我慢慢合上《蜻蜓眼》这本书时，思绪仍停留在你和你奶奶的故事里。曾经在雨里，你和奶奶，一前一后，搬着那沉重的砖头，在雨中忙碌，在雨中歌唱，那爱的力量如同一股暖流缓缓流过。曾经在雨里，你和奶奶，一大一小，各举着一把红油纸伞，在雨中奔跑，在雨中大笑，快乐得连溅起的水花也跟着跳跃。然而，谁也敌不过上天的安排，你最爱的奶奶永远地离开了，离开了那个纷纷扰扰的旧上海，离开了她最爱的阿梅，只留下两把红油纸伞，成了你童年永久的回忆。但我相信，即使在天堂，她也会爱着你，保佑你。

　　那时的上海，整个城市陷入了大饥荒，曾经让人羡慕的日子，一夜之间，一切已不再属于你们。奶奶又在这年的秋天病倒了，急需动手术，家里该当的也都当了，唯独留下了一架钢琴，这是你最心爱的礼物，也饱含着奶奶多年的心血。她为你请了最好的音乐老师，还亲自示范教导你。当然，你没有令奶奶失望，常常代表学校参加区里、市里的文艺演出，小小的人儿已能把颇有难度的曲子弹得滴水不漏，你最大的梦想就是成为一名杰出的演奏家。可想到病榻上的奶奶，你毅然把最心爱的钢琴当了，还要在家人面前装作若无其事。在那一刻，我的眼睛湿漉漉的，我被你对奶奶的这份爱所打动。你让我相信，爱能感化整个世界，包容万物。不久，奶奶的病好了，你最心爱的钢琴也被奶奶用无比珍贵的结婚礼物换回来了。

　　日子越来越让人窘迫，班上的同学能吃饱饭的越来越少。秋秋饿晕了过去，是你，把仅剩的一颗奶糖送到了她的嘴里；街上流浪的孤儿渐渐多了起来，他们饿得与猫狗争占垃圾桶，是你，把自己都舍不得吃的面包送到了流浪儿的面前。在别人需要帮助的时候你献出一份爱，哪怕是小小的一份！你在我心中已经是最富有的人了。虽然身处一个动荡不安的世道，你却始终保持着一颗感恩的心，爱家人、爱朋友、爱世界，你的爱，纯粹而又温暖，是最朴实也是最光辉的。

　　我担任班级管理工作时，一直是"雷厉风行"的作风，遇到调皮捣蛋的同学，我就用处罚的方法来管理。现在想想，在他们眼中的我是多么冷酷无情，不留情面。可我完全没有意识到，还总为自己找借口：是他们不守纪律，我不好好治治他们，下次还不定惹出什么事来呢！和你相比，我太不宽容，我当时的想法是多么荒谬！我应该耐心地去劝导他们，用爱去感化他们，关爱同学不正是每个班干部理所应当的责任吗？可是我没有做到。阿梅，是你教会了我怎样去爱，是你让我明白爱其实存在于每个人的心里。

　　我们每个人的成长道路上都需要爱，家人、老师、朋友的爱，哪怕是一句嘘寒问暖的话语，哪怕是一个肯定的眼神，哪怕是一声"加油！"，看似平凡，却弥足珍贵。

　　阿梅，不知你能否收到我的信，是你让我更珍惜我所拥有的一切，是你让我明白了爱的真谛。谢谢你，阿梅！

你的读者：祝支言

2017 年 8 月 24 日

祝支言/文，五年级　指导老师：张群芳

多看一本好书就是一种福

暑假前，我最要好的同学送给我一本特别的书——《作文里的奇案》。我一看这书的名字，就被吸引了，因为本人无不良嗜好，就好这一口——读悬疑小说。而这本书名字里"奇案"二字就足以满足我好奇的心理，我猜测这一定是一本悬疑小说。

整个暑假，我都沉浸在解读这本书的美妙感觉中。今天，我终于合上书的最后一页，长叹一口气……

这本书大概讲述了男孩爱尔万班上的法语老师，让全班25个同学在早上9点到10点之间去小镇上观察体会，并写下自己的所见所闻。谁知，在这个时间段，小镇发生了一起凶杀案。爱尔万和同学通过不断思考、现场调查并询问多方证人，最终解开了谜团。

其实这本书我读了不止一遍。第一遍一口气读完，只觉得疑点重重，不明白书里究竟在讲什么？感觉自己的脑子里一团乱麻，剪不断，理还乱。于是，我再看一遍，这回我是用细嚼慢咽的心态去研究这本书。当然，我的努力没有白费，对人物有了全新的了解，事情也理清了。我发现卡桑德拉的性格与我莫名相似，细心、谨慎、平和、善良，连他写的作文题目"街上的行人"，也与我写的一篇作文有着惊人的相似之处，我不禁暗想：太不可思议了！

阅读了书中的25篇作文，我发觉每一篇作文之中都穿插着一些解开困惑的密码，环环相扣，最终爱尔万与卡桑德拉通过细心的观察、认真的思考和层层的推理，将这作文中的答案一一寻找出来。

我的思路也慢慢地清晰起来。只要仔细观察、勤于思考、大胆尝试，就一定会通过自己的努力，推理出一个最正确的答案，而这些品质很多时候都可以用到。上周，我们五年级举行了数学素养大赛，当时看到难解的题目，我紧张得手心冒汗，眉头紧锁，好长一会儿无法冷静下来思考。这时，我突然想到了这本书给我的启示，迅速调整自己状态，深吸一口气，让自己的心静下来，这一招果然奏效。我越做越顺利，每一个难题的解决就像一次成功的破案经历，居然给我带来了无比愉悦的心情。考试结果出来了，虽然没有考第一，但也算是正常发挥了。

我真的要感谢《作文里的奇案》这本书，感谢那位赠书的同学，更要感谢经历了一番心灵洗礼后释然的自己。

傅俊锴/文，五年级　指导老师：石琳琳

我的读书故事

我是一个爱好颇多的女孩，最大的爱好就是读书。书籍是通往知识高峰的阶梯，我愿层层攀爬，汲取智慧源泉，挖掘知识财富。

三年级时，我与书便结下了不解之缘。那时的我第一次接触到了古典名著，而不是童话故事。因为比较深奥，从那时开始，我看书便不再囫囵吞枣，不再光看故事情节，而是真正把书读懂了，从此踏上了登峰之路。

我拥有的第一本古典名著是《三国演义》，它自始至终都是我最喜欢的书，百读不厌。

有一次我正读着精彩的故事情节，突然感到尿急。于是，我毫不犹豫地采用了这两全其美的法子——把书带到厕所去读。我坐在马桶上看啊看，看得痴迷。我赞叹孔明的神机妙算，欣赏张飞的豪情万丈，敬佩曹操的才华出众，喜欢赵子龙的文韬武略……我慢慢看，细细品。不知不觉，我已经看了五个章节。我在厕所坐了那么久，就只是看书？爸妈着实怀疑，认定我在干别的事。我百般无奈，最终决定下次不再采用这种令人委屈的法子。

钟情于书，沉浸于书。好似进了仙女的花园，又仿佛躺在了又甜又软的棉花糖上，真是一种独特的享受啊！

小时候，妈妈给我讲童话故事《白雪公主》《卖火柴的小女孩》《丑小鸭》……一个个曲折离奇的故事，听得我如痴如醉。上了一年级，我学会了拼音，自己拼读寓言故事、童话故事……现在，我又迷上了古今中外名家的作品。

《西游记》令我震惊于孙悟空的神通广大，《安妮日记》让我认识到战争的残酷，《俗世奇人》使我见识天津卫的奇人妙事……我真正体会到了书中丰富多彩的故事。从此书进入我的生活，也因此我的生活变得多姿多彩。在书中我曾为卖火柴的小女孩伤心落泪，为丑小鸭变成白天鹅而拍手欢呼……我曾和尼摩船长驾驶着"鹦鹉螺"号畅游海底两万里；和费格森博士乘热气球横跨非洲探险，度过气球上的五个星期；跟福克绅士历经艰辛，八十天环绕地球。

真是"秀才不出门，尽知天下事"。每每我在古今名著里畅游的时候，我都深深感受到了读书真正的乐趣。我爱读书，庆幸自己有这样一个好习惯，也庆幸自己能体会到它的乐趣所在！

潘仪菲/文，六年级　指导老师：俞晓燕

爱的真谛

人生是一趟苦旅，用爱的大伞撑起，用爱的接力棒传递，装着我们共同的感动，也盛着我们共同的惊喜。爱，需要复制，需要粘贴，需要传递。我想，假如你给予别人爱心，那么你自己的内心也会变得充实，变得幸福。

清早，外面下起了小雪，雪花还在天空中飞舞着，刮着凛冽的寒风。

路灯还没有灭，投射着金黄色微弱的光亮。我背着书包，沉重的脚步印在雪上。前面有位低年级的小同学，他瘦小的身躯与肩上宽大的书包极不相称。我怜惜地看了他一眼，流露出一丝同情，便快步从他身边绕过。

雪地中，一大一小，一高一矮的身影前后走着，我不忍看到他独自一人，便停下脚步，转过身。他被我突如其来的转身惊住了，睁大眼睛，一脸迷茫地望着我。顿时，我涨红了脸，有些不知所措，只好努力使自己看上去轻描淡写一点："呃？走吧。"说完，又迈开脚步向前跨去。他似乎明白了我的用意，便小跑着跟上来。

我们走过一片积雪较多的草坪。"啪"的一声，我扭头一看，他艰难地顶着风，摔倒在地上。不知为什么，我心中最柔软的地方忽然像被什么东西撞了一下，让我毫不犹豫地跑到他身边。"小弟弟，你没事吧？""没事……我，我不疼。"他用那双湖泊般纯洁的双眼天真无瑕地望着我，透出一丝坚强。我连忙卷起他的裤脚，红色的血映入我的眼帘。我轻轻地朝他的膝盖吹热气，关切地问道："好一点儿了吗？还疼不疼呀？"他朝我会心地笑笑："不疼了，谢谢大姐姐！"那时，我也不知怎地，有种要哭的感觉……

是的，用爱去感恩，用爱去回报，用爱去孝敬，用爱去奉献。在生活当中，你是否也发现了呢？就如书上"献血续生命"中，柯桥的印度商人尼拉杰·帕瓦尼因受到爱心的感染，为患白血病的中国女孩佳佳献血，主动让朋友一起行动。得知佳佳病情严重，急需到杭州治疗后，又结伴赶到杭州。"爱心不分国界，救人义不容辞！"一句简单的话语，感动了中国，感动了世界。这又使我想起了张海迪奶奶。她一面以坚强的毅力与决心同病魔做斗争，一面用勤奋的学习和工作延续生命。她不仅自学完了小学、中学的全部课程，还自学了大学英语。她刻苦潜心钻研了十几种医学书籍，为周围群众治疗一万多人次。这不都是爱的表现吗？也许他们普通、平凡，却又让人惊叹和佩服。

是的，爱不在于你付出多少，你的一个眼神、一个动作、一句话，都可以让身边的每一个人感受到爱，像阳光般的温暖。爸爸下班了，一杯热乎乎的茶递到他面前；妈妈在家忙累了，和她聊聊天，帮她做做家务；公交车上，主动站起身来为行动不便的人让座；在盲道上有绊脚的石头，轻轻拾起……这都是爱心带来的温暖，爱心需要你我的传递。

有人问过我："爱是什么？"

爱心，是熏人欲醉的海风，让我们的内心变得纯洁而宽敞。

爱心，是冬日中一缕温暖的阳光，让饥寒交迫的人感到温暖。

徐嘉潞/文，六年级　指导老师：刘佩文

我最喜欢的绘本

我最喜欢的绘本是《妈妈买绿豆》。

它是第一本让我印象深刻的书。阿宝和他的妈妈一起去买绿豆，喝绿豆汤，吃绿豆冰，让我觉得他们很喜爱绿豆。当然我也很爱绿豆，它那绿油油的颜色，光滑的身体可爱极了。这本书还让我回忆起了我的"绿豆成长记"，以及绿豆汤的美味……绘本中用了一个词"每天"，让我觉得阿宝爱吃绿豆，天天要吃，成了习惯。

绿豆很淘气，因为绿豆们都趁阿宝倒绿豆时蹦蹦跳跳，有的还想跳出来玩玩，看看世界。可是一知道要洗澡、吃饭、喝水，都乖乖地喝成了一个个"小肥猫"，圆滚滚的，可爱极了。一开火，他们就像是子弹一样乱飞，甚至都已经成汤了，还要动一动筋骨，一起往外挤。

阿宝和妈妈津津有味地喝着汤，然后做成了一根根棒冰，顿时我已流下了口水。阿宝又发现了一颗绿豆，把它用水泡了起来，这颗绿豆长成了一根可爱无比的豆芽。

这本书的封底还有几句话："从平凡家庭母子的亲密对话中，探寻最好的亲情互动。借由一袋绿豆，发现生活的乐趣与生命力量的自我展现。"一颗普普通通的绿豆包含了整个世界。

这本书让我打开了想象，回忆起了往事，体会到了温情，所以我很喜欢。

孟静仪/文，四年级

给安妮的一封信

亲爱的安妮：

　　你好！有许多话，在我的心里藏了很久，一直都没机会告诉你。这个暑假，我在一本书中认识了你，受到了很大的启发。现在我终于鼓起勇气，向你诉说我心里的想法。

　　安妮，绿山墙农庄很美吧：一片片郁郁葱葱、整齐划　的森林映入眼帘。柳树三五成行，白杨齐刷刷地笔直排列。6月里明媚的阳光穿过西窗，从后院洒进屋里，与婆娑的叶影形成动与静的辉映。嫩绿的常春藤放肆地在东窗上伸展。和煦的微风中，夹杂着植物或浓或淡的气味儿，溪边洼地上调皮的桦树叶亦在风中轻舞飞扬。

　　安妮，我和你一样挺喜欢幻想的，比如把一个普普通通的湖，想象成"闪光的湖"；黑夜里的白桦林，说成是"闹鬼的林子"；把一株开花的树叫作"白雪皇后"；把蝴蝶想象成住在花里的仙子……

　　安妮，真替你开心，有马修、玛丽拉这样好心的人抚养你。马修是你忠实的听众与支持者。你烦躁、忧伤时，经常会找他倾诉，他则会安慰并且帮助手足无措的你。你还记得吗？那一次，你想要一条有灯笼袖的连衣裙，马修冒着违抗玛丽拉命令的"生命危险"，找雷切尔太太帮忙做了一条漂亮的连衣裙，满足了你的小心愿。

　　玛丽拉对你的爱不但忌讳从言语中流露出来，有时还显得过分挑剔与严格。在你伤心难过时不仅不安慰，反而是更加严厉地训斥，这其实是为了让你清楚地认识到自己的错误并改正。

安妮，你知道吗？生活中爸爸妈妈同样极少说爱我，更多的是严厉，爸爸凶，妈妈烦，我甚至怀疑自己是不是他们亲生的？后来我才渐渐发觉……

安妮，我要真心地感谢你！你因为舍不得离开陪伴你长大的绿山墙，且为了照顾自己而不惜付出无限心血的马修和玛丽拉，毅然决定放弃去大学深造的好机会，让我十分感动！是你让我懂得了什么是爱，怎样去爱。是你让我知道亲情是如此珍贵！以前我从没发现，爸妈是那么爱我，对我的关怀无微不至，可我却经常惹他们生气！

安妮，说真心话，我是含着眼泪读完这本书的，虽然眼眶湿润，可我努力微笑着跑到爸妈的房间，对他们说"我爱你们"。我多感谢我能亲口大声地对他们说爱。对于我突如其来的表达爱的方式，他们显得些许赧然，可我不以为意。安妮，是你教会了我有爱就要表达，要微笑地生活在当下，不要等事情发生了，才后悔。"决不要在悔恨的时候让太阳下山。"

因为生命中有了爱的存在，人的一生就可以过得丰盈，人与人才能走得更近，世界才会更加美好。因为爱，活着才会更有价值。亲爱的安妮，愿一切安好……

你忠实的朋友：李诗阳

2017年9月1日

李诗阳/文，五年级

《林清玄散文集》读后感

以前的我，认为散文只是一种无趣的文章，它既没有小说那样波澜起伏的情节，也没有剧本那样幽默搞笑的段子。记得上二年级的时候，我和一位同学在图书馆里找自己喜欢的一本书。就在一瞬间，我身后的一本散文书掉在了地上，我正要捡起它，那位同学说："咦，你平时不是不喜欢看散文的吗？是要换换胃口吗？"我只好点点头。

自从我看了人生中的第一本散文书，就喜欢上了散文。散文中的许多语言，值得我去品味，值得我去欣赏。去图书馆，读的最多的也是散文，其中最喜爱林清玄、朱自清、沈德鸿的文章。读林清玄的散文仿佛能闻到淡淡的茶香，沁人心脾，荡涤心灵，总能让你对人生有所感悟。喜欢林清玄的散文，还因为喜欢他书中的淡雅与脱俗。他的文章虽然有时会有淡淡的哀伤，但哀伤过后是对人生深刻的认识。生命虽然短暂，但只要我们愿意坚持一些更恒久的价值，就会发现，还是有许多事物愈久愈醇。——他的散文，文笔流畅清新，表现了醇厚、浪漫的情感，在平易中有着感人的力量。

有人常说，人生有三种美：人品美、心灵美、外表美。但是在我看来，外表美是最没有价值的。自从读了《林清玄散文集》之后，我发现，只有人品美和心灵美同在，才是真正的美。这种美，只有在林清玄的散文中才能体会到。

在《林清玄散文集》这本书里，有一篇文章令我印象深刻，它是《生命的酸甜苦辣》。每一种植物，都有它自己的特性。酸甜苦辣，就仿佛是人生的四种调料，甘蔗头尾皆甜，柠檬里外皆酸，苦瓜连根都苦，辣椒则中边全辣。这四种植物都有它自己本身的特性。有些植物有与生俱来的味道，即使放在水深火热的锅里炒煮，都无法改变它自己本身的味道。这篇文章让我懂得，人生路上，经历了酸甜苦辣这四种味道才能把人生变得丰富多彩。人生中如果只有甜，没有苦，那是多么可怕的事情。

记得有一天，我与好朋友一起走在回家路上，她一直嘱咐我不要在路上看书，可我不听。结果我在路上就摔了一跤，幸亏没有摔出血来。上天想让我嚼一嚼这苦的味道，所以才发生了这件事情。

我爱这本书，是它让我从二年级就转变了对散文书的印象；我爱这本书，它令我懂得了许多道理。

庄昱萱/文，七年级

都是可怜人，身死志不休

　　谁叫我身手不凡，谁让我爱恨两难，到后来肝肠寸断，且怒且悲且狂哉，是人是鬼是妖怪，不过是心有魔债。叫一声佛祖，回头无岸。我要这铁棒有何用，我要这变化又如何？金箍当头，欲说还休！

——《悟空》

　　身穿一身锁子黄金甲，头戴一顶凤翅紫金冠，足踏一双藕丝步云履。这是位善心的神佛，也是一位杀人不眨眼的魔头，这是威风凛凛的大圣，也是孤独痛苦的凡人。

　　孙悟空是残忍的，杀人不眨眼。当唐僧遇到强盗被劫持时，孙悟空一棒打死了强盗，唐僧对他讲善心，悟空道"他们要杀你，你却这般护着"；当天兵天将下界"降魔"，孙悟空大开杀戒。在孙悟空心中，没有生死，只有对错，这体现了他对强权的无视和对生命自由的追求。

　　孙悟空是威风的，身手不凡，超越了生死轮回。他也是孤独、迷茫的，又无从诉说。他自立为齐天大圣，猴子猴孙称他为王，各路妖魔对他恭敬有加；他不受规矩束缚，对帝王佛祖不尊不敬，擅改生死簿；正因如此，他丧失了自由，保唐僧西天取经不是他的本意。不愿意，多心酸，却无人能懂。

　　忠心耿耿又如何，还不是被误解、厌烦；身手不凡又如何，一念金箍咒就痛不欲生；威风凛凛又如何，一个佛掌打回原形；超越生死又如何，离开了猴子猴孙，山间野林又有什么意义？看似精彩丰富的人生，更多的是无奈与被迫！

在《西游伏魔篇》中，看到的是孙悟空的反抗与不情愿；在《大闹天宫》中，看到的是孙悟空对小狐狸的爱惜、怜悯和善良本性；在《大话西游》中，是一位不愿成神的至尊宝，爱恨纠葛；在《西游降魔篇》中，孙悟空的杀戮本性又暴露无遗。

世恶道险，终究难逃。梦醒太晚，这一棒，早已灰飞烟灭。世道太险恶，纵使有十八般变化和盖世神通也难以抵挡。这一棒，妖、魔、不公、险恶世道皆是灰飞烟灭，其实一同毁灭的还有他的理想和美梦。岳飞精忠报国，麾下千军万马，却屈死风波亭；林冲一身武艺，十八万禁军教头，投奔梁山，最后含恨而死。他们都是孙悟空，他们都是可怜人。

黄馨怡/文，七年级　指导老师：刘新颜

窃读记

"这么晚了，怎么还不睡？"妈妈在门口吼着，我立刻将书放回原位，盖上被子，闭上眼睛，好像真的睡着了。竖起耳朵听到妈妈的脚步声越走越远，听见她进了房间关门后，我便立刻将床头柜上的书拿回来，开了一盏小夜灯继续看。

看着，看着，不经意间我捧腹大笑。不料，这笑声却把妈妈吵醒了。"咚咚"一阵敲门声传入耳朵，我不耐烦地抬头，刚想说："烦死了！"瞬间呆住了！原来是妈妈。妈妈可不好惹，我只好对妈妈说："母亲大人，你就饶我一命吧？俗话说得好，大人不记小人过。对吧？"妈妈看着我，无奈地摇了摇头。我松了口气，只好关灯继续睡觉。

过不了多久，睡觉的念头已经飘到九霄云外。我爬下床，鬼鬼祟祟地走到妈妈的房间门口，特意说了下："哎哟，我的肚子好疼，我要去上个厕所。"

房间里并没有回应，我飞快地跑到房间，随手拿了一本书，马上跑进厕所，一屁股坐在马桶上，拿起书，如饥似渴地看起来。

就在这时，门外传来了妈妈的脚步声。还好我这次早有准备，把书放在墙和洗衣机的缝隙里，那里只有3厘米，而且不仔细看是根本看不到那里的，我暗暗佩服自己真够聪明的。

之后，我又开始发挥我的演技，听妈妈敲门，进了厕所后，我马上捂住肚子，做出一副痛不欲生的表情。妈妈进来洗了手，拆了一张面膜，看了我一眼就走了出去。我在心中暗喜，妈妈没有发现。哇，我简直太开心了!

于是,我继续我的"秘密行动",我先把我的书从只有3厘米的缝隙里拿出来。当我的书快要到手的时候,却被妈妈一把拽了出来。妈妈没收了我的书,把我撵到了床上。

睡觉前,我问妈妈是怎么看出我的破绽的。妈妈笑着说:"哪有人上厕所不脱裤子的?"原来如此!妈妈笑了,我也笑了!

郑舜/文,五年级　指导老师:罗明轩

第七辑

窗外

我看到了一株小树，它生机盎然，神采奕奕，每一片树叶都在九月的暖风中，有韵律地摆动，仿佛正在举办着秋日舞会。

——《窗外》

向长大进发

小时候，我总是仰起小脑袋问妈妈："妈妈，我什么时候才可以长大啊？""囡囡乖，吃饱了饭，睡好了觉才可以长大哦！"妈妈总是这样说。

待稍大了些，我又问妈妈："妈妈，你说我是不是长大了？"妈妈亲切地笑了笑："哪有，长大是可以做许多事情的，可是你连做饭、洗衣服都不会，怎么能说是长大呢？"我一定要长大，一定要。一个小小的信念在生根发芽，对，没错，我要长大，我总是这么说。然而，长大怎会如此简单呢？

妈妈说，一个人住在学校里就可以得到更多的锻炼，变得懂事一些，也就能长大一点。于是，我就背上自己的小行囊，住进了学校。那年，我八岁，一个机灵的小女孩。夜笼罩了大地，想家的愁绪像瘟疫一般笼罩了整个寝室，这是我第一个离家的夜晚。窗外繁星闪烁，窗内哭声一片，谁不想家呢？眼泪在眼眶里打着转儿，但迟迟不肯落下。因为我坚守着铁一般的信念，长大是可以不用爸爸妈妈陪伴的。那一夜，双耳充斥着呜咽的声音，而我则将眼泪深藏在心底。

再后来，妈妈又说，长大是要肩负起一定的责任，而这个责任就是你要考上外国语初中。于是，我再一次背上自己的小行囊，但这一次，小行囊内装的不再只是坚强，更多的是知识与责任。多少个阳光明媚的下午，看小伙伴们嬉闹、玩耍，而我则坐在教室内"啃书"。窗外洋溢着欢声与笑语，窗内充斥着古诗和奥数，但我仍不被动摇，因为长大是要负责任的。淅淅沥沥的小雨下了一整天，我坐在考场内，为责任交出一份满意的答卷。又是一场淅沥的小雨，录取通知书沉甸甸地交到了我的手里。这一年，我十四岁，一个阳光女孩。

有人说我长大了，又有人说我还是一个没长大的孩子。但我知道，我只是长大了那么一点点，我还没彻底长大，我还未达成多年前那个小小的目标。我像一个旅行的人，在寻找长大的路上，奋笔疾书，策马加鞭。

又或许，我已经长大了，但却总留恋着未长大的日子。因为那段日子无忧无虑，可以随时仰起小脑袋问妈妈："妈妈，我什么时候才可以长大啊？"

无论长大与否，我都会向"长大"这一个目标继续努力奋斗。

王璨/文，八年级　指导老师：何玲玲

静 墨

　　浓浓的墨香缭绕在鼻底，米黄的宣纸平放在桌上，秋风瑟瑟，落叶飘飘，幽静中弥漫着一股淡雅的诗意。

　　"练笔的关键在于你手法的流畅，行云流水，自由掌控，写出来的字要刚柔并济，藕断丝连，心中无一丝杂念，人笔合一。"老师停了停，挽起袖子，挥动毛笔，边写边讲："从廌从去，以水之平，廌触不直者去之，这就是今天要学的字'法'。"

　　法，"三点水"加一个去，如水一样清透，如水一样平静，正如"以水之平"，又如"廌触不直者去之"，这就是法。

　　我轻提毛笔，小心地蘸着墨汁，待笔头浸满墨水后，沿着墨砚均匀涂抹，笔呈"1"字直立，轻放腕，中间二指并拢和小拇指以一个斜线摆开，提住笔杆中间部分，呼，心无杂念，人笔合一。

　　笔尖轻落在田字格左上角，轻一重，一顿，顺势向下轻撇，紧接着笔尖稍提，提一落，向下延伸至左下角，一顿，稍停后，一提，利落从重到轻直至收掉，一个苍劲有力的"三点水"印在了田字格左侧。暂停几秒，笔尖向斜上方轻提，提一落，向右横过中线，一顿，一回折，写成了一个"土"字。提笔，从中线上方起笔，向下延伸一短竖，一顿，一回折。紧接着向上画半弧至右侧，潇洒地向左下角一折，一撇，随后重顿，有力地向右侧横去，一收，一轻提，最后再帅气地轻一重，为"法"字点上最后一长点。

　　秋风轻拂发梢，笔尖潇洒甩动，微凉的空气中墨香弥漫，行云流水的笔法写出了韵味，轻一重，提一落，一顿，一回折。看着宣纸上一个个苍劲有力的"法"字，不知为何，只感觉四周十分清静。轻轻地闭上眼，在一团漆黑中忽然滴进一滴水，"滴答"，很清脆，"滴答"，很清透，这声音勾起了心灵深处的那片寂寞无声的清净。没错，我真正写出了"似水之平"的清净的感觉，真正体会到了"人笔合一"忘我的境界。

记得诸葛亮曾说过："非淡泊无以明志，非宁静无以致远。"是的，一个人须恬淡寡欲方可有明确的志向，须寂寞清净才能达到深远的境界。我想写毛笔字，也正是这样的感觉吧！

高阳/文，六年级　指导老师：肖佳敏

拒绝安逸，坚持梦想

生命是一段旅途，生活便是其中的过程。生命的意义不在于选择一条好的路，而在于坚持所选择的路。"路漫漫其修远兮，吾将上下而求索"，讲的正是这个道理。

官至翰林学士的李白，不愿为高力士点头哈腰，更不为那三千俸禄而阿谀奉承，他没有选择那条高官厚禄的路，而是坚持在清高自由、豪放不羁的道路上，宁可"仰天大笑出门去"，也不愿"吾辈是蓬蒿人"。家喻户晓的诗仙、"清水出芙蓉，天然去雕饰"的夸赞、"青天有月来几时，我今停杯一问之"脍炙人口的佳句……这些无不证实他坚持的正确。

在日本留学的鲁迅，本已接受高等教育，可轻易在海外找一份不错的工作，但他没有选择清闲的医师生活，而是拿起了笔，坚持自己的追求——救赎国人。"横眉冷对千夫指，俯首甘为孺子牛"是他选择的路，这是民族路，是中华路，亦是兴国路！他成功开拓了中华崛起之路。"十年树木，百年树人"是对他坚持的高度赞扬。

中国有邓稼先，外国有史蒂芬·霍金，都坚持科学的梦想。邓稼先没有选择国外安逸舒适的生活，毅然坚持最初的路——为中国放一个"大炮仗"。在荒无人烟的戈壁，艰难地度过一生，弥留之际仍说"不要让人家把我们落得太远"。霍金亦是如此，渐冻症没有击败他，他不会选择碌碌无为的一生，用三根手指踏上物理之途。他们都用行动诠释着坚持的正确。

　　不贪图安逸的人，才能体味生命的价值。一个人浸泡在安逸的蜜水中，被享乐的气氛包围，终有一天，安逸会埋葬他们腐朽的灵魂。就像古罗马帝国，盛极200余年，却因统治者沉于安逸、骄奢淫欲而毁于一旦。

　　而当一个人有了搏击云天的勇气，坚持他的梦想，他就有了挑战困难的豪情，他便会信心百倍，积极进取。也只有这样，才能感受到人生的意义之所在——不是贪图享乐，而是要追求卓越。

　　拒绝安逸，是一种勇气。坚持梦想，是一份执着。

　　年少的我们爱做梦，崇尚清闲的作家，羡慕智慧的科学家……更希望选择一条合适的成功路。如果不坚持自己选择的路，无异于邯郸学步，就会弄巧成拙。只有不贪图安逸，雄鹰才可横贯沧海，鸿鹄才可搏击云天，海燕才可迎向风雨，鹏鸟才可九天直上……

　　通向成功之路必定坎坷难行，选择翻山越岭或无所作为，一切全凭自己。成功总是留给拒绝安逸、坚持梦想的人。

余佳楷/文，九年级　指导老师：马叶娜

三味暑假

鲁迅有三味书屋，我有三味暑假。

上兴趣班就像吃苦瓜——苦。

我一直以为放了暑假，就可以放松放松了。可现在放了暑假，反而比平时上学还要忙碌，真是累！我早上8点起床，9点去上国画课。晚上12点才睡觉的我，还睡眼惺忪呢，一早居然还要站着画画！上了两个小时的国画课后，我已筋疲力尽，准备去吃午饭。吃完午饭，我又要赶着去上阅读课，之后连着上了作文课，共计四个多小时。上完作文课，我吃了晚饭，又赶着去上两个半小时的数学课。一天下来，我已经半死不活了，可回家还要做数学课的作业。我的天，这可都是些聪明题啊！做完作业，已经是深夜12点了，我终于可以上床睡觉了。第二天早上8点，我又得起床去上国画课……哎！宝宝心里苦，但宝宝不说！

天热得就像吃辣椒——辣。

暑假，顾名思义，就是快让人中暑的假期。好不容易盼来星期天，可以休息并自主安排。我早早地醒来，计划着出去玩玩。结果一到外面，火辣辣的太阳挂在天上，就像一个天然的大烤炉，我身上的油水都被烤出来了，差点变成油滋滋的烤鹅。于是我开启飞毛腿模式，马上钻回"巢穴"里，今天游玩的计划只能泡汤了。外面实在是太热了，我只能待在家里看书、写作业。

看电影就像是吃蜂蜜——甜。

　　暑假，不一定只让人痛苦，也有甜的时候。比如前两天，妈妈带我去看电影《变形金刚》和《神偷奶爸》，我心里乐开了花。我终于可以放松放松了，我得好好珍惜这放松的时间。

　　正是这些打翻的调味罐，构成了我多姿多彩的三味暑假，让我有了多姿多彩的人生。

金奇/文，四年级

同桌错怪了我

上课时看到同桌的那块卡通橡皮，我不禁想起了那件特别不愉快的往事……

不久前，正在写作业的同桌突然发出惊叫："我的那块橡皮不见了。"只见她焦急地低下头在书包和抽屉里仔细寻找着，像热锅上的蚂蚁一样，不停地找来找去。我也不禁着急起来。因为我从小就怕别人说丢东西，害怕别人会赖上我，说是我偷拿的。从我记事的那天起，妈妈的谆谆教导一直在我耳边萦绕："不要随便拿别人东西，如果想用，就向别人借；如果不经过别人同意就拿来用，那就是偷！那不是君子所为，而是小人所为。"那是她最心爱的一块橡皮，平时连碰都舍不得让人碰，丢了她一定很伤心。没想到，她忽然抬起头来，盯着我看："一正，橡皮是不是你拿的，只有你知道我有这块橡皮；如果不是你拿了，那橡皮会长翅膀飞了吗？"

我一听这话，真的有些莫名其妙，急忙辩解道："我家有好多块橡皮。再说了，我要是真没橡皮，也会去买，或是向你借，干吗去偷呢？"可是同桌始终认定是我拿的，我百口莫辩。同桌居然来翻我的书包，我实在气不过，就把书包赌气似的扔在她身上。好男不和女斗，我气呼呼地说："你搜吧，你搜吧，让事实来说话！"看你搜不到，怎么向我解释，为了一块橡皮牺牲了信任和友谊。说完，我就跑到走廊上生闷气。

上课铃响后，我回到座位，同桌把书包还给我，低头沉默不语。

不说是我拿了她的橡皮了，但也没有向我道歉。我拿过书包，只见铅笔盒里的笔被塞得乱七八糟，课本被翻得凌乱不堪，这哪像是书包，简直就是个垃圾桶嘛！后来的几天，我们见面就像遇见空气一样，你做你的，我做我的，谁也不理谁。

几天后，同桌忽然把我叫到走廊角落，悄悄说："一正，对不起，之前是我错怪你了，请你原谅。我昨天经过讲台的时候，看见了那块橡皮，我就赶忙去问值日生是怎么回事，他说是从地上捡到的。我才知道错怪了你，我向你道歉！"我听了，百感交集，还是原谅她了。我说道："好吧，我接受你的道歉；不过你也不能遇到什么事，没调查了解就去责怪别人。"同桌拼命地点头。

这件事，让我知道如何与同学和睦相处！

于陆一正/文，四年级　指导老师：戚刚红

舞蹈是我的梦想

舞蹈是我的梦想。

小时候，常看到电视上长发飘飘的女子穿着纱裙翩翩起舞，她们旋转，旋转，在舞台中央开出了一朵朵洁白的雪莲，宛若月宫中的嫦娥。从此，我的心里种下了一颗小小的种子——有朝一日成为她们那样的舞者。

记得那是2012年的冬季，我来到了舞蹈培训班，开始了第一堂课。老师先让我们练习压腿，我的身体慢慢往下，双腿缓缓叉开，顿时我感到了一种骨肉撕扯的痛——钻心般的痛，这痛让我不得不停了下来，反复了几次，我还是没能成功。老师一副朽木不可雕的神情，恨铁不成钢地说："你要加油了，这么基本的动作都学不会，谈什么跳舞啊。罢了，你刚来，先去休息一会吧。"我只好带着满腹委屈到一边坐着，看到旁边的同学如一只只高傲的白天鹅从我身边经过，我心里沮丧极了。我打开了窗子，把头伸出去。

窗外北风咆哮着，雨雪纷飞，四周一片白茫茫的景象。"嘀嘀嗒嗒"，雨点一下一下，仿佛都砸在了我的心上，我任由雨打在脸上，心中像打翻了五味瓶似的，酸、甜、苦、辛、咸五味陈杂。突然，我看见白色中有一抹青翠，定睛一看，原来是一棵雪松，雪松在雨雪中顽强挺立着，如一位战士笔直地站着。我不禁想起了一首诗："大雪压青松，青松挺且直。要知松高洁，待到雪化时。"

我被眼前的景象震撼到了。小小的树尚能在雨雪中坚持，不被动摇。我怎么能因小小的困难、丝丝痛楚而动摇了自己的梦想呢？逐梦路上，谁不曾折断翅膀；成长途中，谁不曾摔碎梦想；漫漫旅途，谁不曾迷失在黑暗中找不到方向。与其在这怨天尤人，不如用实际行动去超越她们，只要有梦想，就会有希望。我振作了起来，谁说梦想遥不可及，我偏要迎难而上。于是，我擦干身上的雨水，继续练习……

逐梦路上，纵使有再多艰难险阻，我也不会放弃。十三岁美好的豆蔻年华，为了梦想，即使摔得头破血流，我也不会停下我的脚步。追逐梦想的路上，有着不可预料的艰辛，也有着难以承受的痛苦，无论我遇到多少困难。多大的磨难，请相信，总有　天，我会荣登彼岸。既然选择了远方，就只管风雨兼程，哪怕跌跌撞撞，踉踉跄跄。

彼岸花开，那儿风景独好，可大多数人却贪恋沿途的风景，倒在了路上。当沿途风景迷惑你时，请记住，梦在远方，我们要向那个目标起航。当荆棘阻碍你前进的方向时，请你斩断纠缠的枝条，向梦想继续前进！

叶亦慧/文，七年级

择善而从

　　我在一个美好的家庭成长，在一所很不错的小学读书，班级里有可爱的同学和敬爱的老师，几乎每天都过得很开心。不过班里有那么一个同学不知为什么老是和我过不去，有好玩的总想方设法把我排除在外，这令我既伤心又郁闷。渐渐地，我也越看她越不顺眼，她做的事我都觉得不对，有时需要组队，也尽量排除她。这件事被爸爸妈妈知道了，他们对我说："你觉得她这样做对吗？如果不对，为什么还要学她那样呢？你自己也做得不对！应该试着去找她身上的优点。"

　　"她能有什么优点！"我有点生气，不能理解爸爸妈妈为什么这样说，到底他们在帮谁说话呀！

　　"排斥别人，这件事她做得很不对，是她的缺点。你看到了别人的缺点就应该告诉自己，千万别犯和她一样的错误。现在，你反而去学她的缺点，你不是和她一样了吗？要记住，无论谁，身上都有自己的缺点和优点。要善于发现别人的优点并加以学习，自己才会变得越来越优秀呀！"

　　爸妈的话，令我心服口服，我想起老师教我们的话，"子曰：三人行，必有我师焉。择其善者而从之，其不善者而改之"。正是这个道理！

　　在家里我最小，最受宠，时常因为作业请教爸妈，总是问外公一些养花的问题，喜欢听爷爷讲他以前的故事，更喜欢看着外婆和奶奶织各种漂亮好玩的小东西。似乎从来都是我在不停地学，而大人们在不停地教。他们会告诉我，这些做得不对，那些需要改进。

但有些事，长辈也经常会赞我做得好，并表示要向我学习。奶奶时常向我请教微信的使用方法，出门游玩时，爸爸经常向我询问他不知道的花草树木，妈妈还请我当她的游泳教练！我发现，我也有很多事可以帮助他们！

三人行，必有我师焉！他人的错误可以警醒自己，永不要犯！也不要忽略别人身上的优点，要学会学习，择善而从！

赵韵涵/文，五年级　指导老师：王小燕

我真正成长了

记得三年级的暑假，我参加了"荒岛探险"的夏令营活动，那是我第一次离开爸爸妈妈独自远行。到达小岛的第一天晚上，看着陌生的一切，我好想念我的爸爸妈妈，鼻子一酸，"哇"的一声哭了起来。老师不知道我发生了什么事情，关心地问我，我只是一个劲地说："我要回家，我要回家。"老师实在没办法了，只得为我拨通了远在杭州的妈妈的电话。

"喂，你怎么了？"妈妈听到我在电话里哭，很着急地问。

"妈妈，我要回家，你快点来接我。"我大声喊道。

"你先别急，不要哭，先告诉我发生什么事了？我要先知道原因。"

"妈妈，这里条件太差了，没有电视，没有卫生间，房间里破破烂烂的，连睡的床都会嘎吱嘎吱地响，我再也受不了了。"妈妈在电话那头沉默了很久，等得我都有点心慌了，"妈妈，妈妈，你在听我说话吗？"

"就因为这个，你就要妈妈来接你回家吗？"

"这难道还不够吗？"

"焯，你听妈妈说。"妈妈打断了我不停的抱怨，"妈妈花钱让你去参加夏令营，并不是让你去享受生活的，而是让你去磨炼意志，去学会独立面对可能发生的一些状况。"

"可是这里的教官太凶了。"我努力辩解着。

"教官凶，并不是针对你一个人的。妈妈不希望你是因为这些，就要选择做一个逃兵。我希望你能像一个英雄，去积极面对，努力克服各种困难，让自己尽快融入集体。妈妈相信你可以的。"妈妈说完，竟一下子就挂断了电话。

我呆呆地看着手机，脑海中不断回想着妈妈说的那些话，我的脸好烫好烫。就因为这一点点的困难，我就要当逃兵了吗？妈妈说得对，我是来磨炼我的意志的，是来学会独立生活的，那就让我来开辟出一片属于我自己的天地吧！想到这里，我一点也不觉得委屈了，反而对未来几天的活动充满了希望。

在接下来的几天里，我抛开一切杂念，积极融入团队，和大家一起完成任务，学习了野外应急救护以及很多野外生存的技巧，真是收获满满、受益匪浅。我还获得了许多奖章，成为小组活动中表现最好的成员，我的心里充满了自豪感。

这次夏令营，我超越了自己，我真正成长了。我相信，离开了爸爸妈妈的保护，我一样能行。

陈正焯/文，四年级　指导老师：倪爱华

我是船，只属于远方

安德鲁·怀斯曾在《远方》中写道："你背起自己的小小行囊，你走向别人无法企及的远方，你在风口遥望彼岸的紫丁香，你在田野捡拾古老的忧伤，我知道那是你心的方向。"是啊，人生亦是如此。

母亲曾教育过我，人不能仅仅停留在彼时的一刻，人要抬起头来，要眺望自己的那一片远方。你说那双装满惶恐的眼睛，如何才能成为波澜不惊的大海；你说那柔弱娇小的嫩草，如何才能突破坚不可摧的岩石；你说那弱不禁风的雏鹰，如何才能成为翱翔于蓝天的鹰之骄者？当然，需要依靠的是那份努力与拼搏。

远方，对于我们来说是渺茫的，是未知的。虽然不知道远方有些什么，但我心中急迫、焦虑，它似乎在呼唤着我，等待着我的到来。正值初一下半学期，望着初三的学哥、学姐们正面临着中考，面临着人生中重要的抉择。我从他们身上，仿佛看到了两年后的自己。我在想象，属于我自己的远方又将会是怎样的……

母鹰生下雏鹰，雏鹰经过几个月的休养后，便会被母鹰叼在口中，扔下无尽的悬崖。母鹰的这一举动，在很多人的眼中，只有冷血无情。但事实并非那样。母鹰把孩子从悬崖扔下，是为了使自己的孩子能受到更好的磨炼。因为只有那样，雏鹰才会在摔下悬崖的那一刻，激发自己的潜能，展开自己的翅膀，学会飞翔。

所以，我必须像这雏鹰一般，激发自己应有的潜能，为自己获得生存的希望。对于我这个初一学生来说，更是要在这时打好基础。为自己的将来，为只属于自己的远方，我会像那柔弱的嫩草，看似弱不禁风，却拥有惊人的实力，突破阻碍自己未来的硕大岩石，将那装满惶恐的眼睛，变成波澜不惊的大海。

我是船，只属于远方，只活在远方……

戎雨恬/文，七年级

勇　气

我撑起伞

独自漫步

茫茫绿草中

唯有一朵

紫色的蝴蝶花

傲然挺立

我惊愕我驻足

一朵仅此一朵

风吹过

化作它

顽强的气息

雨飘过

化作它

坚强的眼泪

我凝视

这朵娇嫩的蝴蝶花

在风雨交加的日子

唯它独自绽放

冯天凯/文，五年级

吃剩的几粒饭

　　"一粥一饭，当思来之不易；半丝半缕，恒念物力维艰。"这是妈妈常跟我说的一句话，听得我耳朵都长茧子了。

　　有一天，我们一家四口坐在家里吃饭。碗里的一粒粒饭白得似纸，亮得似灯，香得似果。我不一会儿就把饭菜吃完了，刚准备去看书，只听妈妈冲我吼道："过来，把碗里的饭扒干净！"

　　我走过来一瞧："不是已经非常干净了吗？只不过是碗边有两三颗饭粒而已嘛！都已经发硬了！"我的心愤愤不平。再看看妈妈的饭碗，像刚洗过似的干净，我极不情愿地拿起筷子，把碗里的饭扒进了嘴里。

　　"粒米虽小犹不易，莫把辛苦当儿戏！"妈妈又开始唠叨了，"你这样浪费怎么行呢，平时盛饭要适量，吃多少盛多少，但碗里的饭要吃干净，盘中粒粒皆辛苦啊！"

　　日子一天天过去，我也渐渐被她说烦起来了。每一次都很不耐烦，老在心里想："哼，干吗非要把饭菜扒那么干净呀，不就是几粒米的小事儿嘛！"

　　一年暑假，妈妈带我参加了一次耕种体验活动。土豆、白菜等都已经被种下了，我们只需要再养护几个星期，它们就成熟了。

　　"切——这还不简单！"

　　我完全投入这次体验活动。每天清晨，天微亮，我就伴着鸡鸣起床干活了，松土、浇水、施肥、除草……不断地反复着。妈妈则在旁边不停地叮嘱着。除了种地，还要拉着牛，带它去吃草，还要清理牛棚……从没干过农活的我顿时觉得无比忙碌和艰辛。虽然有时也觉得很有趣，但只坚持了两天就放弃了。

"怎么这么难啊！每天都这么早，每天都在太阳底下晒，都要变成黑人了，还又脏又臭……"妈妈听了这话，便低声对我说："一粒米，千滴汗，粒粒粮食汗珠换，你现在体会到了吗？我们吃的粮食都是农民伯伯辛辛苦苦种出来的，他们的辛苦就像《悯农》诗中描述的那样……"我躺在床上，迷迷糊糊地听懂了。

两个星期后，我回家了。再吃饭时，就不由自主地会想起我的汗水、我的艰辛。从此，我吃过的饭碗便变得干干净净，和妈妈的碗一样，像刚洗过的一样干净透亮。

我明白了，浪费一粒米、丢掉一个馒头，实际上丢弃的是我们中华民族勤俭节约的传统美德，丢弃的是做人的一种品格和精神。

叶恩琪/文，六年级　指导老师：林烨

小 纸 船

小纸船啊,

漂啊——漂——

伴着清凉的海风,

哗——哗——

大海扬起了笑脸,

还有鱼儿和花香,

围着小船晃啊——晃——

小纸船啊,

漂啊——漂——

它漂在我的心里,

它载着我的梦想,

它带走我的悲伤,

向未知的远方起航。

风轻云淡

偌大的海只剩下它,

哗——哗——,

海的声音在眼前的世界里蔓延,

一浪接着一浪,

轻而易举地吞噬了渺小的它，

它有一瞬的迷茫，

它开始惧怕。

危险终于来临——

狂风乍起，波涛翻滚，

企图统治这一片领域。

它在危险中徘徊，

它在恐惧中等待，

它在无休无止的折磨中悲哀。

看啊，远方有了光芒，

为它指引方向。

小纸船啊，

漂啊——漂——

它穿过湍急的河流，

躲过暗礁布下的难关。

虽无乘风的帆，

却同样能渡过彼岸；

虽无巨轮那高高的甲板，

却同样能饱览大海的浩瀚。

喻佳璐/文，六年级　指导老师：刘兴晶

时间去哪儿了

傍晚，我斜靠着窗台，在日暮的余光里读着朱自清爷爷的散文《匆匆》。这篇文章我已经看过几遍了，妈妈也给我读过一次，可我却在这夜幕将临的时刻，感觉到了时间轻轻巧巧、从容不迫地迈着小步。前望漫漫，回首才是匆匆。

现在，我只能珍惜每一分钟。我可不想"少壮不努力，老大徒伤悲"。

窗外恰好飘来《时间都去哪儿了》这首歌……我喜欢这个旋律，也喜欢里面的歌词。去年，我还把这当成阅读理解，非在歌词里面找答案。我窝在妈妈怀里，告诉她：时间不就在新芽上，不就是新开的花吗？

现在，我只看到枯黄的树枝了。

我真不敢想，如果转眼我的爸爸妈妈只剩下满脸的皱纹，我又会是怎样呢？我有点害怕，但我更渴望长大。如果爸爸妈妈有一天回忆变得"匆匆"了，那么，我希望里面没有忧伤和病痛，没有离愁和遗憾。

"燕子去了，有再来的时候；杨柳枯了，有再青的时候；……"

时间呢？到底能不能回来？我只想追上她的脚步，不在慢慢里迷茫，也不在匆匆里徘徊。

陆莹/文，三年级

窗　外

Don't give up!（不要放弃!）

那年九月，我褪去了稚嫩的外衣，拾起了心里那小小的期待，迈着略显忐忑的步伐进入了初中。

第一次，我望着那个窗外。

我看到了一株小树，它生机盎然，神采奕奕，每一片树叶都在九月的暖风中，有韵律地摆动，仿佛正在举办着秋日舞会。就连它的枝条，此刻也变得柔软，一起随着叶片摆动着，仿佛跳起了交谊舞，它们的步伐是多么整齐、优美，充满了幻想。我的目光深深地被窗外吸引，心情发生了改变。

望着这唯美的画面，我突然间对初中的生活充满了热情，仿佛正是日出时分，我期待着、激动着、凝望着，只为那颗火球跃出时那一刻的光鲜灼目……

可谁也没有想到……

第二次，我望着那个窗外。

那天，下雪了。雪，平地盈尺，覆盖着地面，远远近近的房屋，玉宇琼楼般地闪着耀眼的银辉。可又有谁曾想到，在这样的美景背后，却是危机四伏。

那株小树在雪地中迷茫，只能倔强地抗拒着。它渴望着树叶间隙的几米阳光，甚至那一抹气息般的温暖，润在它的枝干上，第二次，我的心情因它改变。

此情此景，我不禁想起了自己。进入初中一个学期以来，心里那份热情并没有愈燃愈旺，反而渐渐消失了，一次又一次的失败，就像落日的余晖，时刻提醒着我，阳光和希望，将落下地平线。我也渴望着，哪怕只是一抹气息般的成功也好，能滋润我的心田。

我转过了头，不愿再看到这样的窗外……

第三次，我望向窗外。

火红的霞光照在那棵小树上，熠熠生辉，仿佛炽热地燃烧着，它不再害怕，无论什么狂风暴雨，总会迎来雨后的晴天。血红的残阳悬在头上，虽然凄凉但很炫目，不像是在摇摇西坠，倒像是在积蓄力量。有谁曾想到，夕阳更是明天的希望！朝阳和希望在东方冉冉升起！

再一次，我的心情因它而改变，我不再害怕，即使此时像夕阳一样坠落，总有一天我会像朝阳一般升起。

记住，无论什么时候，Don't give up！（不要放弃！）

倪烨祺/文，八年级　指导老师：莫小利

第一次坐飞机

这次，我又站在了登机口，不禁想起了第一次坐飞机的经历……那时我还小，站在这个三四层楼高的庞然大物前，感到震撼、恐惧。我登上飞机，按照登机牌指引找到了自己的座位，心中忐忑不安，不停地自言自语。

飞机动起来了！飞机就像一只力大无比的巨鸟在跑道上一点一点挪动着，寻找最佳起飞点。我不禁担心：究竟要多大的力量，才能把这庞然大物推上天空？它会不会从云层中掉下来，把我们摔个粉身碎骨？

飞机在跑道口忽然停住，最紧张的时刻来了！我的心怦怦跳起来，呼吸紧张，就像过山车瞬间加速前缓慢爬坡时的感觉。我赶紧闭上眼睛，紧紧抓住座椅扶手。飞机像一支离了弦的箭直冲云霄，地面上的景物变得越来越小。

飞机迅速爬升，穿过对流层，进入平流层，逐渐飞得平稳了。这时，我开始放松下来，嚼了几粒花生，耳边的嗡嗡声减弱下来，恐惧感一点一点消失了，一种喜悦之情涌上心头。窗外，白云层层叠叠，与地面上看到的景象完全不同。我忍不住拿相机拍起照片。

那一次，起飞的过程是最恐惧的，到了降落时，有了心理准备，我就没那么慌张了。

我不会忘记第一次坐飞机的经历，它让我明白了一个道理——面对恐惧，保持冷静，恐惧就会自动消失。

赖新晨/文，六年级　指导老师：王岚

金色的玫瑰

很久很久以前，在一个园丁的花圃里，有一大片玫瑰丛。

一天，一枝很小很小的玫瑰长出来了。沐浴在阳光里，她想如果能像太阳一样变成金色该多好呀！可她的兄弟姐妹都嘲笑她，世界上没有金色的玫瑰，真是做白日梦。可她并没有放弃自己的愿望。一次，一朵玫瑰花故意扎了她一下，她急忙回头，可什么也没看见呀？其实，愚弄她的那朵玫瑰躲起来了。之后兄弟姐妹们都这样欺负她，她被捉弄得遍体鳞伤。

每次她都忍着痛，一次又一次地从跌倒中爬起，一次又一次从欺侮中站起。终于，她有了第一个花苞，鼓鼓的，像要炸开似的。金色的阳光铺满大地，经过一次又一次的努力，第一个花苞舞动着优美的身姿慢慢开放了。真的，她真的开出了金色的花。在太阳的照射下，花瓣闪闪发亮。只要是金子，就会闪闪发光，她相信这句话，因为她做到了！此时，她不需要兄弟姐妹的掌声和鼓励，因为她已经达成自己的心愿了。她如梦初醒，恍然大悟。她懂得了只要自信加上坚持一定可以成功。

我们的人生何尝不是这样呢？只要充满信心，坚持不懈地努力，还有什么心愿不能实现呢！

马欣怡/文，四年级

240

特别难忘的事

寒假里，我经历了许多开心快乐的事。比如，回海宁老家陪爷爷奶奶过年，享受团圆的幸福滋味；去宁波雪窦山等景区旅游，留下了出行的快乐足迹，还有贴窗花、看春晚、拆红包、赏花灯、猜灯谜……春节假期弥漫着浓浓的年味。但最让人难忘的事，却是元宵前夕参加假日小队组织的"拒绝雾霾·亲近蓝天"公益活动。

那天一早，同学们陆续来到西溪公园小广场，三三两两地聚集着，兴奋地交流着假期见闻。全体到齐后，我们分两组先后开展社区雾霾防治情况社会调查，以及PM2.5全民防治宣传小贴士进楼道活动。

我们组快步来到预定调查点教育学院时，发现偌大的操场上一个人都没有。正在这时，门口走来一位头发花白的老奶奶，我眼睛顿时一亮，急忙跑上前去，怯怯地问道："奶奶，您好！您可以配合我做一份调查问卷吗？"我心里有点忐忑不安，就怕老奶奶不同意。但老奶奶却和蔼可亲地说："可以啊！你问吧。""您的年龄是多少？""请问您认为现在雾霾情况严重吗？""对于雾霾，您会采取哪些防护措施？"……就这样，老奶奶全程配合我完成了所有的调查问卷题，还收下了我送出的雾霾防治宣传资料。出师大捷，我信心备增，不再感到害羞怯场了。

随着早锻炼人群的涌入，队友们也陆续"开工"。他们或快步奔向跑道，向散步的阿姨询问；或大步跨上看台，向休息的老人访问，很快陆续完成了调查问卷和宣传资料的分发任务。这次参与调查的，有年过半百的中老年人，有蹦蹦跳跳的小朋友，还有结伴而行的年轻人，他们大多数虽然愿意参与社会调查，但一般都认为治理雾霾主要靠政府出力，普通人无须参与。这种观点让我感到遗憾，这不是违背了"治理雾霾、人人有责"的初衷嘛，环境治理应该从我们自身做起。但最令我难过的是，有一些被调查的人，对我们的调查不屑一顾，甚至拿到我们发放的雾霾防治宣传小贴士，看都不看一眼，当面随地乱扔。

这次活动之所以令人难忘，其一是因为我体会到了公益社会实践的收获，每一次活动的经历都是成长路上的宝贵财富。就如同妈妈所说的，与两年前小队初次组织垃圾分类调查时相比，我们褪去了青涩与害羞，变得更老练自信了。其二是因为我体会到了环保意识普及的重要，"路漫漫其修远兮"，要让每一个人身体力行地参与环境保护，仍然任重道远呢。希望新的一年，在我们共同努力下，天更蓝、水更清、空气更清新！

沈哲浩/文，五年级

我甘愿做一颗露珠

我甘愿做荷心的那一颗露珠，
在洁白的月光下，
有一颗透亮的心。

我甘愿做荷心的那一颗露珠，
在蛙声一片的夜里，
安心地睡觉。

我甘愿做荷心的那一颗露珠，
在和煦的阳光下，
有一颗透亮的心。

我甘愿做荷心的那一颗露珠，
每当风荷翩跹起舞，
我们就一起玩滑滑梯。

我甘愿做荷心的那一颗露珠，
即便在阴霾喧嚣的尘世里，
依然有一颗透亮的心。

我甘愿做荷心的那一颗露珠，

等到霜风渐紧、冉冉物华休时，

才"扑通"一声隐匿在清波里。

范雨轩/文，五年级

我的小秘密

每个人的心里都有"小秘密"。

去年暑假，我像一只快乐的"小鸟"一样，从课外补习班"飞奔"到了家门口。"老妈，我回来了！""不是经常告诉你回家直奔书房，不用告诉我了！"……面对每日必须有的一连串"唠叨"，我有些不耐烦了，可我家"总司令"的问话怎么敢不回答呢？唉！无奈！说着，我垂头丧气地走进了书房。接下来，万分可怕的一幕发生了……

我一不小心把我的水晶相框打碎了，这可如何是好？这个水晶相框是爸爸从欧洲给我买的，摔碎了老爸一定会很心痛的，说不定会揍扁我的！"三十六计，'收'为上计！"我焦急地自言自语，"只好这样了！"我偷偷摸摸地走到了厨房，拿出扫帚，我心跳加速，越是着急手脚越不听使唤，用了很久才把这个战场收拾干净。我心中窃喜，幸好老妈没看见，要不然我死定了！然后我把这堆"烦人"的碎片扔到我的小垃圾桶中，小心驶得万年船，我还是偷偷地把垃圾袋子扔到外面垃圾桶里比较好，省得被妈妈发现了。于是我蹑手蹑脚走到门口，轻轻把门打开。我没有带钥匙，把门留下一个小缝，以最快的速度把这袋麻烦扔掉了。大功告成！做完这些碎片的善后处理工作，我就心安理得地去写作业了。

真是古人说得好啊！"要想人不知，除非己莫为""瞒得过初一，瞒不过十五！"……我还在庆幸我的小秘密没有被人发现而偷着乐的时候，有一天下午，妈妈问我水晶相框呢？我支支吾吾地答道："我……

我把它……不小心摔碎了。"妈妈说:"你的碎片怎么处理的?"我说:"我把这些碎片扔到外面的垃圾桶里了。"顿时,我的脸红得像个大苹果。我实话实说了,不过出乎我意料的是,妈妈不但没有"凶神恶煞"地批评我,反而语重心长地对我说:"大宝,我相信你不是故意打碎相框的,既然做了错事,就要勇于承认错误,你不但没有认识到自己的错误,反而隐瞒事实,不是等于错上加错吗?"

人要以诚实为本,诚实守信是做人最基本的道理,听了妈妈的话,我点了点头。我想,如果下次犯错了,一定要和妈妈爸爸讲。

于陆一永/文,四年级　指导老师:戚刚红

我的梦，梦正香

我是一个外表大大咧咧、内心细腻的女孩。喜欢唱歌，偶尔会看看娱乐节目。我有一个平凡而又不平凡的梦。

幼年之时，每当我坐在沙发前，看着台上唱唱跳跳的明星们，心里不禁闪过一丝羡慕，如果自己也能散发出这样的光芒该多好！那道光是如此刺眼，如此闪耀，如此迷人！在无数个寂静而又灯火通明的夜晚，我都会做出一个十分坚定的决定，我要成为一个明星！

如今，我长大了，明白了成为明星并没有那么容易，不光要有颜值，更要有实力。

于是，我下定决心，在原来的基础上更加努力地练习。学习之余，放学的路上，下课的休息时间，甚至是洗澡时，我都要唱一两首。借此不断地练习各种变化音，不断地拓宽自己的音域，尽量追求完美。

每次学校里的音乐竞赛刚刚结束，我的参赛歌曲总能成为班上的"流行乐"，人人都至少会唱那么一两句，还亲切地叫我"小百灵"。一开始，我欣然接受这个称号，但到后来，我就会想："我配得上这个称号吗？我不是还有更多的进步空间吗？即使我达到了'小百灵'的程度，我的梦想难道就实现了吗？"想到这里，我从飘飘然中惊醒过来，对！我的目标还没达到，我的梦想还没达成！我要继续努力！

夜晚，我常常会做那甜蜜的梦，梦见自己和电视中的明星一样，散发着比他们更加耀眼、更加迷人的光芒！我的梦，梦正香……

胡思言/文，五年级　指导老师：刘慧娟

我们的毽球年华

你软胶为底

薄薄胶圈叠起的基座

撑起的不只是五彩缤纷的羽毛

更是承载了千年文明的基调

撑起我们课余生活的乐逍遥

没有太多的品足论道

你却能呈现校园最美的风光

曾几何时

运动场上

左右踢毽望着多高

让思绪和梦想飞扬

开心的汗水洒落

没有大起大落的输赢

只有年少的衷情和青春的写意

曾几何时

表演台上

花样百出而意随心动

毽在身边舞

如凤舞九天且游刃有余

掌声中无需华丽的言语

漫漫征途来体验层层苦功

我们传承校园特色

微信平台谈技巧

QQ群中论毽道

用五彩缤纷的梦想

向青春宣告

我们运动我们健康

我们的毽球年华

当抛开所有的繁杂和烦恼

将心情释放

向天空宣扬

我们快乐我们成长

奉光思源/文，七年级

剪窗花

窗花是一种贴在窗户玻璃上的剪纸，是我国历史悠久的民俗。春节时，家家户户都要贴上各种各样、色彩明亮的窗花。窗花不仅可以吓跑年兽，还代表着幸福吉祥的美好寓意。

今天，我和几个小伙伴们拿起了剪刀，在五颜六色的彩纸上，开始了剪窗花的过程。首先把纸折成一个手掌心大的正方形，再用铅笔在纸上勾画出精美的轮廓，然后用剪刀小心翼翼地沿着轮廓慢慢地前行，前行的过程就像一条条小溪在我手中流淌，又像一只海鸥在海面上画过一条美丽的弧线……不一会儿，就剪成了我想要的图案。

我迫不及待地但又慢慢地把它打开——啊！一个带着我浓浓希望的龙样的"福"字展现在我面前。她就像一条带着美好祝福、美好憧憬的、即将飞向天空的祥龙，让我对未来的每一天充满了活力。

小伙伴们的"福"字各种各样：有的像温暖的房子，有的像翩翩起舞的仙子，还有的像财神的金元宝。这些作品一个个都栩栩如生，让我深深地陶醉着。

剪窗花是一种艺术、一种文化，是中国人民勤劳的象征。我们伟大的祖国还有更多的传统文化等着我们去传承。

江凯文/文，四年级

激动人心的足球赛

"预备，开始！"裁判一声令下，两队的队员就带球跑了起来。一年一度的校园足球赛五年级组比赛就此拉开了序幕。这是一场半决赛，我们的对手是与势均力敌的11班。

绿色的足球在球员的脚下不停地滚动着。绿茵茵的足球场上，时不时地闪出一个"幸运蓝"——我们班的球员。球场边，一个个红白相间的彩球不断地摆动着，那是我们班的啦啦队在以自己的方式给球员加油。时不时地，传来一阵阵呐喊声。

上半场的比赛快要结束了，双方一直僵持着，谁也没能把球射入对方的门中。这时，11班的人抢到了球，正一路带球跑来。我的心一下子提了起来，眼看球就要进了。忽然，半路杀出一个程咬金——郑一山。别看他个子小小的，可厉害了。只见郑一山跑到那人的面前，飞快地把球从那人的脚下抢走了，传给了我们班的主力队员——前锋詹明辉。看到这儿，我悬着的心终于放了下来。

詹明辉一马当先，绕开11班的球员，直奔对方的大门。他找准了点，一脚把球往球门踢去。啦啦队的加油声更响了，彩球也挥得更快了。11班的守门员原本以为球会从左边射门，于是，他往左边扑去。结果可想而知：扑了个空。那个球毫无阻拦地进了门，这可真是一个漂亮的射门！

那个球刚一进门，上半场就在裁判的哨声中结束了。同学们异口同声地欢呼起来："太好了！1比0！上半场我们领先了！"

球员们在几分钟的休息后，又一次精神抖擞地跑上了赛场。

因为上半场落后，11班的进攻更猛了。可想打败我们班，并不是件容易的事。我们班的球员齐心协力，像盾牌似的，难以攻克。球员们一次次地把球踢了回去。场上的气氛越来越激烈，绿色的足球好像也活了似的，一会儿飞到这儿，一会儿飞到那儿。

这时，一个球恰好飞到邵光琪的脚边。他想都没想，瞄准就是一脚，向对方的球门射去。绿色的足球在天空中画出一道美丽的弧线，越过后卫的头顶，像炮弹似的进了球门。下半场结束了。

顿时，欢呼声响成一片，一个个彩球飞上蓝天，大家欢呼着、蹦跳着，庆祝着这个激动人心的时刻："我们赢了半决赛！我们进入决赛了！"

蓝天下，绿色的球场上，我们的欢笑声久久地回荡着。

林湛宁/文，五年级　指导老师：张华莲

第一次包饺子

窗外，大大小小的灯笼在街上随风摇晃，把过年的气氛烘托得热热闹闹的；屋内，大人们聚在一块儿，带着迎接新年的喜悦之情正有说有笑地包饺子。我想加入家人的包饺子"合作社"，包我人生中的第一个饺子。

我兴致勃勃地走进厨房，开始包饺子。包饺子绝对是个技术活，从擀饺子皮到包饺子馅，可比学校的手工课作业复杂多了。我的饺子皮总是滚不圆，看大人们动作飞快，我急得直冒汗，只好向手法最纯熟的外婆求助。在外婆的帮助下，我的第一张饺子皮终于面世了，圆圆的、薄薄的，看着挺有成就感。

桌子的另一端，妈妈和爸爸经过剁、揉、拌环节，制作好了猪肉玉米韭菜饺子馅，那味道香香的，就是我最爱的味道。我想拿起勺子尝一口，外婆立刻制止了我："饺子馅是生的，还不能吃呢。"我恍然大悟。瞧我，被玉米的香味熏得晕乎乎的！

我学着外婆，先拿起一个小勺子，把一小团饺子馅儿放到饺子皮的中间。外婆包饺子馅的速度很快，我暗想自己也得快点，赶上大家的速度。我急急忙忙地把饺子皮闭合起来，没想到到处都是大洞。我赶忙抓起几片饺子皮补上，没想到饺子馅又漏了出来，饺子的样子可难看了。我急得左挠挠，右抓抓，只好红着脸对外婆说："我包好了。""这是哪来的球呀？"外婆看着我的"杰作"打趣道。我哭笑不得，知道自己做事太急躁了，把饺子做成了一个像球的怪物。我站着好尴尬，用眼神向妈妈求助。

妈妈轻声鼓励我："要耐心一点，饺子皮不要做得太薄，肉馅少一些，就容易包啦。"外婆也放慢了速度，让我跟着慢慢包。渐渐地，我也可以把饺子包好了，虽然褶皱的地方不美观，但饺子馅不会漏了。我拿着包好的饺子开心地转了一个圈，以优美的弧度将饺子扔进了锅里，等着烧熟吃喽！

看着饺子在热水中上下翻滚，我明白了"欲速则不达"的道理。做任何事情都要有耐心，不能急躁，这样才能把事情理顺。

田芮西/文，三年级　指导老师：胡妃珍

跑步比赛

一个艳阳高照的一天，我们又迎来了最受欢迎的体育课。

我拿好跳绳准备大显身手，可老师却临时改变主意，让我们进行跑步比赛。我十分讨厌跑步，每次一跑步就会累得气喘吁吁。正当我想打退堂鼓时，老师又补充道："绕着学校跑一圈！"我的心里顿时乌云密布，不过黄斯琪却高兴得一蹦三尺高。虽然她的个子比我矮小，但是跑步却比我快多了！

分好组，排好队后，我们要开始跑步比赛了。哨声刚刚吹响，第一组同学都奋力地向前奔跑，就像一只只猎豹一样……

轮到我们这组了，我一脚在前一脚在后，蓄势待发。老师一声令下，我便铆足了劲，向前冲去。半圈过去了，我大口大口地喘着粗气，脚就像有千斤重似的。到了后半圈，我看见有好多同学都累得跑不动了，只能慢悠悠地走路呢！我跑一段，走几步，跑一段，走几步，最后终于到了终点。

虽然我只获得了第二十名的成绩，但我依旧很满足。因为在困难面前，我选择了坚持，选择了迎难而上。

李宇涵/文，三年级　指导老师：林丹

捉 蚂 蚁

早晨，我坐在院子里，在和我同龄的桂花树下写作业。

突然，一只蚂蚁从我旁边爬过。我猛然回过神来，想起科学老师叫我们捉蚂蚁、观察蚂蚁的事。我马上求助爸爸，向他大声喊道："爸爸，这里有一只蚂蚁！"说着，我从行李箱里把带有放大镜的小盒子拿出来准备观察。爸爸走到我旁边，手里拿来一张废纸。只见他小心翼翼地把蚂蚁引到了小盒子里，蚂蚁乖乖地中了"圈套"。我马上把盖子盖上。嘿嘿，我俩配合默契，成功了！

我拿起小盒子，透过盖子上的放大镜，仔仔细细地观察起来。这只蚂蚁全身都是黑色的，它的身体是由头、腹部、屁股和六只脚组成的。我刚把小盒子放下来，又有一只蚂蚁爬了过来。我想：它们可能是夫妻吧！于是，我又叫爸爸把蚂蚁抓了进来。在抓的过程中，那只蚂蚁的一条腿断了，我有点心疼，可我也是为了科学课要用呀！当我写完作业，我又发现了一只小蚂蚁，它在地上爬来爬去，急得团团转。看上去好可怜啊！我想，可能盒子里的蚂蚁是它爸妈吧！

就在这时候，又来了一只大蚂蚁。妈妈想再抓一只完整的蚂蚁，就把小盒子的盖子打开，里面的蚂蚁都跑了出来。妈妈手忙脚乱地把三只蚂蚁赶到了盒子里，我马上把盖子盖上，它们再也跑不出来啦！

蚂蚁太灵活了，我们费了好大的劲儿才把它们捉住。这真是惊险而又愉快的一件事呀！

何方/文，三年级　指导老师：姚嘉庆

绿色银行卡

外婆告诉我，现在居民每
人都有一张"绿色银行卡"，
垃圾分类已经成为大家日常生
活中的自觉行动。
——《外婆的"绿色银行卡"》

外婆的"绿色银行卡"

"别丢，可以存到绿色银行！"我正想把喝完的矿泉水瓶丢进垃圾桶，外婆劝我道。"什么？绿色银行？"看我一脸茫然，外婆拉开抽屉，拿出一张银行卡。

这是一张绿色外皮的存折，封面写着"柯城区荷花街道绿色银行"。我好奇地打开，扉页上写着账号、用户名、地址等，最引人注目的是第二页上一个大大的表格，有日期、废品种类，以及该物品可兑换的积分。比如，3个矿泉水瓶可以换5个积分，一定数量的报纸可以换5个积分，1千克纸板可以换10个积分。哦！原来旧灯管、电池、过期药品都可以"存"，都可以换积分！

"积分是什么意思？有什么用呢？"我打破砂锅问到底。"可以换奖品呀！"外婆指着"绿色银行卡"上的兑换记录，饶有兴致地为我解释："1个积分可以换5角钱。3个矿泉水瓶的5个积分，就可以换2.5元钱。"原来是这样，我恍然大悟。

拿起这张"绿色银行卡"，我仔细看起来。这一行行，记录着外婆近段时间收集的塑料袋、旧报纸、没用的电池换的积分。当积分达到一定数额后，她就能兑换相应的奖品。最近她刚刚用40个积分换了一个热水瓶。每当积分清零后，她又可以收集家中各类废品，归类整理再拿到社区去攒积分。这样有趣的环保交易，我感到既新奇又有趣。因为它不仅让居民养成了废品回收分类的好习惯，还让大家有了新的收获。合上"绿色银行卡"，封底上一行字吸引了我，我一字一顿地读着："积分兑换变废为宝。"

"善待地球就是善待我们自己，持续发展就是为我们的子孙后代创造良好的发展环境和生活条件。"这时，电视新闻里传出这样的声音。是啊，在浙江这片充满生机和活力的美丽沃土上，需要我们每一个人都来珍惜每一片森林、每一条江河、每一寸土地、每一座矿山，走节约资源、保护环境之路，才能使人与自然永远和谐共生，才能让"绿水青山就是金山银山"的理念深入人心，造福后代。

"美丽环境要保护，全体市民都行动。学会垃圾怎么分，男女老少细细听。"这时，窗外传来一阵悦耳的快板声。我抬头一看，原来是社区居民正兴高采烈地打快板宣讲垃圾分类。观看的居民时而仔细聆听，时而拍手唱和。一句句朴实无华的话语，流入大家心田。社区是一个大家庭，看来垃圾分类已经成为这个大家庭的好家风！

外婆告诉我，现在每人都有一张"绿色银行卡"，垃圾分类已经成为大家日常生活中的自觉行动。我再一次拿起这张精致的银行卡，仔细端详，若有所思——小小的绿色银行卡，承载着多么重大的使命啊！

姚易欣/文，七年级　指导老师：李佳臻

我家门口的"强国之路"

我爸爸小的时候就住在文二街这一带，他告诉我，他读小学的时候，这里根本就是一个大工地。每天黄土飞扬，一到下雨，路面就泥泞不堪。

等到他读初中的时候，路修好了，变成柏油路，两边的梧桐树挺拔粗壮，好似一个绿色的拱门。但是，路的两边还有两条臭水沟，一到夏天臭气熏天，苍蝇和蚊子超多。

爸爸参加工作以后，文二路被完全翻新改造了，臭水沟被填平了，两车道变成了四车道，柏油路变成了水泥路。路上每天车水马龙、川流不息。

后来，我出生了。爸爸送我上幼儿园时，我能依稀记得文二路又开始整修了。

我上小学的时候，听说文二路这里要修地铁呢，以后会和杭州的地铁网络连接在一起，我要去城市里的任何地方都会很方便呢。

我们家门口的路，从爸爸背起书包到我踏入小学，一直在悄无声息地变化着，不用说，都在越变越好。

我从报纸、电视上也看到，这和我们这座城市越来越好分不开，也和我们这个国家越来越好分不开。

爸爸告诉我：再大的梦想也是从家门口的路开始的，再大的国家的富强也是从老百姓生活的点滴改变开始的。就如同我们两代所看到的门前的道路一样。不过，有一点是可以确信的，就是我们的生活将来会越来越好，祖国会越来越强大。

　　有时候，我总在想，等我的儿子背起小书包上学的时候，那时候的文二路会是什么样呢？

陈俊谕/文，三年级　指导老师：楼元元

暖

暖是台风的名字。

昨天，暖看见一个老奶奶跌倒在马路旁，却没人上去扶；一个可怜的商贩，货倒了，人们不去帮忙反而去抢那些货物……暖很生气，想报复一下冷酷的人们。

"呼——呼——"暖来了。雨水开始降落，天像漏了一样，房檐下都挂起了雨帘。树被暖吹得哗哗作响，自行车倒在路上，塑料袋、落叶和不知道哪里来的垃圾像一个个气团，撞来撞去。"台风来了！""台风来了！快跑！""不要踩我！""哎哟——""我的眼镜！""等等我——"人们尖叫着，四处乱跑，老人被踩掉了鞋，孩子哇哇大哭，暖更气了。

"呼——呼——呼——"绿化带一片狼藉，遮雨棚抖个不停，阳台上噼里啪啦地往下掉东西，马路上乱七八糟的，水淹到小腿了……"哼！让你们自顾自！"暖黑着脸生气，它的肚子越胀越大，在大地上咆哮。路灯浑身湿透了，可怜巴巴地站在马路上等着。好黑的夜啊！它害怕极了。

"哼，看在老人和孩子的份上，先这样。嗯，我去其他地方转转。"暖有点担心自己刚发的脾气。它把胡子一捋，停止了咆哮，逃也似的离开了。

"不知道他们怎么样了？有没有受伤？"在各地游逛时，暖有时候会想起那个冷冷的地方。"最讨厌冷。如果他们像我一样温暖，我怎么会发脾气?"想到那天雷霆大怒后路上的哭声,暖抑制不住担心,"要不回去看一眼? 就一眼。如果他们还像从前一样冷,这一次我一定要多给他们一点苦头吃。唉,不知道他们怎么样了?"

轻轻地飞过大海,暖的担忧越来越重,飞的速度越来越快。

"怎么没有渔船? 它们都上哪儿去了? 怎么一路都有声音不断播报我到了哪儿,接下来要去哪儿了? 车子停得好整齐啊,怎么路上一个人也没有?"暖快快地飞着,惊讶地看着自己经过的地方。

"都躲起来了? 让我把你们都吹出来。呼——呼——"果然,前面大楼里走出一个小伙。"没带伞? 让我捉弄你一下。"玩心一起,暖情不自禁地吹过去。"阿嚏——好大的风啊! 台风果然来了。"打了个喷嚏后,小伙把衣领竖起。"没带伞啊,我们拼一拼。"突然,有人快步走过来,没等暖反应过来,一把伞遮住了小伙。"谢谢你啊! 没想到雨会下得这么大。""谢啥? 举手之劳哈。"暖看不清伞下的脸,只是觉得声音这么好听的人肯定也很漂亮。

"快走快走,台风来了! 这孩子——我来抱。""这怎么好意思? 我自己抱她。""台风危险,要快点到安全的地方去。我跑得比你快,你就管自己往前跑,我抱孩子跟着你。放心吧!"暖有点诧异,"他们不认识? 还挺热心的,有点像我啊!"暖很高兴。

"快进来! 快进来!"门开处,呼啦一声,前面的人都冲了进去,可是,暖被挡在了外面,"砰——"的一声,暖的鼻子也被撞了。"讨厌!"暖正想发火,突然看见玻璃门上的粉红色大字——"台风期间,欢迎市民们来本店小坐。本店免费提供热水、姜茶和毛巾,祝您身体健康!"端正的字迹下画着一张大大的笑脸,"好温暖啊!"暖突然觉得自己的气消了。

"人没事吧?""有事一定要记得打电话给我。""没关系,不用担心。"停住了脚步，暖侧耳倾听着大堂里行人们的对话。"叔叔，我给你唱首歌吧！因为我们是一家人，相亲相爱的一家人，有福就该同享，有难必然同当，用相知相守换地久天长……"稚嫩的童音，清脆地响起。暖揉揉眼睛，轻轻地呼出一口气："这旋律还真好听。"暖不由想起了孩子去年的哭声，"啊？怎么变成大合唱了？"暖惊讶地看着，心里暖融融的。

"前面超市有热的八宝粥免费供应。""老百姓大药房也有姜茶免费喝。""省立医院开通了绿色通道，灾民可以免挂号直接就诊。"七嘴八舌的声音此起彼伏，可是暖一点也没觉得他们吵。

"看来我该离开了。"看着忙忙碌碌的"小红帽""黄背心"们，看着井然有序的景象，暖依依不舍。"明年春天我早点来，把柳树和桃花唤醒。明年，这里一定更美。"

暖悄悄地走了，因为它是暖，是温暖的风。

高大猷/文，五年级

265

在异乡过年也快乐

盼望着，盼望着，中华民族最重要的节日——春节，终于来了。今年不同，我们来到了首都北京，将在这里度过这个期待已久的新年。

树上，早已挂上了一串串红彤彤的灯笼，把长安街打扮得红红火火；天安门广场一组组狗年图案的鲜花，透着节日的喜庆；街上，男女老少都穿上了新衣裳，脸上洋溢着幸福的笑容。北方人过年还喜欢扭秧歌，不管男女老少，一起走街串巷扭秧歌庆祝春节，场面十分热闹。门上，家家户户都贴上了对联，钻进老北京的胡同，走进四合院，窗户上的漂亮窗花随处可见。有的是"福"字图案，有的是可爱的小狗图案，最让我喜欢的是麒麟兽图案的窗花，因为我名字里面有一个"麒"字，有吉祥如意的意思。

走进饭店，一张张四四方方的桌子，再配上长条凳子，"一二三四"，我数了数，刚好可以坐8个人。爸爸告诉我，这叫八仙桌，是中国最古老的一种桌子。我们一家人坐了下来，周围一派喜气洋洋的场景：客人们聊着天，吃着年夜饭，一阵菜香从桌子上迎面飘来，我们感受到的不仅仅是菜的味道，还有浓浓的年味。北方人过年喜欢吃饺子，按照老北京的习俗，大年三十吃大鱼大肉，年夜饭吃完开始剁馅、包饺子，过了零点则不能再动刀。饭店老板张伯伯是土生土长的北京人，特别热情。见我们是从杭州来的游客，他特地准备了许多饺子，招待我们，还非得让老爸喝上一口纯正的北京二锅头呢。"干杯！祝大家新年快乐，身体健康！"这是最美妙的声音。大家一起举杯，说出最美好的新年祝福。

　　"独在异乡为异客，每逢佳节倍思亲"，虽然我们在北京过年，但是我们并不觉得陌生和孤单，因为有热情好客的北京人民。更重要的是，家人在哪里，哪里就是家。虽然今年爷爷奶奶、外公外婆没有和我们一起过年，但只要打开手机，就能随时视频。我把在北京看到的景色和在北京吃的年夜饭都用手机拍了下来，发到了微信的家庭群里面，这样爷爷奶奶、外公外婆就全都看到了。微信那头爷爷对我说："今年你们在外面过年，不能当面给你压岁钱了，我也赶个时髦，给你们发个微信红包吧！""哈哈，我抢到了，我抢得最多！"我高兴地跳了起来。"我也给大家发一个，祝大家新春快乐，一年更比一年好！"外公高兴地说。"作为家里最萌的我，就给大家发个萌照吧！"咔嚓，一脸傻笑的我，出现在微信群里……就这样，我们相隔万里，却一起度过了一个团团圆圆的除夕夜。

　　"过年好，一年都好。"在异乡过年，我们并没有觉得孤单，反而多了一种生活在别处的滋味。全家人一起感受着北京过春节的传统习俗，同时也紧跟时代的潮流，尝试各种新鲜的过节方式，让我们跟着祖国的发展，一起过上更好的生活。

陈麒伊/文，三年级　指导老师：吴嘉楠

致远方朋友的一封信

王芳同学：

　　你好！

　　最近，我们学校举行的"手拉手，心连心"活动正在热火朝天地进行中，我在此特别真诚地给你写这封信。愿这封信能让远隔万水千山的我们拉近距离，心灵相通，成为好朋友。

　　让我给你介绍一下我的家乡吧！我的家乡在美丽的西子湖畔，这里青山碧水，景色宜人，素有"人间天堂"的美誉，每年都有成千上万的中外游客慕名而来。

　　杭州是一个美丽的山水城市。更让我们自豪的是，继北京和广州之后，杭州成为中国第三个获得亚运会举办权的城市。为迎接2022年第19届亚运会的盛大开幕，整个城市都在积极筹建中：原来比较单一的地铁线路，如今已如同蜘蛛网一样四通八达，向外延展扩散；亚运会主场馆——奥体博览城，正紧锣密鼓地建造中，其中最博人眼球的是犹如莲花一般绽放在钱塘江南岸的主体育场，与钱江新城遥相呼应，建成后将为杭州再添一个新地标。整个会场运用大量的低碳技术，充分体现了绿色环保的理念。具有杭州特色的互联网智能化，将实现"智能亚运"。未来几年，杭州的城市建设将会有质的飞跃。届时，世界将目光聚焦于杭州，西子姑娘将静迎贵宾。体育健儿们将在杭州亚运赛场上展现雄姿，共创佳绩。

　　我是一个活泼开朗的阳光男孩。我热切期待着2022年的到来，我现在正努力学习英语。我打算到时报名，争取成为亚运会的志愿者，为这个国际盛会出一份自己的力，并见证这个普天同庆的时刻，也欢迎你来杭州做客。

王芳同学，要是你愿意和我交朋友，请尽快给我回信吧！我们一定可以成为好朋友的！

祝你

学业顺利！

你远方的朋友：徐向

2018年3月21日

徐向/文，写于五年级　指导老师：沈瑛

感恩在云端

"感恩的心，感谢有你……"每当这个熟悉的旋律在耳边响起，我的眼前就会慢慢浮现出那张美丽精致的脸，她就像冬日里的热奶茶，温暖着我的心。

在墨尔本飞悉尼的航班上，我耐不住旅途的寂寞，一会儿戴上耳机听音乐，一会儿又不停地吃零食。零食吃得不过瘾，我又呼叫空姐要热水泡面吃。

仪态端庄的空姐很快端来了热水，礼貌地递给我，我毛手毛脚地一把接了过来。软软的纸杯里的水瞬间全部倒在了我的大腿上，热水很快渗透了单薄的长裤，皮肤立刻刺痛起来。我哇哇大哭，妈妈被我弄得不知所措。

这位训练有素的空姐立刻收起职业的微笑，严肃地按住我的肩，镇定地说："别动，我马上回来！"几秒钟过后，她风一般地回来了，手上多了一包冰袋和一支药膏。她让妈妈帮我褪下长裤后，单腿半跪在地上，一手轻轻地扶着我的膝盖，另一只手小心翼翼地把冰袋敷在我的大腿上。我顿时觉得一阵清凉盖过了刚才的疼痛。时间一分一秒地过去，她始终保持着这个弯腰半跪的动作，细密的汗水从她那精致的妆容中一点点渗出，她不为所动，仍一丝不苟地扶着冰袋。终于，她挪开了冰袋，小心谨慎地给我涂上药膏，涂完又继续敷……疼痛感离我越来越远。她全程都以这个姿势为我急救，尽管机舱里的冷气很足，但汗水早已将她干练的制服打湿，美丽的妆容也花了……

我又哭了，这回不是因为痛，而是因为感动。没有她的专业，我的大腿上可能会留下疤痕；没有她的细致，我可能会烫伤得更严重。两小时的飞行，她大部分时间都在关心我，照顾我，真让我感动！

　　美丽的空姐，云端的感恩，使我难以忘怀！她的敬业精神真值得我学习！

　　　　　　　　　　徐向/文，写于四年级　指导老师：沈瑛

小人物，大精神

记得有一天，我和老爸去火车站坐高铁到上海。我们正在等车时，一阵灰尘向我扑来，我知道是清洁工在打扫卫生，于是我皱起眉大喊："哎呀，你打扫卫生也太卖力了吧！打扫得灰尘满天飞，还真得'感谢'你带来的灰尘呢！"话一出口，我立即发觉，自己这么说是不是太过分了？可话已经说出口了，我只能故作镇定。

不一会儿，只见那漫天灰尘中移动的影子停止了移动。我看见她那蓬乱的头发上顶着一个草帽，戴着洁白的口罩，一双手紧握着扫把，那沾满灰尘的脸上还有一双布满血丝且十分疲惫的眼睛，她正紧紧地盯着我。就在这时，爸爸也瞪了我一眼，我满脸通红地低下了头，不由自主地迈开步伐，朝她走去。我轻轻地走到她身边，说了一句："对不起。"

在火车站人流密集、垃圾难以清理的地方，她不知洒落了多少汗水，可她就是一位不知疲惫、为了让我们乘客能拥有整洁环境的战士。是她，在与垃圾抗衡，让我们呼吸到清新的空气！

清洁工阿姨听了我的话之后，笑了，对我说了声："没关系，经常有人这么说，我都习惯了。"从她的笑容中，我体会到了别人的宽容。倒是那句"经常有人这么说"使我有些惊讶。

人们啊！这样默默无闻工作的人，其实才是最值得敬佩的！

宋轶辉/文，五年级　指导老师：华珊

我梦想有一天

　　那时爸爸和爷爷经常带我去绣山公园喂鱼，后来我就跟在他们屁股后面去钓鱼。慢慢地，我对鱼类及相关的问题产生了好奇：为什么野生的鲤鱼越来越少？为什么菜场买来的黄鱼、螃蟹都是养殖的？为什么养殖的鱼都要吃饲料呢？为什么现在去医院看病的孩子这么多？为什么现在经常会听到某某人又得了癌症？

　　带着这些困惑，我开始去寻找各种答案！

　　因为人类过度消耗能源，导致大气中的二氧化碳含量急剧上升，全球变暖又引发冰川融化、海水上升，给人类带来巨大的灾难。

　　因为人类的环境污染引发了雾霾，导致很多人患上了各种疾病。由于人们免疫力下降及长期使用抗生素，现在的细菌、病毒拥有越来越强的耐药性；新一代的疾病如埃博拉病毒、禽流感、癌症等正严重威胁着人们的生命安全。

　　人们无节制地破坏环境与生态，使得转基因、滥用抗生素、饲料污染等问题，通过食物传递到人类身上，我们的食品安全正面临前所未有的挑战。

　　当我了解了这些问题，我有些不知所措，甚至有些惊慌。天哪，我们美好的家园原来面临这么多的问题！

　　庆幸的是，我和爸爸通过网络上著名的TED演讲，了解到现在很多生命领域的科学家已经攻克了许多难关，成功建立了生态平衡系统，不仅能够缓解环境污染，恢复生态平衡，还能为人类提供绿色健康的食物来源：

在西班牙，有个叫米格尔的人建立了一个人工生态养殖农场。他不使用饲料养殖，而是通过养殖海藻。海藻是神奇的生物，它不仅能从大气中吸收大量的二氧化碳，还为虾、鱼提供丰富的食物来源。鱼儿不再使用抗生素维持身体健康，而且由于鱼类资源丰富，还吸引了全世界的候鸟前往觅食，真正实现了生态平衡。

在中国的山东，人们通过海带、鲍鱼、海参的组合养殖方式，不仅让海带吸收了大气中的二氧化碳，还给海水释放了氧气，与海参、鲍鱼互相提供营养物质。这既实现了大气的碳回收，又为人类提供了丰富的绿色健康食物，同时也成了联合国生态修复模式的典型案例。

在美国，科学团队成功研发了太阳能合成树，通过模拟树木的光合作用，将大气中的二氧化碳进行回收，还净化了空气。

看到上面这些激动人心的信息，我不禁心潮澎湃。在这里，我要呼吁家长和老师们关注更多生命科学方面的课程。

我梦想有一天，空气中不再有雾霾，绿色健康的食品能走进千家万户！

我梦想有一天，人们不再滥用抗生素，埃博拉病毒、癌症等顽疾将被我们成功攻克！

我梦想有一天，我与小伙伴们都住在自己建设的绿色健康的生态农场，我们使用太阳能、垃圾等清洁能源；旁边的小河里，淡水藻类养育了各种鱼类，并过滤了我们的空气，还吸引了各种鸟类来做客；鸟类的粪便以及食物垃圾，通过生物分解用来种植蔬菜；我与我的小伙伴们还在这里建立起生态实验基地，一起快乐生活、自由玩耍！

汪楠/文，四年级

最美丽的风景

今年的寒假似乎来得特别早。爸爸决定带着我和弟弟外出走走，去浙南的一个小山村。行程安排也很有意义，乘普快火车出行，顺便领略一下沿途的风景。

我和弟弟跟在爸爸后面，兴奋地拉着行李箱，早早地就上了火车。

一位扛着蛇皮袋、拎着两个塑料水桶的老人在我们对面的位置前停了下来，他费力地把蛇皮袋举过头顶，塞进了行李架，又把两个塑料桶小心翼翼地推到了座位底下。老人好像十分疲惫，他的脸色黝黑，皮肤就像他的蛇皮袋那样起着皱褶，花白稀疏的头发耷拉在微微渗汗的额头上。他长长地呼了一口气，一屁股坐在了我们对面的位置上。

火车还没有开，车厢里的人渐渐多了起来，都急着赶回家过年，大包小包的，手拎肩扛，连走道里也站满了无座的人。弟弟看着爸爸刚刚给他戴上的电话手表，兴奋地喊着："快开了，快开了，时间到了。"这时，一个穿着红色风衣的姐姐挤过人群，站到了我的身边，斜挎着的小包差点就打在了我的脸上。她手里拿着车票，朝我们这边的窗口看看，又看了看手里的车票，最后，她的目光落在了我对面的老人身上。老人头靠在椅背上，闭着眼睛，嘴巴微微地张着，额头夹杂着一片不知哪里黏上的绒毛，正轻轻摆动，他似乎已经睡着了。红风衣的姐姐轻轻地叹了一口气，拉开小包，把车票放了进去，手搭在老人的椅背上，就在我的边上站定了。

火车飞快地向前奔跑，窗外笔直的水杉树、收割后只剩下稻秆的黄色的田野向后退去，一个多小时的工夫，火车已经到达诸暨了。又有一批乘客上来，车厢内显得格外拥挤，两个穿着蓝色制服的乘务员开始查票了，爸爸提醒我和弟弟准备好车票。红风衣的姐姐好像有点紧张，脸色红红的，不知道是不是人太拥挤的缘故，她的鼻尖还有一点点细细的汗珠，搭在老人椅背上的手也攥紧了拳头。我明明看见她是有车票的，那她在紧张什么呢？

就在乘务员检查完我们的车票，头转向红风衣姐姐的时候，红风衣姐姐突然反身向车厢头走去，嘴里还在自言自语："我去下洗手间。"乘务员一把拉住了红风衣姐姐，让她先查票，红风衣姐姐的脸更红了。她从斜挎着的包里拿出车票递给了乘务员。"你有车票，为什么要躲？"乘务员也纳闷了，"你的是坐票，位置就在这里啊，咦，这位老人……"乘务员边说边正准备去拉老人。红风衣姐姐伸手拦住了乘务员："老人睡着了，让他再睡会儿吧，等他醒了，我再坐我的位置。"乘务员笑了笑说："他是你的家人吗？"红风衣姐姐的脸又红了，使劲摇了摇头："不是不是，我也不认识，我过来的时候他就已经在这里睡着了。"乘务员微笑着离开了，我发现车上好多人都微笑着，朝我们这边看过来。

火车穿过了一个隧道，窗外的大山飞驰而过，只留下一片片花花绿绿的影子。我突然想起雷锋日记中的一句话，"我要永远愉快地多给别人，毫不计较个人得失……"我想，这位姐姐一定也读过雷锋日记，也一定读过这句话，姐姐把这句话读到了心里，而我自己总感觉还缺少点什么……

冬日的阳光透过车窗暖暖地照在老人黝黑熟睡的脸上，红风衣姐姐斜靠在椅背上，正出神地看着窗外。这是一幅多美的剪影啊！我想，这一定是我这次寒假旅行中见到的最美丽的风景。

金子言/文，七年级　指导老师：谭静

"万使累客"欢迎您

8月31日上午，我和同学们跨入了三（6）班的教室，成为小学三年级的学生啦！我好奇地拿出抽屉里的新书：语文、英语……耶，真的要学英语啦！想起哥哥唱英文歌时酷酷的样子，我别提多兴奋了！

不学不知道，一学就犯难。有些单词看看挺简单，嘴巴却怎么也发不出声音来。例如，"Miss"和"Mr"，分别表示女士和先生。它们明明长得不一样，意思不一样，老师和妈妈都说它们发音也不一样，但是我听起来却是一样的——"密斯"。我急得眼泪都快下来了："为什么我的耳朵就是分辨不出来呢？怎么办？怎么办?！"

妈妈也很着急，她说："洋洋，还记得b和p吗？""当然记得。"我疑惑地看着妈妈。"来，再听听这两个字母发音有什么不一样？"我盯着妈妈的嘴巴，全神贯注地听发音。"b——p——"妈妈看着我，重复地读着这两个字母。我终于发现了，P的发音很轻，不仔细听是很难发现的。哈哈，"Miss"和"Mr"发音真的不一样，"Mr"里还有"特"的音。原来，英语和汉语拼音一样，也有自己的轻重音。我找到学英语的小窍门啦！

不仅我们学生要学英语，就连出租车司机也要学英语。

为了迎接G20峰会的到来，杭州大众出租车的司机们积极响应政府的号召，特地组建了学英语的微信群。他们请公司里英语水平较高的李师傅教大家学英语，王队长把常用的几个句子告诉李师傅，让他翻译成英语，用微信语音录下来。然后，根据李师傅的读音，王队长

277

在自己的笔记本上用中文标注好读音，再打包发到群里。

如今，王队长他们一听到"万使累客"，就知道该把乘客带到美丽的西湖啦！原来，"万使累客"就是西湖英文名"West lake"的谐音。外国游客由衷地夸他们"Very good（很棒）"，我也为他们点赞。

"人间天堂美丽，有我在等你……"随着G20峰会的顺利召开，接下来杭州还将迎来亚运会等重大国际赛事。我多么期待也能在西子湖畔，对来自五湖四海的国际友人说一句"Welcome to west lake（西湖欢迎您）"，说一句"Welcome to Hangzhou（杭州欢迎您）"！

李旷洋/文，三年级　指导老师：胡益君

在你的梦里遇见我的幸福

悠悠中华，历史辉煌，走在历史的长廊中，我为中华民族深深地感到自豪，它为人类文明做出了不可磨灭的贡献。

正是凭借这双勤劳的手、这份肯吃苦的毅力，历史上，中国的农耕、纺织、冶金、手工制造技术曾长期处于世界领先水平。当时的中国是何等的荣耀，何等的风光。

但历史也曾给了我们惨痛的教训。1840年鸦片战争以后，在西方坚船利炮的侵略下，中国人民遭遇了极大的灾难和痛苦。一份份丧权辱国条约的签订，使我明白了落后就要挨打的残酷道理。唯有突破进取、积极创新，才能实现国家富强、民族复兴。

新中国成立60多年来，我国经济和社会发展取得了巨大的成就。在中国共产党的领导下，中国一步步走向繁荣昌盛。"十二五"时期，我国妥善应对国际金融危机，各方面又取得巨大的飞跃。"十三五"规划，我国正向2020年全面建成小康社会而不懈地努力着。

习总书记在参观《复兴之路》展览时提出，实现中华民族伟大复兴的"中国梦"。这是全中国人民的梦，它给了人民群众希望，它给了人民群众信心，它给了人民群众力量。我想说，生活在伟大祖国和伟大时代的我们，享有人生出彩的机会，享有梦想成真的机会。

在你的梦里，我看到了你的光辉历史；在你的梦里，我期待着你的美好蓝图；在你的梦里，我终会遇见我的幸福，一份属于全中国的幸福！

吴政锡/文，七年级

妈妈的创业路

每个初次见到我妈妈的人都不相信她是一个CEO，因为她看起来那么温柔可亲，不像一般的"女强人"那么凌厉强势。我知道，我的妈妈是一位名副其实的女强人，她身边的朋友没有一个不敬佩她的。

我在电视里看到李克强爷爷在2014年夏季达沃斯论坛上，第一次提出"大众创业、万众创新"，那时我就特别自豪。因为妈妈早就这样做了！她大学毕业后走的就是一条不寻常的路。那时候还是2002年，大部分大学毕业生都是去各个单位找一份工作，而妈妈却一毕业就开始自己创业。

很多人都不相信，刚毕业的柔柔弱弱的小姑娘哪里来的勇气创业？我也这样问妈妈："妈妈，您为什么会想到自己创业的呢？"妈妈微微笑着，轻轻地摸着我的头告诉我："那时啊，我就想做自己喜欢做的事情。我希望自己设计出漂亮的衣服，让更多的人穿。"妈妈大学里学的是服装设计专业，她喜欢穿漂亮的衣服。可是很多漂亮的衣服都很贵，一般人都买不起。妈妈就希望自己能设计出好看的衣服，以一般人能接受的价格卖给大家。所以，妈妈便饱含希望与热情地开始了她的第一次创业。

可是创业哪有那么容易。尽管妈妈十分努力，没日没夜地设计、跑衣料市场、跑制衣工厂，却终究因为缺乏经验、缺乏优秀的团队，服装公司最终还是关门了。妈妈的汗水、努力与热情骤然间化为泪水。

听到这里，我紧紧搂住妈妈："原来妈妈还经历过这样痛苦的失败啊!"妈妈笑着拍了拍我,继续给我讲她的创业路。经历了第一次的失败,妈妈并没有放弃,她又开始了第二次创业。当时,很多亲人、朋友都劝妈妈别再折腾了,好好找份工作稳定下来。妈妈却坚信追逐自己的梦才是人生最好的路。这一次,妈妈没有选择继续在服装领域闯荡,而是看到信息技术科技的前景,创办了一家专卖国外最先进设计软件的公司。当年中国的软件设计水平比较落后,她经过考察与分析,觉得这个领域大有前景,同时她想引入先进的、有价值的设计软件到中国来,提高这个行业的整体水平。

创业路不可能平坦,妈妈中途亏钱,公司差点坚持不下去。经过13年的起起落落,现在,妈妈创办的公司由一个又小又窄的民房,换到了一个宽敞明亮的大楼内。13年的坚持,公司的员工从六七个人增加到六七十个人。在13年的逐梦路上,妈妈付出了无数的汗水、心血和努力,经历了在单位上班的人不曾经历的挫折和失败。她甚至怀疑过自己,是否该放弃创业,找份安逸的工作过日子算了呢?可是妈妈最终还是选择了坚持,选择了在逐梦路上勇往直前!

听完妈妈的创业故事,我抬头仔细地看妈妈。妈妈一头微微卷曲的中长发,一双明亮的杏仁眼,一双柔软的手,一个温暖的怀抱。妈妈,我爱您,我记着您说的话:"努力了的那才叫梦想,不努力的就是空想。"窗外,秋风轻轻吹过,满树的金色桂花随风轻轻落地。有这么一个逐梦的妈妈,真好。

倪可/文,五年级

外公的梦 山里人的梦

在秋风送爽、瓜果飘香的季节，我们迎来了祖国母亲的第67个生日，学校也放假了。我的心情就像这秋日的阳光般灿烂，空气里似乎能闻到我最爱的甜甜圈的味道。

一大早我就醒了，心情别提有多激动了。因为妈妈说今天要去外婆家——美丽的千岛湖姜家镇。收拾完行李，爸爸就开着车带我们出发了。

一路上，大街小巷人流如织，花团锦簇，路两旁悬挂的红旗迎风飘扬，好一派喜气洋洋的景象。

大约过了1个半小时，我们下了杭千高速，车子开上了去姜家镇的公路——淳开线。就在公路入口的上方，我看到了一块大大的广告牌，上面赫然写着"我的梦，中国梦"六个大字。我好奇地问妈妈："妈妈，什么是中国梦？"妈妈说："中国梦是我们的国家领导人让祖国强大、让人民富裕的梦！"我似懂非懂地点了点头，从妈妈坚定的眼神中，我似乎感受到了浓浓的自豪。

转眼，我们的车子已经行驶在淳开线上了。一路上，都是宽宽的柏油路面，两边树木成荫，路边的小山丘上都是橘子树，矮矮的树上却挂满了黄澄澄的橘子，就像一个个小灯笼，可爱极了。我趴在窗上，窗外星星点点的湖、挺立的大树、若隐若现的绵延群山，一一飞奔登场，又转眼间呼啸而去。

我的心情也随着窗外变化的景致起起伏伏，就像坐过山车一样。

我不由自主地对妈妈说："妈妈，千岛湖好美，外婆家好美啊！"听了我的话，妈妈一把把我搂进怀里，意味深长地对我说："其实，就在几年前，这条路还没有开通，妈妈每次去外婆家的路是一条崎岖狭窄的盘山小路，每次从富阳到外婆家都要一路颠簸，坐上6个多小时的车，而现在只要2个多小时。你外公和村里的人做梦都想修路呢，如今在政府的规划和努力下，终于用一石一砖筑起了这条宽阔的公路，也筑起了山里人走出去的梦！这就是你外公的梦，也是山里人的梦！"

听了妈妈的话，我仿佛看见了妈妈瘦小的身体拎着大包小包，奔波在回外婆家路上的情景。而现在，阳光透过明亮的车窗玻璃照在我的脸上，外面风景如画，我是多么幸福啊！突然间，我似乎明白了妈妈口中的"外公的梦""山里人的梦"！

很快我们就到了外婆家。外婆一碗接一碗地端出热腾腾的菜，嘴里不停地喃喃着："现在交通真是方便啊，这么好的路，这么快就到家了！真好，真好！"外公在一旁开着酒瓶，我一个箭步冲上去，抱着外公，说道："外公，今天中午我要和你不醉不归！"

"哈哈哈哈，好好，一家人团团圆圆，大家不醉不归！"外公拿下嘴里的香烟，笑得合不拢嘴，爸爸妈妈也被我逗得哈哈大笑。

整个屋子里回荡着我们一家人幸福的笑声……

汤之未/文，写于三年级

米文集

远方

奶奶家门口的大陈河

奶奶家门口的大陈河，

记忆中的小河很脏，

分不清河水是什么颜色，

有时黄，有时绿，有时是黑色。

小鱼不喜欢在水里玩耍，

白鹭不愿意在水中觅食。

一群孩子嘻嘻哈哈地跑过来，

点燃了手中的鞭炮扔向了小河，

小河发出了乒乒乓乓的声音，

像是在抗议。

奶奶家门口的大陈河，

现在变得干净了，

一看就让人心情愉快，

清澈的河水绿得像碧玉，蓝得像宝石。

小鱼在水中快活地游来游去，

白鹭用尖尖的嘴巴捕捉食物。

大朋友、小朋友们说说笑笑地走过来，

他们互相问候。

小河发出了叮叮咚咚的声音，

像是在欢快地唱歌。

奶奶家门口的大陈河，

不再是记忆中的小河。

蒋欣桐/文，四年级

感恩的心

"百善孝为先"是中华民族的传统美德。从古代的"子路借米孝敬父母""包拯辞官回乡赡养双亲",到现代的朱德的《回忆我的母亲》,以及当代13岁少年的《妈妈,我就是你的眼睛》……一个个感人的故事,教育和鼓励着所有中国人。

我生在一个幸福的家庭,孝敬老人、尊老爱幼的良好风气,一直在我家传承着。因为工作的原因,爸爸和舅舅,一个在福州、一个在长沙,家里只有外婆、妈妈和我。每天,妈妈上班前,总要一早起床,收拾好房子、洗好衣服,再带上我一起跟外婆说"再见"。而外婆呢,每天总要再三检查我的书包,看看开水装满了没有、铅笔盒是否放在书包里了……还要叮嘱妈妈一路小心开车,注意安全。下班回家了,妈妈也总是马上接过外婆手中的活,为我们做晚饭等。而我呢,从小就学会了做很多事情,全家人开开心心、其乐融融!

正是在外婆和妈妈的言传身教下,我从小养成了尊敬老人和长辈、帮着做家务活的良好习惯。大概六七岁吧,我就能够洗碗、洗衣服、扫地、擦地板、折叠衣服、整理卧室等,做到自己的事情自己做。我每天跟外婆、妈妈问好,向长辈汇报学校里的事情,分享班里的趣事。记得有一次,外婆病了,在金华中心医院住院治疗。我和妈妈一直守护在病床前,帮外婆联系护士、给外婆吃水果。我还一个劲地要求和妈妈一起在医院里整夜看护,同病房的其他病人都夸赞我是一个懂礼貌、有爱心的好孩子。

今年暑假，我来到爸爸工作的地方——福州，一路上，快速、平稳的高铁，让我真真切切感受到了祖国日新月异的发展。我心里也早早有了计划，准备给爸爸做好"后勤工作"。到达的第二天，我就和爸爸到超市采购食材……一切就绪之后，我亲自动手为爸爸包饺子，从和面、包饺子，到在爸爸的帮助下完成蒸煮，四十只热气腾腾、香喷喷的饺子终于端上了饭桌。那一餐，我一口气吃了15只，爸爸吃了25只，爸爸说，这是他吃到过的最鲜美可口的饺子！爸爸兴奋地把我包饺子的照片，发到微信朋友圈，引来了叔叔阿姨们的羡慕和夸赞。

看着爸爸为了家里在外打拼，两鬓显露出的丝丝白发，听着爸爸夸赞的话，我心里既激动又惭愧。

杨瑛琦/文，三年级

走近乡贤

7月20日，我和两位姐姐跟着陈秋强爷爷一起去上海，采访了几位上虞籍乡贤。

我们先采访的是上海同济大学的桥梁专家——贾丽君教授。一进门，她热情地和我们握手。只见她身穿旗袍，脚踩一双黑色高跟皮鞋，化着淡妆。走进她的书房，一种气味钻入我的鼻子，是"书香"。书房内有一张桌子，上面挂着毛笔，墙上还有几张书法作品，墙边摆着一把古木椅。贾丽君教授是上虞驿亭人，也是驿亭杨梅的代言人。她热爱这块土地，热爱她的家乡。贾丽君教授努力做好每一件事，她精益求精的精神很值得我们学习。

下午，我们采访的是茶花幼儿园的创办者——李柏详爷爷，他今年72岁，却满头黑发，走起路来背挺得很直，健步如飞。我从同他的对话中感受到，他是一个懂得感恩的人，果不其然……

吃饭时，他对我们说，他母亲的腿不好，连路都不能走，只能躺在床上。那时候，他的哥哥们都很忙，所以照顾母亲这个担子只有他能扛。他也很忙，只能找保姆来照顾母亲，保姆对母亲很好，于是他就用空余时间带保姆的孩子出去玩。他说，因为只有自己对别人好，别人才会对自己好。吃完午饭后，我们参观了李柏详爷爷的书房，整间书房都是他的书法作品。临别时，他还送我们每人一幅作品。

最后我们到杭州采访了浙江省军区原副司令周国建少将，他是上虞沥海人。他20多岁参军，也参加过很多的战役。后来到南京军区任参谋长，后调任浙江省军区任副司令。他对我们说："我是一名军人，如果祖国需要我，我会全力以赴！如果家乡需要我，我将义不容辞。一个人只有爱家，才会爱国。"他是多么热爱家乡啊！

　　这是我第一次随乡贤研究会的陈爷爷，以小主人的身份出去采访。通过这次采访，我深深地体会到学习的重要性。每一位乡贤在外打拼不易，他们靠的是自己的智慧和勤劳。我也要像他们一样，长大后努力为家乡、为祖国、为社会多做贡献。

沈思瑶/文，六年级　指导老师：李英

绿色点亮生活

绿色，代表着万物生机勃勃；绿色，代表着希望……绿色，悄悄影响着人们的生活，那是一种自然的生态美！

"妞妞，看，妈妈的小树又长大一点了！"妈妈兴奋地指着手机屏幕，"看，还有一张照片呢！""哎，不就是蚂蚁森林的游戏吗？"我瞟了一眼手机屏幕上的小树，毫不在意地回答。妈妈点了点小树："可别小看它哦，等我这棵小树长成大树，中国绿化基金会就会帮我在阿拉善地区种下一棵真树，可以挽回十余平方米的沙漠呢。""那这些绿色能量是从哪里来的呢？"我看着手机屏幕上飘舞的绿色能量，满脸疑惑。"很简单啊，只要少开车，多走路，自然就会有绿色能量产生。我最近也不开车呢！每天都走两万步。"怪不得妈妈最近瘦了很多呢。我回想起最近几天在运河边散步时，有不少人都拿着手机在快走，大步甩臂，是不是也都在积累绿色能量呢！

"来，妞妞，你骑这辆自行车。"爸爸拿着手机已经扫码打开了一辆漂亮的"小白"（共享单车），妈妈也很快扫码打开了一辆"小白"。"好嘞，兵发宝石山，出发！"爸爸动作迅速，"叮叮叮"地跑在了前面。看着杭州街头各种"小白""小黄""小红"……那可真是一道亮丽的风景线。近段时间来，杭州似乎已经和雾霾"无缘"了，倒是和湛蓝的天空、洁白的云朵成了挚友。骑共享单车出行，等于减少了汽车的尾气排放，雾霾的减少是不是也有它的一份功劳呢！是不是用手机扫个码，雾霾也就随之"扫"去了！骑上共享单车，随之'叮叮'

地打几个铃儿，让徐徐的微风抚摸着脸颊，欣赏着沿路的风景，那可真是一种享受。这不仅减少二氧化碳的排放，还能锻炼身体呢！

希望绿色能够永久地点亮每一片沙漠，点亮每一座城市，让我们每一天都能看到湛蓝的天空。"山青、水绿、天蓝、土净"，那才是我们的绿色生活。

冯晌/文，六年级

追梦的山里人

在金华浦江，有一个对我来说既熟悉又陌生的小山村——华塘村。说熟悉，是因为我每次填写籍贯，都会写上"浦江"。那里有我的祖辈——爷爷、奶奶和亲人们；说不熟悉，是因为我不在那里生活，每年到那里也就寥寥几次，村里绝大多数的人，我连名字都叫不出来。

也许因为回去次数少，恰恰见证了这个小山村每隔一段时间的变化，几乎每次都会给你带来一些惊喜。

华塘村，依山傍水而建，面积不大，人口300多。由于耕地少，加之村民们"循规蹈矩"，没什么收入，是有名的穷山村。改革开放以来，村民们立志改变面貌。他们开始追逐自己的梦想，外出打工，开办小型服装厂，种植大量经济作物，如葡萄、桃子等，村民们的收入逐年提高，村庄的面貌飞速改变。记得我刚上幼儿园的时候去奶奶家，那里全是泥路，现在全换成水泥路了；那时候，村里没什么新房子，现在路两旁建起了整齐的新房子。让我惊奇的是，爷爷奶奶家居然用起了垃圾桶。这在农村可新鲜了，以前是将垃圾随便往地里扔的呀。奶奶说，现在建设新农村，环境变了，观念变了。他们还和城里人一样，有医保，老人还有免费旅游……现在的生活比过去不知道要好多少倍！

今年国庆节，我又回浦江爷爷奶奶家了。这次看到的更让我惊讶！奶奶家的后山居然被铲平了！我问奶奶："这是干吗?"奶奶笑着说："我们村要开发建设旅游村了，以后奶奶家的旧房子也将改建成新房子啦。"

"建旅游村?"我有点疑惑。我去过西塘,去过丽水的民宿,可华塘感觉没什么特色啊。我非常好奇,问爸爸,爸爸也不是很了解。看我疑惑不解的样子,爸爸说:"我带你去项目的指挥部探听探听吧。"我一听马上说:"好呀!"

　　我和爸爸来到了指挥部,一位60多岁的老爷爷接待了我们。巧了,这位爷爷还是爸爸的老师呢!他是村里第一个大学生,现在退休了。他说,其实华塘有山有水,还有古建筑。以前是没发现,也没敢往建设旅游村的方向去想。现在党的政策好,加上自己退休了,想为村庄做一点事,所以争取了这个项目。项目的核心是修复古建筑、古村落,建设生态休闲农庄。他说,项目整体规划要建100间新房子,建成梯田式农庄。这里气候好,环境宜人,可吸引城里人来休闲度假。他还举了一个具体的例子:等新的村舍造好后,村民可将多余的房间出租给城里人(游客),每个租客可分到一块100平方米的田园,在这里可以种庄稼,可以养鸡养鸭,体验农村生活,呼吸新鲜空气。而村民们可以分享旅游带来的收益……

　　这规划真不错,尽管没有全部听懂,但从老爷爷的口气中不难听出,他是那么自信,那么有底气!我也彻底相信了。

　　是啊,现在有党的好政策做后盾,农村人是越来越有底气了!乡村里,总有一群追梦的人,他们什么都敢想,什么都敢做。他们把一个个梦想变为现实,创造了一个又一个奇迹!他们将家乡建设得越来越美丽!

　　我由衷地钦佩他们,追梦的"山里人"!

方越妍/文,五年级

第九辑

姥姥的秘密

女孩悬着的心总算落下来，她将鞋垫悄悄塞进鞋里，虽然鞋子已经洗得发白，但一想到脚下漂亮的鞋垫，女孩走起路来就满面春风，仿佛变成了穿水晶鞋的灰姑娘！

——《姥姥的秘密》

姥姥的秘密

　　姥姥的衣橱里有一个红匣子，她偶尔会摩挲着匣子静静地坐着。我从没见匣子被打开过，难道是潘多拉的魔盒？

　　有一天，好奇心终于让我掀起匣盖。里面是一双鞋垫，上面绣着五彩的凤凰，被娇艳欲滴的花朵簇拥着，好像马上就要展翅飞翔。只一眼，我就被深深吸引……不知何时，姥姥出现在我身后，轻抚着我的头，眼眶有点湿润，她告诉我这鞋垫是她母亲绣的。

　　姥姥的母亲，也就是我的外太婆，是一位大家闺秀，多才多艺。可惜她丈夫早逝，教书之余，还要抚养几个年幼的孩子，生活相当艰辛。

　　那时候，生活不比现在，每天能吃饱穿暖就很不错了。很幸运，外太婆手很巧，每天备完课、批完作业，她就做点针线活儿，回报平时帮衬她的邻居们。

　　有一天，小桌上放了几双刚完工的鞋垫，是外太婆吩咐姥姥给王奶奶送去的。临出门，其中一只鞋垫滑了出来，耀眼的凤凰就这样瞬间飞进了十二三岁少女的心里，姥姥真是太喜欢了，最后竟鬼使神差地把那双鞋垫留了下来。

　　之后的两天，风平浪静。女孩悬着的心总算落下来，她将鞋垫悄悄塞进鞋里。虽然鞋子已经洗得发白，但一想到脚下漂亮的鞋垫，女孩走起路来就满面春风，仿佛变成了穿水晶鞋的灰姑娘！

　　可是，这一天还是来了。放学后，女孩被外太婆叫到跟前，外太婆没有骂她，只是严肃地看着她。良久，才说道："孩子，鞋垫都送去了吗？我们虽然穷，但是要有志气，做人不能不讲诚信啊，你晚上好好想想……先洗手吃饭吧。"女孩端着饭碗，看着母亲拿起针线重新绣起凤凰，眼泪就一滴一滴掉下来，粥一口也都喝不下。

此后的几晚，外太婆屋里的灯几乎一直亮着。女孩发现自己母亲的眼里布满血丝，白发也多了几许，"我惭愧极了，真希望母亲能责罚我一顿！"姥姥擦擦眼睛，下意识地拽紧了手中的鞋垫。

一周后，外太婆拿出新绣好的鞋垫和手帕，让姥姥给王奶奶送去，手帕是表示歉意的。等姥姥道完歉回家，外太婆让她伸开手，在准备接受惩罚时，手里却多了一包东西。外太婆把姥姥拉入自己怀里，说道："孩子，你马上过生日了，对不起，没有早给你准备礼物，这是新做的衣服和鞋子，你看看喜欢吗？"那一刻，姥姥的泪水夺眶而出……

"宝贝，这就是姥姥的秘密，也是姥姥这辈子最宝贵的财富。做人要诚信，要知错就改，你懂了吗？"我认真地点了点头。

一针一线，殷殷期望。联想到胡雪岩钱庄守信、郑义门教化为先的故事，我想我是真的懂了：诚实守信，用心温暖家人，造福社会！

曹越/文，五年级　指导老师：王林娥

一支承载人生的笔

钟摆在墙上无声地摇晃，秒针在空荡的客厅清晰地诉说它的故事。翻开那泛黄的书页，轻轻翻阅；取出那锈黄的软笔，细细抚摸，就好像摩挲着他那熟悉又温暖的脊背，那样厚实，那样伟岸……

祖父严谨简朴，这既是张家一代代人熏陶的成果，也是张家一代代的要求。于是，祖父总是把看似繁杂的事情，一丝不苟、井井有条地用那隽秀的字体写在整洁的笔记本里。

把一整天发生的事情悉数记录下来，睡觉前"三省"之，用放大镜，检验自己一天的得失。一个月里家庭收入支出，一目了然地呈现在他那白色的笔记本上，时刻提醒着自己和家人要节约。一个月里，祖父会摆开他的笔记本，或让家人讨论家庭的目标；或让家人自我总结，自我反省，自我提高；或让家人互相监督，指出缺点，提出批评，指明方向……祖父的坚持，使我拥有自我反省的好习惯，让家人针对一天的自我行为进行考核，同时也促进一家人的和睦。

祖父对家人的要求是严格的，而且他对自己的要求更为严格。

那天，天阴沉沉的，大有风雨欲来的阵势。我无所事事，满屋都成了我的游乐场，除了祖父的小屋；所有的东西都成了我的玩具，除了祖父的东西。可那天，好奇心像猫爪似的让我痒痒的，我沿着墙角，避开了奶奶的目光，溜进了祖父的小屋，打开了他的宝箱——抽屉。抽屉里的情景让我失望至极，没有好吃的零食，没有好玩的玩具，没有鲜艳的颜色，除了黑，即是白。为了证明我到此一游，我随手拿来了祖父的软笔。

暴风雨来了。

祖父发现自己的宝箱被人光顾了，特别是他珍惜的软笔不翼而飞了。昔日如圣诞老人般的祖父狰狞着脸，花白的头发根根直立，如恶魔一般地盯着我，我吓得哇哇大哭，直往奶奶的怀里钻。与祖父同床共枕的奶奶深知祖父的为人，知道我如果不把软笔交出来，祖父是不会善罢甘休的。事件最终以我交出软笔而结束，而祖父的小屋成了我永远的禁区。

岁月的刻刀镌刻了祖父的皱纹，沟壑似的皱纹在我的眼中藏满了神奇的故事。

祖父告诉我，软笔是祖父的母亲送给他的。祖父家穷，一年到头，早出晚归的劳作换来的也仅仅是温饱。软笔在当时就是奢侈品，当然也十分精美。严谨的祖父也曾年幼，也曾无理取闹过，这支软笔就是见证。年幼时，祖父每每看到同窗的软笔，宛如好久没吃上粮食的饥民，目不转睛地盯着香喷喷的饭菜，两眼发光。他借来用过后，哭闹着要买。可当时家徒四壁，锅都揭不开，哪有闲钱买它。

哪知一年后，祖父的母亲竟然递给祖父一支他心心念念的软笔。事后，祖父才知道，他母亲为了这支软笔，省吃俭用整整一年。整整365天的腌菜，整整365天的旧衣，整整365天的节俭。

这笔，一直陪伴着祖父；这笔，时刻提醒着祖父要节俭；这笔，还会永远留传下去。那支笔在书桌边熠熠生辉，见证从前、现在、未来在家风中坚守的我们。

轻轻合上书页，停下纸上的最后一笔，那一笔一画刚劲的家规家风，任凭时光打磨，也绝不褪色。

张寒忆/文，八年级

青砖事件

我们家的家风是以诚为本、诚实做人、诚信做事，由来还得从我姥爷说起。

姥爷是20世纪50年代的中专生，毕业后他去了山东省莒县烟酒公司工作，负责公司货物的审批和采购。在那个物资极度缺乏的年代，这个与商品打交道的工作能给人带来不少便利。因此，很多人都想方设法跟姥爷搞好关系。

有一次，一个莒县浮来春酒厂的销售员知道姥爷正在老家盖房子的事情，就特意给姥爷送去了两百块青砖，说是让姥爷用来装饰新房的屋檐。在那个年代，当地的房子都是泥土墙。条件好一点的人家才会在屋檐下砌一圈青砖。白墙、青砖、灰瓦，那可是很漂亮的。

姥爷知道这个事情时，那两百块青砖已经被销售员用木制手推车运到了老家。足足一百多里的山路把那个销售员累得浑身是汗。大家都是熟人，如果一定要让他马上把砖推走，显然是不太合情理的。在犹豫了一会儿之后，姥爷决定出钱买下这些青砖。可谁知那个销售员却坚决不肯收钱，只是一个劲儿地跟我姥爷说："大家都是朋友，千万别客气。我只是希望你们烟酒公司今后能多多关照我们浮来春酒厂。"而我姥爷却对那个人说道："这是两码事，咱们要公私分明。常言道，账目清，好弟兄。这砖钱，你是必须要收的！"两个人你一句我一句，争得脸红脖子粗。争着争着，竟然还动起手来了。你把钱塞给我，我把钱扔给你，两人推推搡搡地在老屋前纠缠了许久。当姥爷累得气喘吁吁时，那个人一转身推起他的空车拔腿就跑。我姥爷哪里是他的对手，当姥爷追到村口的时候，那个人早已上了公路，过了大桥，追不上了。

姥爷垂头丧气地返回。他呆呆地站在家门前盯着那一堆砖，过了好一会儿才回过神来。他无奈地摊开了自己的双手，上下抖动着连声说："你看看，你看看"。姥爷处在"斗私批修"精神特别受推崇的年代。那时候，凡是要求进步的人，都不允许自己有一丁点儿私心。姥爷所在的公司几乎每天晚上都要开会学习或者开展"自我批评与检查反省"的活动。姥爷是党员，是先进工作者，他怎么能容忍自己利用工作之便牟取私利呢？

在"青砖事件"发生后的第二天晚上，姥爷经过了一番激烈的思想斗争后，毅然决然地把这个事情告诉了大家。在会上，姥爷痛斥了自己的私利行为，表示自己一定会马上把砖钱付给人家，并发誓以后决不再做这种糊涂事。

姥爷虽然因说出了这件事而受到了纪律处分，但他却一点儿也不后悔，反而整个人变得非常有精气神，工作也干得比以前更好了。

事后，姥爷的好朋友不解地问姥爷为什么要把这个事情说出去，姥爷冲朋友微微一笑，随后认真地说："我认为，做人要以诚实为本，不应该自欺欺人。"

自此，诚实，便渐渐演变成了我们家的家风，成了我们家的灵魂。它深深地影响着我们家的每一个人。我们每一个人都牢牢地记着姥爷说过的话："做人要以诚实为本，不应该自欺欺人。"

以诚为本、诚实做人、诚信做事，已成为我们家不变的信条。

张旭东/文，七年级　指导老师：孙晓丹

我的太外婆

爸爸说，我太外婆的家族当年是宁波城里的著名商户，主要经营纺织业。而她的晚辈，却很少有经商的了，大多数都信奉"知识改变命运"，以从事教育、工程师之类的工作居多。太外婆大家族前后五代，至今已经繁衍300多人，想要搞清楚所有人的辈分与关系，简直比了解《红楼梦》里的人物关系还难。

在崇尚"女子无才便是德"的年代，女子跨入校园读书是很少见的，但是太外婆竟然读了大学。她信仰基督教，在教堂担任风琴手，为唱诗班伴奏。她特别善良，乐于接济穷人，每当身边有身处困境的人，总是想方设法地帮助他们。

抗日战争硝烟四起，太外婆积极投身抗战，组织爱国青年奔赴抗战前线，并为前线组织供应后勤物资，那是她最自豪的时期。10年动乱，太外婆的家族受到了冲击，残酷的政治运动和家族内的不同政见，让太外婆疲惫而焦虑，终于积劳成疾。

太外婆在老年以后，每天坚持读书看报、写字画画。很遗憾，她70多岁时得了白内障，视力几乎为零，听力也急剧下降，没法读书看报听广播了。令她痛苦不堪的不是吃喝拉撒问题，而是不能了解外面的世界。孙辈们去探望她时，她唯一要求就是给她讲解国家大事。80岁高龄时，她还邀请仅有的几个老同学，聚在家里齐声低吟抗战老歌，缅怀曾经的峥嵘岁月，那份家国情怀令人动容。

89岁高龄时，太外婆只是偶染风寒，在医院急诊室，她趁着陪护亲人短暂离开，竟然自己拔掉输液输氧等所有生命管道。就这样，她永远地离开了我们。谁也没有想到，她竟然以如此悲壮的行动兑现自己的承诺——不希望自己的疾病拖累晚辈，这让当时参与抢救的医生护士也感叹不已。

每年的清明节，无论细雨蒙蒙还是晴朗无云，爷爷奶奶都会带着我们全家在老人家墓碑前，默默地与她倾诉。太外婆曾经说过，一生积德积善，才能福惠子孙，让我们懂得为人处世的道理；她说"读万卷书，方能行万里路"，让我们大家都养成了阅读习惯；她的家国情怀，让我们懂得"国家兴亡，匹夫有责"的道理。

我想告诉她老人家，玄孙辈们会好好学习，力争做对国家有用的人才。实际上我们整个大家族已经遍布海内外，涉足政治、科技和教育各个部门。太外婆的灵魂和精神在我们心中永存！

毕雯逸/文，三年级

我们的大家族

我出生在一个大家族里，族里爷爷奶奶辈的就有十几位，每次聚会吃饭时，两张大桌子都坐不下。我们的大家族里不仅人多，还有"三多"，你们肯定猜不到。

第一多就是"老师"多。从大学教授到小学教师总共有12位。每次聚餐他们总是喜欢正襟危坐，我看见他们，就好像看见学校里的老师一样，只不过我可一点也不怕他们。这些"老师"中，我最喜欢的是三奶奶。三奶奶是位退休的小学校长，她懂得可多啦，还特别有办法。如果我们小孩子吃饭时不听话乱跑，她总会想出什么点子，让我们安静下来。我还可以问她各种问题，有时候她会很吃惊地看着我说："你竟然懂这么多？这个问题我可不会，你得帮我解答一下。"等我得意洋洋地告诉她答案后，她总会狠狠地夸奖我一番。现在我好像明白了，很多时候三奶奶是故意装不知道，就是为了让我充分地表达我的想法。不过，可以难住大人的感觉还真不错。

第二多是"上课"多。每次聚会，不但要认真听大人们讲话，还要发言说感想，就像上课一样。小时候，我觉得这样好无聊啊，吃个饭吃得好累，一点也不自由。上学以后，我慢慢发现，大人们聊的事情还挺有意思的，比如他们会聊新闻，哪里发生了什么事情，为什么会发生，最后结果怎么样了，我听着都很有趣。不知不觉，我好像也明白了很多做人做事的道理。渐渐地，我也可以发言了，聊聊学校里的趣事，说几个成语典故，讲讲太阳系的组成等，长辈们都为我鼓掌，很多知识他们也不知道，我还挺为自己自豪的！

　　第三多就是"书"多。我们的家族就是一个流动的大图书馆。哥哥姐姐们看完的书就会传给我，我一般会看好几遍，等我不看了，妈妈会整理好，经过我的同意后再送给我的弟弟妹妹们。除此之外，爸爸妈妈也非常爱买书。家里有一面墙的书架已经放不下了，我自己的书架也不得不半年清理一次，不然恐怕我的床上也都堆满了书。我什么书都爱看，姥爷的医书、爸爸的汽车书、妈妈的建筑书，我都爱翻一翻。等到家族聚会时，我也学着小雪姐姐的样子，带本书到饭桌边，吃完饭就可以看书啦。后来，北京的轩轩弟弟也学我，也成了小书迷。

　　这就是我们的大家族：一个"教子孙两行正路唯读唯耕，守祖宗一脉真传克勤克俭"的家族；一个重视读书，知识至上的家族；一个要求我从小"立大志，讲大道，行大义，成大器"的家族。我爱我们的大家族！

吴昊洋/文，三年级

三代人的节约故事

我们一家三代人都懂得节俭的重要性，家里勤俭持家的好家风都拜我外婆所赐。

有一次，我和外婆出去丢垃圾。就在我要把垃圾袋丢进垃圾桶去时，外婆摆着手："不要丢！等一下！"我心中诧异："这不是垃圾吗？为什么不能丢？"只见外婆一脸认真，不像开玩笑的样子，我便把袋子递了过去。外婆小心翼翼地把袋子上的绳子解下来，放进自己的口袋里，连连说："这个绳子可以用来捆报纸。"

你们可能会奇怪，我的外婆为什么要留下绳子捆报纸呢？

外婆年纪大了，已不再上班，平时总是费尽心思要多省点钱下来。"怎么省呢？"外婆买菜吃多少买多少，有时候饭煮得多了，她便把冷饭留下来，准备第二天做蛋炒饭。外婆从不浪费一分一毫，家里几乎没什么可省的了。由于一家人很喜欢看报纸，一天天积攒下来，旧报纸堆积如山。外婆觉得丢掉怪可惜的，就开始收集报纸，用绳子把报纸捆成一捆捆的。依次称好重量，满足地去找收废品的人换钱。

说了外婆，接下来说说我妈。

"宝贝，你看这件衣服漂亮吗？"妈妈举起一件咖啡色连衣裙，在身上比了比，像蝴蝶似的转了个圈。

"当然好看。"

妈妈心满意足地笑了笑："那好，就买这件吧。"随后看了看标牌，打开手机，在淘宝搜了搜，也有这条裙子，而且价格更便宜。"走，"

妈妈拉起我的手，"不在这买了，网上更便宜。"说完，就走出了商场。

我呢，也深受外婆和妈妈的影响。

小时候，妈妈带我去游乐园玩。晚上，要回家了，我看到出口有一家糖果店，经过妈妈的允许，我蹦蹦跳跳地进了店门。我看到了两款看起来很好吃的水果糖，一个包装简单，一个包装花哨——价格稍贵一些。口味都是我喜欢的葡萄味，我毫不犹豫地选择了包装简单的那款——因为实惠。

家里流传下来的节俭家风如金子般宝贵，将使我一生受益。

叶珂/文，五年级　指导老师：梅青

拼　搏

爸爸的书房里挂着一幅字：拼搏。爸爸说他最喜欢这个词。我现在已经五年级了，理解了这个词的意思，也从爸爸妈妈身上看到了拼搏的劲儿。

我的爸爸妈妈都是创业者。爸爸的公司创办于2004年，用爸爸的话说，一路跌跌撞撞，如今搭上了国家"一带一路"战略政策的利好快车，与南亚、西亚的贸易越做越好；妈妈的公司几经转型，如今引进德国工业4.0，正与一些大型企业合作，帮助企业实现数字化，现在公司业务也开展得红红火火。

但是，我的父母已人到中年，繁忙的工作让他们很疲惫。我也经常听到一些来家里做客的叔叔阿姨劝他们："别拼了！身体重要，多休息吧。""别拼了！你们即使现在退休，也够安享几辈子了！"我的父母总是笑笑。我也疑惑地问爸爸妈妈："为什么现在还这么拼呢？"爸爸让我坐在他边上，给我讲几个故事。

"爸爸小时候家里很穷，有5个兄弟姐妹，爷爷一个人要养活一家7口。为了让家人吃饱肚子，爷爷经常一个人冒着生命危险划一只小木船出海，好不容易捕到一点鱼虾，就挑着到几十里外的集市换些大米和番薯干。有一次回来时下起了大雨，爷爷知道家里人都等着米下锅，冒着雨摸黑赶路。雨后的泥路特别滑，爷爷摔了一跤，米和番薯干都被摔到了田里，爷爷硬是摸着黑在田里翻找，一点一点捡回来，等赶到家时，天都快亮了。爷爷家还遭遇了火灾和水灾，因为家在海边的小渔村，屋顶都是草盖的，遇到火星就起火。每年刮台风时，家里又会被大水淹。在这么艰苦的情况下，爷爷从没泄气过，咬牙拼搏着，让家人都活了下来。"

"你爷爷在12岁的时候，太爷爷就去世了。太爷爷临走前嘱咐爷爷，再苦再难也要拼着活下去，只有活着才有希望。每次你爷爷和爸爸说这句话的时候，都会流下眼泪。所以爷爷一直告诫爸爸，一定要努力拼搏。爸爸上小学的时候，渔村小学条件特别差。爸爸考县城的初中前，排名200位，看到这样的排名，当时也很灰心。可是一想到爷爷说过的话，我就告诉自己，拼一拼，搏一搏吧！我比别人能吃苦，比别人肯努力，一定可以考出好成绩的。最后在中考的时候，找拿了全校第一、全县第二的好成绩。"

讲了这些，爸爸看着我："拼搏，这是我们家的家风家训啊！"我看着书房里的"拼搏"字幅，又说："现在为什么还这么拼呢？"他眼望窗外黑沉沉的夜色，说："爸爸和妈妈的公司都有上百人一起工作，他们也需要好生活。公司好了，他们的生活才好。家乡还有许多孩子留在农村，每年爸爸和妈妈都会组织一些活动去帮助他们。这些孩子也需要我们去拼啊！公司好了，才能有更大的力量帮助他们。"

今晚，爸爸的一番话给了我深深的震撼。我一出生就生活在蜜罐中，哪里知道爸爸一路走来是这么不容易，哪里知道爸爸心里装着家人、公司、家乡。我以为自己之前已经理解了"拼搏"一词，现在才明白"拼搏"的真正含义——为自己拼，也要为自己身上的责任而拼，为社会责任而拼。我抓着爸爸的手，心里暗暗地说："爸爸，我会把我们家的家风传承下去的！"

倪可/文，五年级　指导老师：陈岚

餐桌上的家风故事

从我记事起，奶奶就老是念叨：“做人一定要讲规矩，懂礼貌”，听得我耳朵都起茧了。

“出门、回家要跟长辈打招呼”“吃菜不许满盘子乱挑”“站有站相，坐有坐相”……但让我印象最深刻的是我家的吃饭规矩，比如一定要等到家里所有的人到齐才能开吃，吃饭时不能发出很响的声音等。

记得去年冬天，有一天放学回来我写好作业，天都快黑了，寒风刺骨，肚子也饿得唱起了“空城计”。望着满满一桌可口的饭菜，我口水直流，真想不管三七二十一冲上去，美餐一顿。可是妈妈还没下班，爷爷说不能先吃。我只好坐在门口，呆呆地望着门口的那条路，希望妈妈的车快点出现。

天越来越黑，我听到了远处有车喇叭的声音，心想：一定是妈妈回来了！于是，三步并做两步地冲出家门，一看果然是妈妈的车。我高兴得一蹦三尺高，忘记了饿得咕咕叫的肚子，一把抱住走下车来的妈妈。“儿子，饭吃了吗？”妈妈关切地问道。“没有，爷爷说要等妈妈回来才能吃！”我噘起嘴不停地埋怨着。

妈妈摸了摸我的头，会心地笑了起来：“嗯，真是个乖孩子！我们吃饭去咯！”

来到餐厅，奶奶已经把每个人的饭盛好了，袅袅地冒着热气。我大口大口地吃了起来，不知道为什么，那天的菜特别美味可口！

汤之未/文，写于四年级

长辈的求学之路

"……一生含辛茹苦，自强不息。其为人女，九岁丧母携妹奉父持家立户；其为人妇，相夫教子，农畜并举，力尽肺腑；其为人母，三子一女成才立业，悉心呵护。斯世凡人，琐事家务，先赘后迁，寄人篱下，艰难困苦，自成家道。唯见谦恭、善良、勤勉、节俭、坚韧、顽强，风范媲孟母。后代子孙，耕读相传，志节自明，四海为家。当念母恩浩荡，楷模骄人，心香泪洒，化作千年祭，天人永隔，心语想通，故勒石记之。"

这是我奶奶墓碑上的祭文（又称"衔恩碑"），入木三分地刻画出她饱经风霜、坚忍不拔、持家育人，既平凡又辉煌的一生。父亲说，我家的家风就在其中：必须世世代代耕读传家。

爷爷奶奶从自己成长的辛酸经历中体会到：没有文化就会寸步难行，被社会淘汰。奶奶常常激励孩子们："我眼睛'看不见'（指不识字）啊，是文盲啊，你们可不能像我一样。"奶奶坚信：知识是开启人们智慧和实现梦想的"金钥匙"！

大伯初中毕业时，正是"文化大革命"时期，需要通过推荐升高中。我们家既经济困难，又受人排挤，轮不上。爷爷奶奶走投无路之时，忍痛割爱，宁愿全家住到更差的地方，被迫将房屋便宜地卖给了当时的村书记，才使大伯上了县属高中。可是大伯高中毕业后，要被推荐上大学就没指望了。我奶奶督促大伯争取进入当地的民办学校去做代课教师，让所学的知识不荒废。奶奶把自己对文化知识的渴望满心地寄托在后代的身上。后来，国家恢复了通过考试上大学的招生制度，大伯顺利地考入了大学。他始终牢记爷爷奶奶的教诲，几十年如一日，兢兢业业从事教育工作，为国家培养人才。

我爸爸的学习成绩一向很好。1976年他初中毕业时，仍值"文化大革命"后期，村里明确告知不推荐爸爸上高中。家中当然是没房子可卖啦，不知奶奶哪来的勇气，到乡政府（当时叫公社）去反映情况，跪在领导面前恳求……在那个她认为有希望的地方折腾了一天一夜，但爸爸还是没有取得上正规高中的资格。最终，爷爷奶奶不得不找人帮忙，让父亲到一所农业学校一边干农活、一边读书，他们认为总归是在学校。在那种情况下，爸爸仍然刻苦用功读书，抓住充实知识的一切机会。1977年，全国统一恢复高考的第一年，爸爸跨入了梦寐以求的大学，毕业后被分配到国有大企业。父亲牢记家训，努力工作，几十年如一日，为国家默默奉献。

长辈们讲述的那个艰难、心酸、不公平的岁月再也不会重演了！我要努力将"耕读传家"的家风发扬光大。

郭仲修/文，三年级

宅心仁厚

爸爸的公司里挂着一幅字：宅心仁厚。"聪明绝顶不如宅心仁厚。"爸爸也经常把这句话挂在嘴边。"宅心仁厚到底是什么意思呢？"我用了小学生的法宝——词典。"哦，宅心仁厚原来是心有仁爱而待人宽容的意思。"

爸爸曾经跟哥哥和我说过，他经历过事业上的大起伏，但无论是在低谷还是在高峰，始终能保持积极乐观的态度。因为他始终记着心里要有爱，爱自己也宽待别人。

2002年是爸爸公司发展的顶峰，那时候公司里有上百号人，杭州几乎所有大型企业都在爸爸公司审计、验资。可是到了2003年，公司由于管理不严，资金全面崩盘，只得关闭。这时，很多员工都以为那几个月白干了。可爸爸硬是想尽办法，不光全款支付员工的工资，还另给了每位员工一笔费用，以表示补偿。认识的人无不夸赞爸爸待人宽厚，但同时也担心一无所有的爸爸从此就一蹶不振。爸爸让他们放心："发怒、伤心都不能解决问题，宽待别人的同时，我也会爱自己。"

2004年，爸爸接到了公司关闭后的第一个业务。嘉善某公司有个项目，通过几番交流，他们了解到爸爸之前对员工的宽厚，更是肯定了爸爸的业务水平，决定让爸爸审计。但是，这个项目需要很多助手，妈妈就成了爸爸唯一的助手。两个人面对堆积如山的凭证，互相打气。爸爸负责出谋划策，妈妈打字比较快，负责把所需材料都输入电脑。这次的努力换来了一笔不小的收入，爸爸重新注册新公司，招募员工。

很多老员工闻讯而来，都说要加入，跟着爸爸一起干。

爸爸说，这一番经历让他彻悟做人需心怀仁爱，待人要宽厚。如今爸爸公司有一百多号人，爸爸把员工当作自己的家人，把客户当作朋友。爸爸经常对哥哥和我说："公司取得的利润要多给员工分一些，公司在经营的时候，要多让利给客户。"我还小，不能完全听懂这些话，但是我知道，员工和客户都称赞爸爸是个"宅心仁厚"的人。一位书法家伯伯还特意给爸爸书写了一幅字，上书"宅心仁厚"，爸爸把这个字幅挂在公司里。爸爸说，这就是我们家的家风家训，让我们牢记于心。

朱牧阳/文，四年级　指导老师：陈丹

晒晒我家的家风

　　我们家有个勤俭持家的传统，爸爸妈妈都很节约。我有时候会觉得他们比较抠。比如我要买某样玩具，妈妈会说，你已经有那么多的玩具了，这个就不要买了。我不能理解，满肚子不高兴。

　　有一次，我们一家一起出去吃饭。因为菜单上的菜名很好玩，我就疯狂地点菜，妈妈阻止我。我说："我饿了，就要吃这么多。"很快，桌上出现了好多菜，我呆呆地坐着，只是吃了一点点，就再也吃不下了。

　　妈妈皱着眉头说："你看，你点这么多菜又吃不掉，是多大的浪费啊！地球上的资源是有限的，我们千万不能浪费。这顿饭，有鱼有肉有蔬菜，里面凝结了渔民、养殖户、农民、厨师等很多人的辛勤劳动，你怎么能如此浪费呢？"顿了一顿，妈妈又继续说："平时，妈妈不让你买过多的玩具、衣服，并非是因为没有钱，而是这些玩具、衣服都是用地球上有限的资源制作的，而且在制作过程中往往会对环境产生一定的污染。想想很多贫困地区的孩子饭也吃不饱，衣服穿不暖，你觉得你好意思消耗这么多资源吗？"我听了，惭愧地低下了头。直到现在，我还是觉得很后悔……

　　从此，节俭的种子在我心里生根发芽！

　　妈妈常常和我说，诚信是一种很重要的品格，要以诚待人，以信服人。如果一个人连诚信都没有了，那也就没有什么尊严了！

　　有一次，我和妈妈去玩具图书馆借玩具，我们借来了一个有盖子的拼图。我非常喜欢它，一回家就玩了起来。过了几天，当我想把它还回去时，才发现它的盖子不见了。我想自己做一个盖子掩饰一下。当我把这事告诉妈妈时，妈妈却说："不行！我们做人要有诚信，既然我们把盖子弄丢了，就要和图书馆说明白，承担我们应该承担的责任，该赔偿就要赔偿！"我只好照着妈妈说的做，没想到，图书馆的工作人员不仅没有批评我，还表扬了我。

我这才知道，诚信是金。我要做一个诚信的人，言必行，行必果，勇于承担自己的责任。

从此，诚信这颗种子在我心里开花！

这就是我们家的家风，我要把这种美好的品质传承下去！

吴媛婧/文，四年级　指导老师：王微

做人的底线

在我牙牙学语时，睡前爸爸妈妈一直给我讲"孟母三迁""孔融让梨"的故事；稍微大点，我开始阅读《三字经》《千字文》。从小到大，爸爸一直教导我要孝敬父母，尊敬长辈；要懂礼貌，讲文明；要勤奋努力，好好学习……

爸爸经常说，负责、担当是做人的底线，让我谨记。他不但是这样说的，也是带动全家人这样去做的。去年春运期间，飘起了纷纷扬扬的雪花，马路上也结起了薄冰，走在路上一不小心，"扑通"一声，人和地面就会来个亲密接触。爸爸负责的就是交通安全工作，这种冰天雪地的天气，是安全隐患最大的时候，也是爸爸最担心的时候。本来那天爸爸已经下班了，看到天上飘起了雪花，眉头瞬间皱起。几分钟后，他看到雪花越来越大，就简单地跟妈妈说："单位还有十几辆载着民工的车在外面，太危险了，得去单位看一下。年关了，千万不能出事！"话一说完，他就起身穿好外套冲到了雨雪中……看到爸爸把暖和的拖鞋换成冰冷的皮鞋，转身走到大门外的背影时，我的眼眶湿润了，其实那晚不去没人知道的……

爸爸的实际行动也一直影响着我。记得小学时，有一次班里进行数学测验。卷子发下来的时候，我发现有一道题做错了，可是老师没有发现。我完全可以神不知鬼不觉地把错误答案给擦掉，再把正确答案写上，谁都不会发现。我一直非常重视每一次的测验和成绩，这一两分关系到期末的排名和免考。在这种"利益"诱惑下，我并没有偷偷擦掉错误答案，而是自己批了个叉叉，在边上写上正确答案。第二天交卷的时候，我如实汇报，数学老师当着全班同学的面表扬我是个诚实有担当的孩子。

家风如蜿蜒的溪水，我们是溪水中的一滴清泉，顺着这一尘不染的溪水汇入河流，汇入大海！倘若溪水被污染了，就会污染这股清泉，最终污染整片海洋！

负责有担当的好家风如晨曦中的一道阳光，照亮着我，让我朝着自己的目标奋勇前进！

姜期菲/文，七年级　指导老师：姚平平

做一个正直善良的人

我的乳名是"正正"，蕴含着爸爸妈妈对我的期望，希望我长大后做一个正直善良、品德高尚的人。在我的记忆中，爸爸妈妈在这方面也一直以身作则。

有一回，爸爸上午去银行存钱，在银行柜台存完钱后就匆忙离开。等到中午，爸爸才有空打开手机查看银行短信，却发现银行账户上莫名其妙多出三万元钱。这时候爸爸赶紧打电话跟妈妈说，账户里钱多出了三万元，我得去银行退回。我听到这件事情后，不解地问爸爸妈妈："为什么要急着退回呢？"妈妈解释说："如果不及时退回的话，银行阿姨肯定要受处分的。"后来妈妈跟我说，银行的阿姨当时急得满头大汗不知所措，幸亏爸爸及时主动去退款。从这件事情中我懂得了不要贪图不属于自己的东西，为人处世要光明磊落。

妈妈一直教导我要待人友善，尽可能地帮助别人。记得一个寒冷的冬天傍晚，我和爸爸买完菜回家，在马路边看到一个满头白发的老奶奶在寒风中拎着篮子售卖青菜。我和爸爸从她身边走过时，听到老奶奶颤颤巍巍地说："买一点菜吧，卖完我就回家了。"这时我的心头突然一紧，难道老奶奶只有卖完青菜才能换来钞票和晚餐？我和爸爸不约而同地放慢脚步，爸爸问我："你是不是想买奶奶的菜？"我默默地点头说："天又黑又冷，我想让老奶奶早一点回家。"爸爸微笑着摸摸我的头，然后拿出五元钱给我。我开心地接过钱，回头走到老奶奶身边，我把五元钱递给她，大声地说："奶奶，您早一点回家吧。"转身我就走了。这时我听到身后的老奶奶在喊："孩子，你没拿青菜呢……"

虽然那是一个寒冷的冬天，但是我和爸爸心里都温暖极了。这也许就是妈妈常说的，力所能及地帮助别人是一件幸福的事情，而我在那一刻也深深地感受到了这份幸福。

宫锦堃/文，四年级　指导老师：彭冬梅

拉里拉杂的家常话

我的爸爸妈妈都是普普通通的人，他们没有什么豪言壮语，却用最朴实的语言、最简单的行为在生活中影响着我。

妈妈经常说："儿子，学习得勤奋。"她说，做任何事情，无论是现在的学习还是日后的工作，都得勤奋、努力。天上不会掉下馅饼的，每一个微小的成功背后，都是用辛勤的劳动换来的。

妈妈说："儿子，咱们得节约点。"她说，勤俭节约，未有不兴。

妈妈还说："儿子，做人得谦逊、诚信。"她说，为人得谦和、与人为善，不要张牙舞爪；她说，言出必行，诚信为本。

我的妈妈写不出曾国藩的"余教儿女辈唯以勤俭谦三字为主"，但是她却在点点滴滴的日常生活中，将这三个字明明白白地教给了我。

爸爸经常说："儿子，是男人就得身体强壮。"他说，一个男人要身强体健，才能扛起一个家的重担。

爸爸说："儿子，做事得有恒心。"他说，做任何事都得全神贯注，不能见异思迁。坐这山望那山，没有恒心，终是一无所成。

爸爸还说："儿子，做人不能骄傲。"做男人需要心胸宽广，虚怀若谷，不能做井底之蛙，骄傲自满。男人也要有傲骨，不能卑躬屈膝，唯唯诺诺，无刚强之气。

我知道，爸爸妈妈的人生阅历、那些优秀的品质就藏在拉里拉杂的家常里，不知不觉地成了家风，悄无声息地影响着我。

王熙元/文，五年级

有一分热，发一分光

炎热的三伏天，蝉不住地聒噪着。公路两旁的柳树也像霜打的茄子——蔫了，挂着尘土的叶子病恹恹地打着卷儿，枝条一动也不动。乡间的公路，午时的寂寥如同黑白的默片，只剩下父亲这辆小车在驱驰着。

"卖生菜喽！"一阵沙哑的叫卖声，从飘浮着迷尘的路旁响起，飘入耳畔。父亲一个紧急刹车，放慢车速，缓缓地把车子停在一位老人面前。些许苍白的须发，布满皱纹的脸庞，深深凹陷的双眼，我仔细打量着眼前的这位老人。她披着一件打着几个补丁的褪了色的深蓝短衫，蹲立在路边。两篮被太阳炙烤过的生菜看起来已经不那么新鲜水灵了。

"老人家，这两篮的菜，我都要了，多少钱？"

不等老人回话，父亲便执意将一张50元塞到了她的手中。老人伸出一只瘦削的手来接，这是一只干瘪粗糙、松树皮似的手。

不一会儿，父亲就提着一大袋蔫乎乎的生菜，回到了车里。

"爸，你怎么买那么多菜啊，奶奶家有很多更新鲜的呢！"我疑惑不解。

"天气太热，我们都买下了，老人就可以早点回家啊。有一分热，发一分光嘛！尽自己的绵薄之力去帮助他人，这难道不就是我们传统的家风吗？"父亲摸摸我的头，笑着说，"你看，每逢九月九，爷爷总是把平日攒下的退休金交给村委会，帮村里的老人欢度佳节；妈妈每次在朋友圈看到患了大病，需要急治的贫困病人，总会匿名捐上几百元，希望他们能尽快摆脱病魔的纠缠。"

高尔基曾说，永远要愉快地多给别人，少从别人那里拿取。爷爷年复一年的义举，父亲对老者的尊敬，母亲的匿名捐款，原来正是我们家的家风！

黄竞颐/文，四年级　指导老师：王文英

帮助别人快乐自己

从小妈妈就教育我要做一个讲文明的人。

暑假里的一天，天突然刮起了风，下起了雨，我和妈妈走在路上，看到人行道上的单车被风吹倒了一地。妈妈说："我们一起把它们扶起来吧？"我说："好的。"我们放下雨伞，一辆一辆地将单车扶起来。我问妈妈："为什么从我们身边走过的人不帮忙扶一下？"妈妈说："我们先用文明的举动去影响他人，以后别人遇到也会扶起来的。"我们冒着雨，把单车扶好了。我们相视而笑，妈妈表扬我做得好。虽然此时我们都被雨淋湿了，但心里却是暖暖的。因为我们做了一件文明而有意义的事。

妈妈是一位很会奉献自己爱心的人，经常带我参加各种公益活动。

记得快临近春节的一天，外面寒风刺骨，妈妈带着我到火车站去参加爱心送姜茶的活动。火车站里人来人往，外来务工者要赶回家过春节。在寒冷的冬日，我们给他们递上一杯杯热气腾腾的姜茶。妈妈和我一起手捧姜茶，穿梭在人群中，我对叔叔阿姨说："请喝一杯姜茶吧！"叔叔阿姨微笑地连声说："谢谢你，小朋友！喝了你送的姜茶，我们都不觉得寒冷了。"我听了心里也乐开了花，原来帮助别人是一件很快乐的事。难怪妈妈经常和我说："帮助别人就是快乐自己，要懂得感恩，做一个对社会有贡献的人。"我在平凡的活动中深深地体会到了乐于助人带来的快乐，也明白了奉献爱心的真正意义。

这就是我家的家风，它在我成长的路上一直鞭策我，伴我茁壮成长。

朱梓轩/文，三年级

非宁静无以致远

初夏的阳光洒落在窗边，照在宣纸上。从窗户望出去，有一大棵蓬勃茂盛的树，坚硬的树干上留下了岁月的痕迹。它似乎已在这里，站立了千年。树影斑斑驳驳，别有一番韵味。一阵风吹来，叶子只是轻轻地动了动，又恢复了最初平静的模样，感觉有一种更加坚定的信念。

窗户里，在一张小木桌上，散落着一支又一支的毛笔，还有些许淡淡的墨水痕迹。桌下的纸篓里装满了团得乱七八糟的废纸。

我正站在桌前，费力地写着毛笔字，一遍一遍，汗水正不间断地从额头缓缓流下。

我是一个初学者，刚接触毛笔字不久，连最基本的握笔方式也有些生疏。近期练的毛笔字笔画已把我弄得晕头转向。

我起先还享受写字的乐趣，可是到了后来，写的次数多了，手也渐渐地越来越累，怎么也达不到我对自己的要求。我开始变得苦恼和急躁，一心只想快点学成毛笔字，期盼在练的过程中少一点磕磕碰碰。

望着地上、纸篓里的一张张废纸，听着窗外的喧闹声，我的心情越来越低落，我有些抓狂，浮躁使我重重地摔下毛笔，气愤地跑到门口，坐在了一张椅子上。

爸爸这时来到我旁边，搬了一张凳子坐了下来，平和地对我说："你知道挂在书房墙壁上的那幅书法作品是什么意思吗？"我的脑海中立即浮现出了那四个遒劲有力的毛笔字："宁静致远"。平常进进出出都会看到，我却从来没有深入探究过其中的含义。我摇了摇头。

爸爸见我不知道，继续讲道："宁静致远所说的是只有心境平稳沉着，专心致志，才能厚积薄发，有所作为，实现自己的目标。心里如果有杂念，就不能达到成功的境界。现在的你静不下来，心浮气躁，怎么能写好毛笔字呢？宁静致远是我们家的家风，你为何不继承长辈流传下来的精神财富，让自己的心态平和一些，向更高更远处迈进？"

听了爸爸的话，我极力让自己的心情平静下来，对自己刚才的表现进行了深刻的反省。我又重新回到了书房，注视着墙上"宁静致远"这四个毛笔字，仿佛得到了一种神奇的力量。我深吸一口气，又继续进行刻苦的练习。现在，我心里一直记着爸爸的话，有时也会轻声在口中念着"宁静致远"，告诫自己在浮躁时要心平气和。

诸葛亮在《诫子书》中写道："学须静也，才须学也。非学无以广才，非静无以成学。"一个人只有排除杂念，专心致志，将智慧和灵感激发出来，才能有所创造，有所成就。是啊，就像国画大师刘海粟说的"要甘于寂寞"，只有耐得住寂寞才不会寂寞。

宁静致远，承载着我们家族的故事与记忆，它激励着我奋发向上。

王烨楠/文，八年级　指导老师：王亚珍

爱上读书

我出生在一个知识分子家庭。从我记事起，每天晚上，爸爸妈妈都会在书房挑灯夜读。

妈妈喜欢文学作品，每当读到特别精彩的地方，就会声情并茂地朗诵一段；爸爸是理工科教授，总是埋头在堆成小山一样高的这种专著、那类千册中间，有了一个个奇思妙想，有了一件件发明专利。耳濡目染，我也成了一只小书虫，在书的海洋中贪婪地汲取知识的营养。我爱读的书种类很广，既喜欢中国传统的四大名著、《唐诗三百首》，也爱好来自西方的《希腊神话故事》《罗尔德·达尔全集》；既可以被《儿童文学》迷得废寝忘食，也能够为了《从小爱科学》而三天不知肉滋味。

一年级时，爷爷曾经给我讲过一个故事：一百多年前，伟大的周恩来总理在年仅12岁时，面对国弱民贫的现状，高喊出"为中华之崛起而读书！"。在以后的岁月中，周恩来带领亿万人民披荆斩棘，他无愧于"春蚕到死丝方尽，蜡炬成灰泪始干"的呕心沥血，他用热血铸就了新的中国。爷爷还告诉我，虽然今天中华之崛起已经初步实现，但是中国仍然不够强大，还有被别人欺负的危险。因此，现在的我们需要"为中华之富强而读书"！

从此，"为中华之富强而读书"就像一颗种子，在我心中生根、发芽，伴随我长大。如今，四年级的我，知道了更多有关"读书"的故事，有王阳明胸怀天下，努力成为圣贤而读书；有钱三强心忧祖国，为了实业救国而读书……这些伟大的先贤们，通过读书让自己成为栋梁之才，报效祖国、建功立业。他们就是我努力读书、刻苦学习的榜样！

在长辈们的熏陶下，我爱上了读书，树立了"为中华之富强而读书"的理想。虽然我现在还很弱小，但是，我相信，我一定能够通过努力读书，长大成为对祖国、对民族有用的人！

陈子项/文，四年级　指导老师：杨红娣

我的家，很普通

　　"家风"这个词语，我并不是很懂。问爸爸妈妈，他们说，家风就藏在每一件日常小事中。

　　爸爸妈妈总是教我们姐妹俩要勤奋、努力、拼搏，只有这样才能取得成绩。爸爸工作勤奋努力，是我们姐妹俩学习的榜样。爸爸说家里要有朗朗书声，于是，每天我们总会按时起床，吃完早餐之后是我们的早读时间，我们姐妹俩读一会儿书才去上学。爸爸说他从小跟他奶奶，也就是我的阿太（曾祖母）长大，阿太教导他从小要勤奋好学。妈妈对我们很严厉，总要我们多学一点，不要落后于别人。虽然我们有时候感到很累，但是我知道她是为我们好。

　　妹妹以前有个习惯，爱撒个小谎。比如明明没有预习，也说自己预习了好几遍了。有一次，她撒谎被爸爸发现了，爸爸没有直接批评她。爸爸说，他小时候很爱学习，住在农村里，老人们都不舍得开电灯。他经常点着煤油灯看书。煤油灯一闪一闪地，他经常看得眼睛发酸，眼泪汪汪的。煤油灯的烟把天花板都熏黑了，功夫不负有心人，爸爸的学习成绩一直都是班里第一。妹妹听了，羞愧地低下了头，从此预习认真了，也改掉了撒谎的毛病。

　　这就是我的家，很普通。爸爸对我们说的话我们都会听，从生活习惯、为人处世等方面，引导我和妹妹健康成长。

钱琢玥/文，三年级　指导老师：沈鑫利

不严不成器

在我的家庭中，坚守着一个字：严。每个家庭成员，都严格要求自己和别人。我们家从不缺少"严"，因为"不严不成器"嘛！比如：早晨一起床，奶奶一定要把被子叠得整整齐齐；妈妈一定要把洗好的衣服，整齐地放进衣柜，还不能有折角……不信，你们来看看。

严师出高徒

我妈妈是学校的班主任，现在生二宝，在家休息。以前，她和我一起进学校，她一到教室，几个瞎起哄的同学立刻安静下来，以最快的速度打开书本读起来。还有一次，一个学生急着想把作业写完，把字写得龙飞凤舞，甚至还出现了连笔字。妈妈再也忍不住了，"嘶、嘶"两声把作业纸撕成了四半。那时，我仿佛看见妈妈心里有熊熊怒火在燃烧，发出"啪啦"的声音。显然，妈妈严格要求学生，才会如此生气。正因为严格，妈妈的学生在毕业考中名列前茅，大部分学生进入中学重点班呢！正所谓"严师出高徒"呢！

严于律己

我爸是个体育教师。不过，他好像不喜欢体育似的，每天晚上不出去跑步，倒是在书房里静静地练字。最开始先描，只见他握着笔，认真地描着每一个连笔字，如果描错了，就在旁边写，直到他满意了才肯停下来。接着，是描和写。他快速地描了一个字，然后在另一张练字纸上小心翼翼写一个，如果很满意，他就会微微一笑，继续练下一个字；如果不满意，他就继续写，直到嘴角露出笑容为止。最后是写，他看一眼字帖，然后在纸上写几个。如今，爸爸的连笔字虽然依旧不如妈妈，不过，在他的严格要求下，字比以前好看多了。

严守"阵地"

我是一个活泼可爱、性格开朗的小女孩，在班里担任正班长。我严格要求自己上课认真听讲，如果走了神，马上掐自己一把，使自己集中注意力。考试时，我一定要读三遍题目，理解了题目意思才下笔。写好一大题，我就快速地检查一遍，不敢有半点儿马虎。考试成绩出来时，如果成绩好，我就乐得合不拢嘴；如果成绩不理想，我也不气馁，分析错误的原因，并收集相似的习题练习，做到真正明白才罢休。同样，我也严格要求同学。如果同桌分心，我会提醒他；如果谁早读不认真，做小动作或说话，只要被我敏锐的眼睛或尖锐的耳朵一捕捉到，就会在一个本子上毫不留情地扣一分……

严格，是我们祖祖辈辈流传下来的好家风。这家风，我们要一直传下去。

张艺可/文，四年级　指导老师：朱海丹

守孝 明礼 行毅

俗话说："国有国法，家有家规。"我们家也有家训，"守孝""明礼""行毅"。在它的指引下，我每天无忧无虑地生活着，它是我这艘小船在生活的海洋中航行时的"启明灯"。

爸爸告诫我，"孝"应该从身边的点滴小事做起。子路是春秋末鲁国人。有一次，年老的父母想吃米饭，可是家里一点米也没有，怎么办？子路想到，翻过几座山到亲戚家借点米，不就可以满足父母的这点要求了吗？于是小小的子路翻山越岭走了十几里路，从亲戚家背回了一小袋米。看到父母吃上了香喷喷的米饭，子路忘记了疲劳。邻居们都夸子路是一个勇敢孝顺的好孩子。我们要学习子路孝敬父母的好品质，每次不论是爸爸、妈妈买了好吃的或者别人给了我好吃的，我都会首先给爷爷奶奶尝一下。

爷爷告诉我，小时候给我爸爸取名"礼"，就是希望爸爸长大后能够知书达理。给我取名时带了个"哲"字，也是希望我能够延续我们家的家训，为人处世"以礼待人"。爷爷给我讲"孔融让梨"的故事，有一天，孔融的妈妈买来许多梨，放在桌子上，哥哥们让孔融和最小的弟弟先拿。孔融看了看盘子中的梨，发现梨有大有小。他不挑好的，不拣大的，只拿了一只最小的梨。爸爸看了很高兴，心想：别看这孩子刚刚四岁，却懂得该把好的东西留给别人的道理呢。于是他故意问孔融："盘子里这么多的梨，又让你先拿，你为什么不拿大的，只拿一个最小的呢？"孔融回答说："我年纪小，应该拿个最小的，大的应该留给哥哥们吃。"爸爸接着问道:"你弟弟不是比你还要小吗?照你这么说,他应该拿最小的一个才对呀?"孔融说:"我比弟弟大,我是哥哥,我应该把大的留给小弟弟吃。"爸爸听他这么说,大笑道:"好孩子,你真是一个好孩子,以后一定会很有出息。"

妈妈给我讲了我名字的由来。爸爸妈妈在给我取名的时候思考了好久,因为名字将会跟随我一辈子,也蕴含了长辈们对我的期望。我名字中有个"毅"字,妈妈告诉我是希望我从小就能养成好习惯,不管做什么事情一定要有毅力,不能随随便便就轻言放弃,要有恒心和毅力坚持到底。所以现在,不管是在学习上还是生活上遇到什么困难和问题,我都是独立自主地去解决,自己设定的目标我一定都会通过努力去实现,绝不轻言放弃。

"守孝""明礼""行毅",这就是我们家的家训。我会继续践行,并让它们在我的身上完美地展现,创造更美好的明天。

沈毅哲/文,三年级　指导老师:王永芳

我们家的家风

爸爸妈妈从小就告诉我："见到需要帮助的人时，就应该去帮助他。即使是一点小小的爱心行为，也要把爱洒向周围的人，让爱充满生活。这样，我们才能享受到生活的温馨，就能把快乐留给自己。"爸爸妈妈说的这段话，到现在我一直都没忘。

一年级的时候，有一次，我和妈妈一起坐公交车。一上车，就看到有一个座位，我快速地跑上前去，坐了下来。妈妈身后跟着一位年迈的老奶奶，见老奶奶走路都走不稳，我觉得非常好笑，便不由自主地笑了起来。妈妈看见了，批评说："你这孩子！这有什么好笑的，老奶奶走路不方便，难道你不应该上前去扶一下，再把座位让给她坐吗？"说完，她伸手去扶老奶奶。我见状，也上去把老奶奶扶到座位上。老奶奶笑着说："小朋友，你真棒。谢谢你，给我让座位。"听了老奶奶的夸奖，我心里乐开了花。妈妈经常对我说，中国是一个文明古国，互帮互助是传统美德。正如歌中所唱"最美的是一颗愿意帮助别人的心，最快乐的是一件帮助别人的事……"经常帮助他人，自己也会感到快乐。

那时我才上幼儿园。那一天，吃饭前我一直在看动画片，有些入迷。吃饭了，妈妈叫了好几遍我才回答。吃饭的时候，我一心想着看电视。吃了一小会儿，我就对妈妈说："妈妈，我吃好了。"妈妈看了看我的碗，说道："喂，你碗里还有这么多米饭呢，不能浪费。农民伯伯辛辛苦苦种的粮食，你就这么浪费了？"

妈妈告诉我，要珍惜粮食。这些食物都是农民伯伯的心血换来的，不能浪费。"谁知盘中餐，粒粒皆辛苦"，表达的是农民伯伯头顶烈日，有的脚踩打谷机，汗流浃背，浑身湿透；有的弯腰弓背，在烫脚的水中插秧的情景。是呀，每一粒粮食都是农民的血汗凝成的，我们一定要珍惜，做一个勤俭节约的好孩子。

这就是我家的家风，它让我养成一个个好习惯，让我健康快乐地成长！

戴睿妍/文，五年级

我们不分家

　　我的老家在浙西山区的千岛湖，这里的山山水水，孕育了我家如大山般质朴、如清泉般甘冽的醇厚家风。

　　我的爷爷奶奶是农民，但却是难得少有的读过书的农民。因此在老家，爷爷奶奶也算是文化人，村里只要有什么识文断字的事都会找他们帮忙，大家也公认爷爷奶奶都是敞亮人。因此，爷爷奶奶在子女读书的问题上，都有共同的认识——"立身以立学为先，立学以读书为本！"爷爷奶奶养育了大伯、姑姑和爸爸三个子女，当他们各自到了读书的年龄时，爷爷奶奶就将他们送进学校去读书。爸爸说，这在当时的农村是很难得的，因为还有很多家庭的孩子根本没有机会读书，而是跟着大人下地干活，或是在家帮忙带弟弟妹妹。爸爸说，他们兄妹出生在这样的家庭是幸运的。

　　但是，不幸的时候也会有。就在爸爸出生不久，爷爷生了一场大病，而且一病就是3年。生活的艰难迫使大伯收起心爱的书包，找了一个木匠师傅学手艺去了。从此，大伯开始赚钱贴补家用，支持弟弟妹妹读书。到了20世纪80年代末，姑姑考上了杭州师范学院！听爸爸说，当时这在十里八乡都成了爆炸性的新闻，姑姑是新中国成立后村里的第一个大学生！转眼又10年过去了，爸爸也考上了梦寐以求的警校，于是我家在村里又有了一项新的纪录，第一个培养了两个大学生的家庭。听爸爸说，这些都成了村里的美谈，也成了孩子们读书的榜样！

在这期间，大伯也早已成家，还有了自己的孩子，也就是我的堂哥。听爸爸说，树大分枝、人多分家，在农村通常都会分家另立门户。可大伯却跟爷爷奶奶说，我们不分家，我们要在大家庭里一起生活。就这样，虽然大伯和爸爸都已成家立业，但是兄弟两人都没有跟爷爷奶奶分家。这在农村也是难能可贵的事情。

爷爷奶奶越来越老了。3年前，爷爷患上了重病，大伯、姑姑和爸爸带着爷爷四处求医。住院的时候，兄妹仨人轮流照顾爷爷，工作之余他们也尽量安排时间陪爷爷说说话，走走路。大伯会给爷爷刮刮胡子，修剪修剪头发，姑姑会给爷爷喂水果吃，爸爸则会找来报纸给爷爷读新闻，我的堂哥也会给爷爷修剪指甲。听爸爸说，为了减轻爷爷的病痛，兄妹仨花了很多钱。现在爷爷已经离我们而去，但我们还是经常会想念他。

这就是我们家的故事！这些故事包含着崇学、亲和、孝老、向善等为人处世的道理，这也就是我家的家风。它教我向上，教我向善，我会在它的滋养下，成为一个对家庭负责、对社会有用的人。

童一粲/文，三年级

咱家的家风

什么是家风？也许爸爸妈妈不会用深奥的文字来表达，但是他们会用点点滴滴的朴实的行动告诉我。

在我们家，尊老爱幼、孝敬长辈是每个人都身体力行的。虽然爸爸离开遥远的家乡，来到城里工作，但是他每周都会给远在异乡的爷爷奶奶打电话。逢年过节即使再忙，爸爸也都要赶回家看望爷爷奶奶，陪他们说说话、聊聊天。记得有一次爷爷生病住院了，爸爸放下繁忙的工作，在病床前守护了几天几夜都没有合眼。爸爸的这些行为在生活中深深地影响着我。在周末，一般吃完饭后，我会帮忙一起收拾碗筷，有时候还会和妈妈一起洗碗；遇到好吃的，虽然爸爸妈妈都会留给我，但是我也会和他们分享；有时候当爸爸妈妈工作一天，拖着疲倦的身体回到家，我会用我小小的拳头帮他们捶捶背。

从小妈妈就教育我要做一个诚实的孩子。记得有一次，我在小区里玩耍，突然发现地上有一个我想要了很久的玩具，当时我的心里很矛盾，一边是"天使"，一边是"恶魔"。天使说："赶快交给物业，那个丢失的小朋友一定很着急。"恶魔却说："你不是一直想要一个这样的玩具吗？赶快趁这个机会拿走，占为己有。"最后我选择把这个玩具交给物业。交给物业后，我的心情一下子轻松了许多，如果我当时把这个玩具拿回家的话，那么我的内心一定会不得安宁。

每一次，当我的饭碗里还有饭粒没有吃完的时候，爷爷奶奶都会意味深长地告诉我：农民伯伯收获每一粒粮食都需要付出很多努力。

听完后我会吃完饭碗里的最后一粒米饭。虽然新一代的少年在物质条件上已经很好，我们不需要为吃不饱穿不暖而发愁，但是这不代表我们就可以铺张浪费。我们要节约用水，节约用电，节约能源。

尊老爱幼、孝敬长辈、诚实、节俭，这就是我家的家风。

江凯文/文，四年级

百善孝为先

从小，爷爷就教导我要"百善孝为先"，可是那时我很小，对爷爷的话也是一知半解。现在我懂了，爷爷奶奶用他们的实际行动诠释了这一点。

记得年前，天气很冷，我的曾外祖母到我家来小住了一段时间。曾外祖母因为年事已高，行动不是很利落，腰也不好使。我家的卧室在二楼，所以每天晚上爷爷二话不说，就直接把她背到楼上去。冬天，曾外祖母因为弯腰不方便，所以经常不洗脚就去睡觉了，晚上穿两双袜子睡觉脚还冰冰的。爷爷看到了，立刻去打了一盆热水，放在卫生间，又搬来一张椅子，扶着曾外祖母坐在椅子上。爷爷蹲下来，给她脱下袜子，然后再轻轻地把她的脚放进温水里用毛巾慢慢地搓洗。曾外祖母的脚很快就暖了，她笑容满面地说："好了，好了，稍微洗洗就可以了。"可是爷爷憨憨地说："妈，天冷了，多泡会儿，舒服些，晚上睡觉脚也暖和些！"

曾外祖母年纪大了，只剩下稀稀落落的几颗牙齿，吃东西特别费力。奶奶考虑到了这一点，因此在烧菜时会把菜煮得特别熟，或者煮些软的食物，那样曾外祖母就可以多吃点。在吃饭前，奶奶总是给曾外祖母先放好藤椅，垫上软软的靠垫，然后再替她围上围裙。吃饭时，爷爷奶奶也常常给她夹菜，生怕她够不到，吃不好。曾外祖母在我家总是乐呵呵的。爷爷奶奶不愧是我家的楷模，他们的言传身教也深深地影响着我们。夏天天气很热，我还记得爸爸常常捧个大西瓜回家。

一到家，就将西瓜洗干净一块块切好，然后端到爷爷奶奶房间一起吃，西瓜脆脆、甜甜的，我们的心里更甜。

我的奶奶特别爱劳动，自从妹妹上学后，奶奶觉得一下子闲下来了，所以常常拿扇子回家做。有时候坐的时间长了，脖子就会痛，腿也会发麻。一个星期六的下午，我做好作业后，看到奶奶仍坐在桌边做扇子，脖子时不时地抬几下，敲几下，于是我就跑过去，给奶奶捏捏脖子、敲敲背、敲敲腿。奶奶微笑着说："舒服多了，谢谢我的宝贝。"接着，我去搬了一条凳子，坐在奶奶边上帮着一起做扇子，我和奶奶有说有笑。奶奶还给我讲了她小时候的故事，很快，扇子就做完了。奶奶夸我："你真是我的好帮手！"

家庭是棵大树，孩子则是一朵小花，树给花呵护。家风亦是如此，它"随风潜入夜，润物细无声"。孩子只有在一个良好家风的熏陶下，才能健康快乐地成长。我爱我家！

潘周宓/文，三年级　指导老师：周建娣

家的主旋律

好的家风，就像家的主旋律。有了好家风，我们就像雨水滋润下的嫩绿小草，就像阳光沐浴下的鲜艳花朵，就像天空中翱翔的自由雄鹰。

爸爸常用朱柏庐的话来教育我：一粥一饭，当思来之不易；半丝半缕，恒念物力维艰。吃饭时，爸爸要求我吃多少就盛多少，不能有剩饭，因为这些粮食都是农民伯伯用辛勤的汗水换来的。我们要珍惜粮食，节约粮食，就像李绅《悯农》中所言：谁知盘中餐，粒粒皆辛苦。我在平时的生活中时刻保持这一个好习惯，不浪费一粒粮食，还会去提醒身边的同学和朋友，告诉他们节约是我们中华民族的传统美德。

妈妈经常在我看书的时候对我说："读万卷书，行万里路。"虽然行万里路的目标现在达不成，但是只要发奋学习，书读得越多，就能有更好的修养。在书中，我学到了很多：《白雪公主》让我学会了善良，《蓝色的海豚岛》让我拥有了乐观……

记得有一次，我觉得自己已经很努力了，但考试还是考砸了。我非常气馁，眼泪忍不住掉了下来。这时，奶奶过来和蔼地摸摸我的头，告诉我：吃得苦中苦，方为人上人！明白这个道理后，我学习更加刻苦。

我们的社会就像大森林，每个家庭成员就像里面的一棵树，好家风送来了阳光雨露，而我也在家风的哺育下健康茁壮地成长！

沈子窈/文，四年级　指导老师：王莲

我家的"传家宝"

我问爸爸："家风是什么呀？"爸爸说："家风是指家庭或家族的传统风尚或作风，是每个家庭的传家宝。"我有些不解地点点头。

爷爷奶奶都是光荣的人民教师，在他们小时候，家里条件都不好，他们的父母就时常告诫他们，努力学习，考上大学。平时，他们会从家里带一些霉干菜、榨菜、红薯到学校改善伙食。家里不舍得点灯，他们就点着蜡烛，一直学习到深夜。经过不懈的努力和勤奋的学习，爷爷奶奶终于在恢复高考的第一年考上了大学，实现了自己的人生目标。在他们的精神激励下，我丝毫不敢松懈，努力拼搏，连续两学年被学校评为"四好少年"。

"锄禾日当午，汗滴禾下土。谁知盘中餐，粒粒皆辛苦"，这是每一个同学都知道的千古名句。这首诗让我们懂得了劳动的艰辛，同时，也深深懂得了节俭的重要性。虽然现在家里的生活条件已经比从前好很多，但是爷爷奶奶、爸爸妈妈一如既往地节俭。也许是耳濡目染的关系，我也渐渐养成勤俭节约的好习惯，我响应学校"光盘行动"的号召，每天不管在家里还是在学校吃饭都不浪费，盘中不剩一粒饭。此外，我还争做"节能小卫士"，及时关掉空教室的电灯，轻轻扭紧放水的龙头，购物时带上环保袋，一张纸写双面。每次我们全家去酒店聚餐，结束时我看到满桌没吃完的饭菜，都会觉得很浪费，主动提出要打包回家，大家都夸我是个勤俭节约的好孩子。我觉得节约其实很简单，从小事做起，从身边做起。

我们家族是个四世同堂的大家庭，子孙满堂，大家和睦相处，互相帮衬。每个周末，我奶奶就会和其他5个兄弟姐妹一起，带上他们亲手做的饭菜，还有水果、生活用品等去看望他们的父母，从不间断。我爸爸是医生，他不仅是家里的"健康顾问"，还是医院的技术骨干，他对待病人态度和蔼，多次受到医院和病人的好评。他时常向我提起，他小时候身患重病，如果没有他的同学、老师和许许多多的好心人，就没有他的今天。因此，他告诉我要学会感恩，要多为社会做贡献，回报社会。我认真地点了点头说："我一定要向你学习，做一个勤奋、节俭、孝敬、感恩的人。"

　　时代在变，家风也需要与时俱进，我将不断为它加入新的内容，新的正能量。

　　家风如细雨，润物细无声。我家的"传家宝"将伴随着我的一生，它是我最宝贵的财富。

　　　　　　　　　章子卿/文，三年级　　指导老师：何妙娟

她在我心目中最美

用美好的心灵看世界，打开窗户，眼前是灿烂的阳光，繁华的城市。美，无处不在。这时，我的目光停留在妈妈的脸上，她在我心目中是最美的。

妈妈是一个孝敬父母的人，去年五月份，外婆身患重病。手术后，外婆需要进行十几次化疗，都是妈妈在医院里陪伴和照顾她。有一次，护士长问妈妈："为什么每次在医院里陪伴的人都是你？"妈妈说："因为我懂一点护理知识，会照顾病人。"护士长说："你真是个孝顺的女儿！"妈妈常常对我说："能孝何在贫和富，量力尽心孝不难。"找的妈妈就是这样毫无怨言地默默付出。

妈妈把我养大，为我们烧饭洗衣；为我辅导功课，讲故事；8年来一直陪伴我弹钢琴，学跳舞。是妈妈在我失落时鼓励我，安慰我，在我取得好成绩的时候，告诉我"虚心使人进步，骄傲使人落后"。回想妈妈给的一切都是那么美好！

深夜，妈妈终于可以休息了。因为我有踢被子的习惯，妈妈会起床帮我盖好被子，不让我着凉。为了不辜负妈妈对我的爱，我一定要好好学习，一天比一天进步，让妈妈的脸上挂满笑容！

中国几千年以来都崇尚百善孝为先。弟子规上也说过："冬则温，夏则清，晨则省，昏则定。"这句话的意思是子女要孝敬父母，冬天要让他们暖和，夏天要让他们凉快，早晨要向他们恭恭敬敬地请安，晚上要替他们铺好被褥。

"如果天上最美的风景是彩虹，那么，人间最美的风景就是我心目中最美的妈妈！"是您养育了我，给了我可依靠的家，让我不愁吃穿，让我在这个幸福的家庭中快乐成长！我以后一定回报你们——您养我小，我养您老！

潘奕婷/文，五年级　指导老师：童兰菊

黄毛小丫说家风

"清江一曲抱村流，长夏江村事事幽。自去自来堂上燕，相亲相近水中鸥。老妻画纸为棋局，稚子敲针作钓钩。多病所须唯药物，微躯此外更何求？"一位黄毛小丫坐在梨花木大交椅上，带着童真的语气慢慢地吟着这首诗，一位年过花甲的老人静静地坐在一旁看着那位黄毛小丫，不时纠正这位女孩读错之处。老人耐心地教，女孩认真地读。黄毛小丫就是我，老人便是我的外公。

家风，这是外公经常提到的词。当时还懵懂的我并不懂什么是家风。后来我渐渐长大，明白家风是一个家庭的精神支柱。如果一个家庭没有好的家风，那么这个家庭就会支离破碎。外公郑重地对我说："家风是十分重要的，家风可以让一个家庭变得有秩序，正所谓没有规矩不成方圆。我希望你长大以后可以变成一个有品德的人！"

我认为好家风不可或缺的要素，就是两个字：诚信。诚是做一个诚实的人，不撒谎，不挑拨离间。信则是有信用，不骗人，不搬弄是非。这两个字是家风中的精髓。如果一个人做不到诚信，那他即便有再好的学问、再大的本领，也是做无用功。因为没有诚信，他就会骗人，那么谁敢相信他呢？正所谓言必行、行必果。只有拥有了诚信，人们才会相信你、支持你。

家风就像一颗充满着智慧的种子，要是将它好好利用，神州大地上便会开满好家风的鲜花！

钱多多/文，五年级　指导老师：黄菲

节俭好家风

　　家风，首先要从家训说起。家训是家庭祖辈对子孙后代立身处世、持家的教诲。因此，从一个家庭的家风能看出这个家庭的素质和品行。走进浙江的山村水乡，我们可以看到，不少宗族都将他们的家训记录在姓氏家谱、祠堂砖墙之上。

　　周嵩尧，祖籍浙江绍兴，是周恩来总理的伯父。《周氏家训》中曾记载周嵩尧先辈"节俭"的好家风。承祖训，周恩来总理不仅每天生活节俭，还将勤俭视为治国的法宝。周总理的制服破了也不换，缝几针后继续穿；一直用我国自行生产的上海牌手表，坏了再修，修好后继续用。周总理的办公室陈设十分简陋，室内只有写字台、小会议桌和几把椅子，连沙发都没有。

　　我家的节俭代表要从我外公说起。外公经常跟我说起他小时候过的穷日子，告诉我要忆苦思甜，即使现在富有了，也不能忘本。有一次，爸爸把一件领子洗破的衬衫丢进了垃圾桶，没想到外公从垃圾桶里捡出来后洗洗又穿上了。外公说，就衣领破了不碍事的，穿着做饭也挺好的。外公会把家里收到的快递盒子整理起来放到车库里，说能备不时之需。这不，前两天给外婆寄包裹时就用到了！

　　妈妈也继承了外公节俭的作风。每当换季时，妈妈会把我的衣服都理出来，让我先穿一遍，真穿不下了，就送给山区的小朋友。妈妈会把购物袋收集起来，放在一个柜子中重复利用。她还经常批评我不关灯的坏习惯。妈妈说，离开一个地方不关灯，往小了说是浪费电，往大了说是不环保。一件小事，可以看出一个人的素质和一个家庭的家教。

在外公和妈妈的耳濡目染下，我也继承了这种节俭的家风。我慢慢养成了随手关灯的好习惯。每支铅笔我都要削得很短很短，手拿不下了才舍得扔。用完的沐浴露瓶，我也会装点水再用几天。打印的废纸反面继续当草稿纸用，我还特意向妈妈请教如何用双面打印材料呢。

记得唐朝诗人李商隐在《咏史》一诗中说："历览前贤国与家，成由勤俭破由奢。"我一定从自己做起，从小事做起，把咱家节俭的家风继承下去。

吴桐语/文，四年级　指导老师：沈志美

学 善 礼

　　"学、善、礼"这3个字，是我家的家风。

　　我出生在一个平凡而又有爱的家庭，从我记事起，妈妈就给我讲了许多太外公、太外婆的故事。

　　太外公、太外婆曾经在美国留学，回国时，他们漂洋过海，带回了许多英文书籍，就一直收藏在他们家那一整面墙的大书柜里。二老非常爱学习，孜孜不倦，太外婆是老师，她直到90岁高龄，依然每天坚持不懈地备课，印象中，她似乎整天坐在书桌前，翻看着她的藏书，时不时写着什么。有一次，我不经意拿起她的一本书翻了几页，发现里面写满了她的批注和心得。好家风源自好榜样，我从小耳濡目染，也酷爱读书。从童话到小说，从名著到科普，无一不是我心中的挚爱。如今，我的藏书已经有满满一个大书柜了。从书本里，我不但学到了知识，还懂得了许多做人的道理。当有同龄人对我出言不逊时，我愿意原谅他；当我遇到比我年龄小的小朋友时，我总会照顾、谦让他。

　　这是书本教给我的道理，也是我家的好家风——学。

　　在我很小的时候，有一次，妈妈从新闻里得知有个小男孩因为意外受了重伤，正在医院抢救。新闻还没播完，妈妈神色凝重地对我说："我去看看他！"说完她放下手头的事情就赶去医院探望，离开的时候把身上带着的所有现金都留给那个男孩治病。另外，妈妈还资助着一位素未谋面的小哥哥，那位小哥哥得了很严重的病，每个月都需要化疗。后来，小哥哥还是因为病重去世了，妈妈因此伤心了很久。妈妈的善良源自她的家庭，也影响了我。每次有公益活动，我都会积极参加，捐衣服、捐钱。有时，在路上见到受伤的小动物，我总会竭尽所能地帮助它。而今，"善"已经融入我的血液，成为我的一部分。

古语云："知善而为，仗义为礼。"在我家，自上而下都遵循着家庭礼仪，比如吃饭必须等长辈先动筷子后才能吃，出门和回家必须和所有人打招呼，对长辈谦卑恭敬，对晚辈仁慈友爱。出门在外，爸爸妈妈教我要尊重公共礼仪，不插队，不乱扔垃圾，不大声喧哗，待人有礼貌等。每天，我进出小区，都会和门口的保安叔叔问好，一开始，他们觉得很惊讶，因为很少有小朋友会主动和他们打招呼。后来，他们逐渐和我熟悉了，便会每天和我聊几句，言谈中不时夸我是个懂礼貌的好孩子。我深知，这是源自长辈们从小对我的谆谆教诲，是我的好家风教会了我何为"礼"。

"学、善、礼"这3个字，看上去简单，做起来却不容易。它们就像一盏盏指路的明灯，带领我从懵懂到明理，就像一阵带着暖意的春风，拂去了我人生中的迷茫，擦亮了我的双眸。

赵子霖/文，三年级　指导老师：金咪雪

从他们那里，我学到了……

　　我们家虽不是名门望族，但一直以来都是其乐融融，许多优秀的家风都是在长辈们的言传身教中发扬光大，我从小就耳濡目染。

　　我的妈妈是一位干练而勤快的职业女性。她做得一手好早餐，曾说每天都做色香味俱全的早餐给我们吃，且每次不重样。于是，每天清晨，当我们还在梦乡的时候，总有一个身影在厨房里忙碌着。妈妈虽不是美食家，却总要下厨房，在APP里寻找创意的新点子。迄今为止，无论是Q滑的牛排，还是金黄的意面；无论是喷香的比萨，还是那香甜可口的水果拼盘，更不必说那五彩缤纷又松软滑润的面食，无不让人垂涎三尺。每天，妈妈都雷打不动地做出一顿顿饕餮美食，晒出一张张美食照，令人惊叹。

　　从她那里，我学到了创意、勤劳与坚持。

　　我的爸爸乐于助人。在如今这样的时代，仍然有乞丐在大街小巷游荡。这不，迎面又来了一个。我正想不动声色地绕道走过，爸爸却停下了脚步。我急忙回头去拉他的手，但他却用力拉住我的手，语重心长地对我说："孩子，这些老人没有正式工作，行为也受限。在街头乞讨，他们也需忍受风吹雨打和行人的异样眼光，他们是可怜的……"爸爸从皮夹中抽出几张人民币，轻轻地放在那位衣衫褴褛的老人面前的碗中。

　　从他那里，我学到了善良与怜悯。

　　我的爷爷在工厂里工作，有一次不小心被掉落的钢管砸到了肩膀，害得他在医院住了几天。当时，亲戚们都围过来说，要找那个随手丢钢管的工人去索要赔偿。可爷爷却说，算了，也没多大点事儿，现在已经没事了。自己路过时不小心，也有责任。

从他那里，我学到了宽容与谅解。

古人云：动人以言者，其感不深；动人以行者，其应必速。

罗皓/文，七年级　指导老师：江亚仙

学会感恩

小时候妈妈曾经让我读过这样一本书——《朱子家训》，其中最打动我的是这样一句话："涓滴之恩，当以涌泉相报"。简简单单的一句话，却意味深长。

在人生的道路上，我时刻记住父母的教诲，要与别人分享快乐，分担忧愁，把快乐带给别人。既要为自己取得的成就感到自豪，同时也不能迷失在自己所取得的成就中，必须勇于前进。更重要的是，还应该拥有一颗感恩的心，感谢那些在人生的道路上给予帮助的人。

学会感恩是我们家一直崇尚的家风。感恩之于智者是一种美德，他将得到别人的尊重和爱戴；感恩之于受者则是一种爱，这爱如阳光般照耀着心灵的每一处角落。

在电视上看过这样一个画面，基督教徒在每次吃东西前都会做一个谢饭祷告，感谢上帝赐予食物，让他们得以继续活着。我不知道他们这个传统是因何而流传下来的，但我知道对一粥一饭都心存感激的人，也会感恩身边的人与事。"滴水之恩，当涌泉相报"，我对这句话的理解，不仅仅局限于对某个曾帮助过自己的人的感恩，更多的是对于生活的感恩。

对小学时的我们来说，生活就是最好的老师，因此要学会感恩生活，感恩他人，无论生活给予的是磨难，还是馈赠，都是一份别样的礼物，会在以后漫漫的人生长路中给我们带来影响。父母陪伴只是一时的，只有学会做人，才能健康成长。我们在慢慢长大，父母家人也在慢慢变老。彼此的爱搁在心里，像玻璃杯里的水，满满的，看得见。跟爸妈一起吃饭时，从一开始，我们只会坐在沙发上等着父母把碗筷摆好，现在已经知道在做饭时帮妈妈一把，在晚餐结束时也会帮助家人一起收拾桌子，我想这就是最好的感恩吧。虽然只是小小的举动，却能够让父母感到暖心。

　　"赠人玫瑰，手有余香"。简单的家风，不简单的家训，想必我们能够受益终生！

　　　　　　　　　　　　　于陆一永/文，四年级　　指导老师：戚刚红

我家的"白小姐"

我家在高楼镇上村村，共有4口人，爸爸、妈妈、姐姐和我。家里有一位"白小姐"，墙上工工整整地写着许多家规。这是"白小姐"——妈妈的杰作。妈妈在写她的杰作之前，说："没有规矩，不成方圆。"

"白小姐"的家规是这样的：

> 早上起床要准时，穿衣洗漱要自理。
>
> 餐桌面上要整洁，碗里饭要吃干净。
>
> 放学回家写作业，字写端正要整齐。
>
> 自己东西自己理，端端正正放整齐。
>
> 电子产品少接触，除非学习有需要。
>
> 言行举止要文明，称呼礼貌不可少。
>
> 尊敬师长爱同学，孝敬父母家和睦。
>
> 外出游行注安全，记得准时把家归。
>
> 知错就改有长进，接受教诲受家规。

我的妈妈很温柔，平常总是和风细雨般地说话。妈妈也有严肃的时候，那一定是因为我不听话惹她生气了。

一个星期六的下午，妈妈在做家务，我拿妈妈的手机玩游戏。手机游戏真好玩，我的小心灵被它迷住了。我玩游戏着了迷，妈妈叫我，我不应；妈妈拉我，我不走。最后，妈妈使出了一个杀手锏，把我手上的手机给夺走了。我正玩得起劲，手机突然被抢走了，心里怒火中烧，生气地向妈妈要手机。妈妈一瞪眼，拉长了脸，气汹汹地拉着我，想要脱下我的裤子，打我的屁股。

我挣扎着反抗，其实，我外表好像很强硬，但是心里却害怕极了。妈妈说："我叫你玩手机，玩个不停，像什么样？我要抽你屁股，看你还玩不玩手机游戏？"当时我一句话都不敢说，我不理解妈妈为什么这么严格，我又生气又害怕，一个人跑到楼下，孤零零地坐在花坛上哭。哭了一会儿，妈妈从楼上下来，蹲在我面前，拉着我的双手，轻轻地拍着我的后背，温柔地对我说："孩子，其实妈妈舍不得骂你，也舍不得打你。可是你玩手机游戏已经上瘾了，这样会害你，这样你如果继续玩下去，不仅学习成绩会下降，你还会被控制，失去自由，成为游戏的奴仆。"妈妈说完就把我抱住怀里，我才慢慢明白妈妈的良苦用心，妈妈责备我，不是恨我，而是爱我。从此，我没有经过父母的允许，再也不随便玩手机游戏了。

生活中还有许多事情虽然微不足道，但却一直影响着我的成长。

翁迎勒/文，三年级　指导老师：林小慧

点滴承传统，家风助成长

中华民族的家风有着悠久的传统，有《朱子家训》《三字经》《弟子规》《千字文》等。明代就有家庭规定，凡是父母健在时而子孙要另立门户的，杖打一百。那时候的大家庭一般都是四代或五代同堂，那时候的老太爷都很有威严。历史上还出现过因其忠孝节义用立牌坊、赐匾额等方式加以表扬的家族，比如浦江的"郑义门"。

著名的教育家、美术评论家、作家傅雷曾给儿子写过一百余封信，有一封竟达7000字，这里面包含了多少爱啊！傅雷在儿子成功的时候告诉他要做到胜不骄、败不馁。傅雷想让孩子懂得更多语言，竟用法文写了一封信！傅雷那种列计划做事的方法和强烈的爱国精神，深深地感染了傅聪。

我们家的家风也比较传统。吃饭要长者先、幼者后，人还没到齐，不能先吃，吃完饭要把碗筷放好；小孩也要承担家务，比如我的任务就是吃完饭擦桌子、早晨浇花等；对长辈要有礼貌，听大人讲话时要看着对方，见面问好，离开道别……

做事情要列计划，然后按计划执行。我一般在爸爸下班前做完学校作业，外面的培训班每星期作业都按时完成。假期有假期的计划，从体育训练到外出游玩我都有计划，如果没有完成，要重新评价。经过几年的训练，在爸爸妈妈的指导下，我现在可以比较好地完成每天、每周和一个学期的大致计划。

对外交往要宽厚、大气、有修养。爸爸要求我们坐车时，不坐爱心专座，因为我已经不是小孩子了；如果多人上车，就不要往前挤，以免碰伤。在和不认识的人同桌吃饭时，要讲礼貌；吃饭时，嘴巴不能嚼出声音，尽量不要谈话，以免唾沫溅到别人脸上和饭里……

我会在良好的家风熏陶下茁壮成长！

龚楚越/文，五年级　指导老师：陈红英

读书真好

我们家虽然不是什么书香世家，可也一直与书有着不解之缘。

我的爷爷是好读书之人，有着自成一体的谈氏书法。虽然爷爷那时候家里穷，但是太爷爷省吃俭用，一直给爷爷买书看。爷爷小时候读了不少书，在他的努力下，乡村里终于出了爷爷这一个大学生。因此，爷爷的座右铭里，一直坚信唯有读书才能成就家业、事业，他对子女也有着"一生必读书"的家训。

听妈妈说，她小时候也特别喜欢看书。经常在灶台边烧火边看书，看得如醉如痴，有时候连饭烧焦了都没察觉。我们一家人经常会坐在一起聊，最近看了什么好书、书的内容、作者的信息等。我也会把好看的书推荐给爸爸妈妈，有时候来个亲子阅读，倒也其乐融融。

有一回，老师推荐了一本书，书名是《红岩》，我一回家就把这本书推荐给了父母。几天后，我们开始讨论这本书。我第一个说道："这本书主要讲了1948年，解放军为了配合工人运动，建立了地下情报站。因为蒲志高的叛变，地下情报站被发现。地下党员们并没有屈服，最后终于取得了成功。"爸爸听了，来了劲，因为他最喜欢战争题材，于是滔滔不绝地跟我聊，当时地下党如何经历黎明前血与火的考验，多少革命烈士壮烈牺牲等。这一天我过得很充实。

读书不仅可以修身养性，还可以增加一家人的感情。读书真好。

谈一健/文，五年级

君子坦荡荡

小时候，爸爸妈妈就教育我，君子坦荡荡，要做一个诚实守信的人。

二年级的时候，有一天，妈妈和我约定周末去野餐。到了周末，妈妈临时有事去单位加班了，等她回到家时已经是下午4点多，妈妈喝了口水就躺到床上休息了。看妈妈这么累，我心里有点失落，心想："哎，妈妈忙了一天这么累，今天肯定不能去野餐了。"但没过多久，妈妈突然从床上坐起来，说："儿子，我是不是答应你今天去野餐？"

"是！"我兴奋地答道。

妈妈立刻穿好衣服，开始忙碌起来，准备野餐的点心和水果。爸爸也不闲着，把餐垫和帐篷往车上拿。我呢，憋了一天的郁闷立马抛到了九霄云外。等我们赶到凌公塘，太阳已经落山，夜幕慢慢降临。尽管不能像白天一样骑车、放风筝、晒太阳，但这是妈妈跟我的约定。我躺在垫子上吃着零食，仰望星空，忽闪忽闪的星星也变得这么可爱。我和爸爸在帐篷外数星星，妈妈在帐篷里呼呼大睡。

三年过去了，我成了一名五年级的小学生。在我一次又一次面临诚信抉择时，总会记得爸爸妈妈从小告诉我的话：男子汉一诺千金，要做一个诚实守信的人。在成长的过程中，我顽皮过，打闹过，也曾犯错过。

记得有一次，我早上到学校之后，才发现数学作业没做，刚好组长要收本子了，怎么办？我急得头上冒起了冷汗，情急之下我说："作业本忘在家里了。"可是，接下来的时间我心神不宁、坐立不安，好像有一百只蚂蚁在身上爬，浑身难受。上课时，我只看到老师的嘴巴在吧嗒吧嗒讲题目，却什么都听不进去，更不敢举手发言。

第一节课下课后，我没有像往常一样和同学们玩耍，而是挪着步子来到老师办公室门口。要不要进去？要不要跟老师承认错误？两种想法在我脑子里激烈地斗争着。这时，我又想起了爸爸妈妈说过的那句话：犯错误不可怕，可怕的是撒谎。于是，我鼓起勇气走进了老师办公室，跟老师说了实话，虽然老师训斥了我一顿，但是我心里吊着的一块石头落了地，一百只蚂蚁瞬间没有了，我感觉特别踏实、特别舒服。

从此，不管我做什么，我都不会逾越爸爸妈妈言传身教立下的规矩：诚实守信。因为我知道，假如一个人连诚信都做不到，内心肯定会不安。坚守诚信的原则，是爸爸妈妈留给我的财富，它比钻石珠宝更闪亮，比黄金玉石更宝贵。

赵文浩/文，五年级　指导老师：高莉萍

不成文的家训

我出生在一个普通的家庭，同时也是一个幸福的家庭。家风家训不是一行字，也不是一句口号，它融入生活中的点点滴滴，就像甘甜的雨露，滋润着小草一样。

每当我不想吃饭或者剩饭的时候，爸爸总会提醒："锄禾日当午，汗滴禾下土。谁知盘中餐，粒粒皆辛苦。"我没有经历过这种艰辛，所以也没有真正去珍惜。我爸让我和他一起看电视，了解山区农村的小孩生活情况。瘦黄的脸庞，弱小的身躯，黝黑的皮肤，吃的是难咽的食物，穿的是破旧的衣服，住的是透风漏雨的房了；踩着崎岖的山路，翻山越岭去上学；没有明亮的教室，没有崭新的书包和课本。家里没有一张像样的桌子，只能坐着小板凳，在石板桌上写作业。没有电视，没有手机，没有电饭煲，没有电冰箱。他们要自己去捡木柴，自己去做菜烧饭。想想自己，过着衣来伸手、饭来张口的生活，真是天壤之别啊！爸爸要我勤俭节约，从小做起。现在的我，已经深深地感受到浪费的可耻，勤俭节约的可贵。

妈妈很爱我但不溺爱我。日复一日，年复一年，妈妈天天做着平凡而伟大的工作，那就是做家务和照顾家人。一个家庭离开了妈妈，就不再是温馨的港湾。妈妈要我学会穿衣、做饭、搞卫生，自己的书包自己整理，自己的衣服自己洗干净，力所能及的事情都要去做。现在的我，明白了自力更生是一个人的立身之本。

奶奶是个热心的人，她没有文化，但用行动教育我。我身体长得快，很多衣服没穿几次就穿不了了。奶奶总把它们洗干净，整整洁洁地送给农村老家需要帮助的人。奶奶告诉我助人为乐的事情是不分大小的，勿以事小而不为。帮助盲人过马路，帮助老人提东西，只要能帮到别人，都可以去做。现在的我，经常尝试着这样去做，帮助别人其实是一件很快乐的事情。

我有很多曾经喜欢玩的玩具，家里堆得满满的。每当奶奶要处理我的玩具时，我就会不乐意。我虽然不玩了，但我也不肯给别人。爸爸告诉我要学会与人分享，他给我讲了一个故事。小明有几个苹果，他自己吃了。他不肯与人分享，别人也不愿意与他分享，所以他只能吃到苹果。后来，小明学会了分享，把苹果分给了小朋友。小朋友有的有香蕉，有的有葡萄，有的有菠萝。结果，小明吃到了各种各样的水果。于是，我接受了爸爸的观点，处理了很多玩具和读物，让很多小朋友分享了我的最爱，我也得到了很多我没有的玩具和读物。现在的我，知道了分享不是失去，而是得到更多。

这样不成文的家风和家训让我由一个不懂事的小孩，慢慢变成一个优秀的人。

许婷惠/文，三年级

守时的家风

我家的家风简单来讲，就是守时、珍惜时间。

守时，是做人最基本的准则，它表现在很多方面。日常生活中的守时是不断强化时间概念。生活中经常会听到"刷牙3分钟""晚餐半小时内吃完""约定几点碰面"等。增强时间观念，逐渐也就"习惯成自然了"。

学习上，可以概括为6个字："今日事，今日毕"。看似简单，但是真正每天像打卡一样坚持执行，也是需要有一定的毅力的。一个偷懒，等待你的就是明天双倍的"暴击"。我体验过，这滋味真是不好受。进入三年级，我明显感觉课业加重了很多，无论课内还是课外。为此，妈妈帮我制作了一张表格，把所有兴趣班、上课时间、规定完成作业的时间都做了明确的记录。每完成一项，我就打一个钩，这样就避免了漏做或者延时完成。

当然我做不到像海伦·凯勒说的那样，把活着的每一天看作生命的最后一天。但是我知道，时间是很宝贵的，所以一定要珍惜。

鲁迅先生说过，时间就像海绵里的水一样，只要你愿意挤，总还是会有的。所以我认为守时还应该是珍惜时间，充分利用时间。每次赶往兴趣班的路上，妈妈总会一边开车，一边抽查我的功课。就这么一问一答，将古诗、课文，以及英文单词挨个儿背诵了一遍。

家风是一盏灯，照亮我前方的路。好好学习，向上吧，少年！

苏逸宸/文，三年级　指导老师：阮晓美

我家的家风

在我的大家庭里，长辈们的言行举止让我懂得，做人要孝顺，做事要勤奋，生活要节俭，待人要有礼貌。

我的奶奶是一个开朗乐观的人，每次我回到家，到处都能听到奶奶那爽朗的笑声。一回到老家镇上，最痛苦的是睡不好早觉，奶奶的邻居们一大早就会来我家串门，她们喜欢和我奶奶说家长里短。我家在镇中心，她们早上去买菜的时候，都会顺路过来坐会儿，边择菜边聊天。我每次都被叽叽喳喳的谈笑声吵醒。奶奶人缘好，和左邻右舍相处和睦。我想，这也应该是好家风的一种吧，与人友善，与邻和睦。

奶奶虽然不识字，但是说和做处处体现了一种美德。在我的家乡，认识奶奶的人，都说奶奶勤快、贤惠、能干。那时爷爷脑卒中，瘫痪在床，都是奶奶一个人在照料，十几年了，都是如此。镇上和我爷爷一样脑卒中的人不少，年轻的，年纪大的，都已经过世了，而我爷爷脑卒中这么多年，身上干干净净的，精神也不错。这都是我奶奶辛苦照料的结果。

很小的时候，奶奶就教育我，做人要踏踏实实、认认真真，千万不能投机取巧钻空子，不能贪小便宜，那是对自己不负责任，迟早是要吃大亏的。如今，我也牢牢记住了奶奶的话，在学习上认认真真。我要像奶奶期望的那样，做个认真踏实的诚实之人，做一个对得起自己良心的、善良的、诚实的好人！

曹若涵/文，五年级

367

做一个勤劳的人

在我的眼中，爷爷是一个非常勤劳的人。爷爷家院子里有一个小菜园，里面种满了各种蔬菜。每次一提到蔬菜，爷爷就会有说不完的话。

最近，爷爷菜园里的香菇菜成熟了。爷爷把绿油油的香菇菜摘了回来，清洗干净，炒起来吃。等菜烧好了，我迫不及待地拿起筷子夹了一点，放在嘴里吃了起来，边吃边称赞："爷爷，这菜真是太好吃了！"爷爷听了乐呵呵，说："喜欢吃就多吃点，这些都是不打农药的绿色蔬菜。放心吃吧，孩子。"我吃着可口的蔬菜，不解地问爷爷："爷爷，您为什么这么勤劳呢？"爷爷笑了笑说："多劳动，等于锻炼身体呀。"我朝爷爷竖起大拇指，说："哦，原来如此。爷爷好了不起！"在爷爷那双能干的手的努力下，现在，我们家山上已经种满了杨梅树、瓯柑树和高大的枇杷树，每年都硕果累累呢。

爸爸和爷爷一样勤劳。他现在承包了这座山，经常起早贪黑忙着去照顾山上的果树。一天，我跟爸爸上山看杨梅树，问正在忙碌的爸爸："爸爸，爷爷说'果树是他的孩子'。您又为什么这么爱护这些果树呢？"爸爸想都没想，毫不犹豫地回答："因为这是爷爷留下来的宝贝，我必须照管好。"我听了马上鼓掌，说："爸爸，您真了不起！"

在爷爷和爸爸的影响下，我也成了一个勤劳的人。每次看到妈妈在洗衣服，我总是帮着洗。当我把衣服都晾晒起来后，妈妈总是会朝我竖起一个大拇指。看到这个表扬的手势，我的心里比蜜甜，觉得付出的汗水非常值得。

从我读幼儿园开始，妈妈就告诉我读书可以增加知识、增长才干，懂得做人的道理。记得在我读二年级的时候，妈妈带给我一本拼音版的书——《安徒生童话》。我就立刻翻开书看起来，多么精彩的故事啊，越看越喜欢，后来妈妈给我买了很多安徒生的作品。现在，我的书橱已经挤满了书，而我早已把这些书看了好多遍。在妈妈的引导下，在书的熏陶下，我不断进步，茁壮成长，成了一名阳光少年。

如今，我已经是五年级的学生了。在求知的路上，是好家风激励我做一个勤劳的人，是好家风让我爱上阅读，让我变得跟书中人物一样坚强勇敢，真正成为一名有理想的阳光少年！

诸明亮/文，五年级　指导老师：莫晓慧

做爸爸的手

这些天，我读了一本不到 100 页的小书，却感动了许久，心中久久不能平静。书中一共讲述了 20 个好家风故事，让我印象最深刻的是谢杨琳的事迹。一来我的祖籍也是宁波鄞州，二来我和她一样也是三年级的学生，最重要的是她的孝心和坚强深深感动着我。

谢杨琳的童年很不幸，爸爸身患肿瘤，又遭车祸，右手被截肢，下半身瘫痪，家中债台高筑。普通的小孩遇到这样的事情可能就六神无主了，可是谢杨琳小小年纪十分懂事，没有向困难屈服。她不但没有被新奇的玩具、好吃的零食和崭新的衣服所"诱惑"，还收集空矿泉水瓶卖钱贴补家用。

最让我感动的是谢杨琳要做爸爸的手，她放弃中午休息玩耍的时间，回家给爸爸炒菜做饭，然后喂爸爸吃饭、吃药，收拾好碗筷，给爸爸换尿袋、擦身，做完后赶回学校上课。对照一下自己，我觉得自己跟她差距真是太大了——我尝试过炒菜，可菜刚一下油锅，巨大的"呲啦"声早就把我吓得"魂飞魄散"了，哪还顾得上动手炒菜。更别说还要喂饭、收拾碗筷、换尿袋、擦身什么的了，可能比划两下装装样子还行，要真正做好就难了。谢杨琳放学回家后，一边做作业一边陪爸爸说话，开导爸爸，还帮妈妈买菜、做饭、洗衣服、收拾屋子、换煤气瓶……看看别人，再想想自己，我觉得十分惭愧——很多家务活我只是心血来潮时做一下，还不一定做得好，可谢杨琳已经懂事得像大人一般，真正地成了爸爸的手。

故事最后，谢杨琳说自己想成为一名医生，这让我颇有感触。我的爸爸妈妈都是医务工作者，每天奋战在救死扶伤、无私奉献的第一线，我觉得他们很伟大。谢杨琳想当一名医生，最直接的愿望是想用医术治好爸爸的病，而深层次体现的是她的仁心大爱和至善孝心。

　　谢杨琳牺牲了童年本该拥有的快乐，坚强勇敢面对命运带给家庭的沉重打击。她早早替父母亲担当起了这个家的重任，用自己的实际行动完美诠释了"久病床前有孝子，平凡人间有大爱"的真谛，是非常值得我们学习的标杆和榜样。

　　　　　　　　　　　　　　　　　　黄子棋/文，二年级

不捡不属于自己的稻谷

童年时，我非常顽皮，整天像一只小猴子一样上蹿下跳的。

那一天下午，我放学回到家，推了自行车就急急忙忙地往楼下跑，连衣服都没有换，唯恐迟到了——我一早就和朋友约好了呢。在楼下和朋友一番追逐、嬉戏打闹，纵然是精力充沛的我也感到累了，与朋友依依不舍地告别后，我上了楼。一进家门，我就感到一阵口干舌燥，急忙问妈妈："妈妈，家里还有没有凉水啊？"正在专心于拖地的妈妈头也没抬地告诉我："家里的凉水都已经喝完了，要喝水，就自己烧。"天哪，这么热的天气，让浑身都冒着热气的我去喝能把人舌头都烫掉的水，况且还得自己烧，这是绝对不可能的！要不，下去买水吧？不行，妈妈是一定不会答应的，她肯定会说大道理，然后千方百计地阻止我去买。我心里暗自盘算，眼珠子一转，计上心来。趁妈妈打扫里面的房间时，我偷偷地拿走了妈妈洗衣服时掏出来放在桌子上的钱，赶紧溜之大吉。

买了一瓶水，三口两口把它一下子喝完了，那种感觉可真是爽啊，就好像久旱的田地得到了甘霖，燃烧的大火遇上了水枪一般。喝完了水，我就上了楼。

一推开门，就发现妈妈严肃地坐在那儿，一见我回来，就招手让我过去。妈妈挑着眉毛，我知道她一定是生气了，因为她只有在很恼怒的时候才会一直挑着眉毛。她一脸严肃地问我："你是不是动了桌子上的钱？"我一听，心想：哎呀，糟了，事情败露了。无奈之下，我点点头。妈妈一听，伸手就把我捉了过去，在我身上"啪啪"地打了两下，我惊诧，从来不对我动手的妈妈竟然打了我？只见妈妈一脸恨铁不成钢的样子说道："女儿啊，我打你是为了让你长记性！你今天对妈妈撒谎也就罢了，你竟然还偷钱。你可能认为五元钱没什么，可是这种行为是不对的，老话说得好，'小时偷针，大时偷金'，你这样会酿下大错的。你外婆从小教育妈妈，不捡不属于自己的稻谷，我也要把这句话告诉你。孩子，今后不能再有这样的行为了。"

从那以后，我再也没有动过那样的心思。

王晴曦/文，七年级　指导老师：叶小军

我家的"家规"

我们家是爷爷奶奶、爸爸妈妈和我5口人一起住，家里的规矩可不少。现在我13岁了，关心家人，互帮互助的规矩好像已成了习惯，但这种习惯的养成总免不了磕磕碰碰。

记得有年冬天下了第一场雪，下了整整一天一夜，地上、房屋上都像盖了一床厚厚的棉被似的，我好激动。等了一年终于可以堆雪人了，我便悄悄溜出了门。正当我玩得忘乎所以时，头上一个"咯咚"被人拍了下，我一转头，奶奶不知道什么时候从哪里冒了出来。她开始唠叨："你怎么跑出来玩雪了，看你头发和鞋子都弄湿了，快跟我回去，不许玩了……"奶奶不由分说拽着我的手，硬拉着我回了家。我气呼呼地喊着："臭奶奶！"奶奶愣了下，手一松，我挣脱了她的手，跑进了自己房间，"砰"的一声重重地关上门。傍晚了，奶奶又在叫我了："快出来吃饭呢。"我还生气着呢："不吃！"

这时，妈妈下班回家了，马上到我房间："怎么回事呀？"我气急败坏地说着奶奶都是怎么对我的。"你不能这样，奶奶是心疼你，这么冷的天怕你冻着。万一你生病，到时大家都会为你担心啊！你怎么可以这样说奶奶呢！你看看窗外……"我疑惑地打开窗，伸出头去，哎呀，门前我刚堆起的雪人已经焕然一新了：大大的身体，圆圆的脑袋，头上戴着淘米篮，胡萝卜成了小巧而尖尖的长鼻子，还有那两个大黑炭做的眼睛，炯炯有神，脖子上围着一块奶奶出门时围的大围巾，手上拿了把大扫帚，正咧着由小黑豆排列而成的大嘴，嘻嘻地向着我笑……"噢，肯定是奶奶……"这时我好羞愧，便飞快地跑出房门，扑到了奶奶的怀里："奶奶，对不起，谢谢您！"奶奶轻轻地用那仍透着凉意的手抚着我的头："没事，没事。"

从那以后，我经常在奶奶烧饭时帮着淘淘米，打打鸡蛋，到菜地里摘些葱……而最拿手的是包饺子时帮着擀皮子，虽然奶奶嘴里仍在说："啊呀呀！我的这个小祖宗哎！你看你把自己弄得像个小花脸，脏死了！"……可过年请客吃饭上饺子时，却总是乐滋滋告诉每个人："这皮可是我孙子擀的呢！"

家就像温柔的港湾，我是船帆，无论我长大航行多远，总是有家的港湾给我依靠。家训、家规是航船的航线，有了它们，航船才不会偏离正确的航道！

程昊宇/文，五年级

"仁民爱物"的妈妈

孟子曰："亲亲而仁民，仁民而爱物。"孔子也提倡"仁者爱人"，要求人都要用"仁爱"之心去尊重人、理解人、关心人、爱护人、帮助人。说起来，好像"仁民爱物"离我们很遥远。其实不然，它就发生在我们的身边。

妈妈跟我讲过一个她以前的小故事。妈妈在外婆家门口的榕树下乘凉，看到一个2岁的男孩没穿衣服，整个肚皮与背部裸露在外，皮肤看起来十分可怕，粉红色的褶皱像枯树皮一样遍布后背。妈妈悄悄向外婆了解情况：原来孩子父母都是新温州人，边工作边照看孩子，因照顾不周，几个月前发生烫伤事件。生活拮据，没有钱给男孩治病，出事后外婆与村里的人都捐了款，献了爱心。妈妈说，看到那男孩小小年纪受这样的苦，心里甚是难受。妈妈想到孩子家人不好意思当面接受钱物，掏了五百元给外婆，托付外婆交给孩子家人。

妈妈要求我不要破坏公物，爱惜花草，她说"一草一木皆生命"。还经常嘱咐我，路上若看到香蕉皮、西瓜皮之类，一定要捡起来，扔到垃圾桶里。她说这些东西很容易令老人摔跤骨折，与人方便，就是给自己方便。

妈妈教我对人宽容，对事豁达，以仁爱之心，多一份责任，少一份逃避；多一份理解，少一份埋怨；多一份仁爱，少一份冷漠……当许多人托起仁爱的太阳，散发出温暖，传递爱心时，就会有震撼人心的力量。

叶宸佐/文，六年级　指导老师：徐素勤

孝顺是什么

孝是中华民族的传统美德。俗话说，"百善孝为先"。一个人失去孝，好比树苗没了土壤和养分。而好家风，让我们充满爱和力量。都说"好家风来自言传身教"，我正努力汲取着爸爸妈妈给我的养分……

孝顺就是用心买买买。每次逛超市，爸妈都会给爷爷奶奶、外公外婆用心挑选生活用品，什么"这个热水壶不用手拎起来倒水，省力！这个袜子的罗口不掐脚脖子，舒服……"每周去外公外婆家，隔三岔五总是会多出一些"新事物"。看吧！厨房里烤箱、面包机、料理机、面条机、洗碗机……厨具队伍越来越"威武"；客厅里扫地机器人转着圈圈忙个不停，电视体感游戏机前，外公外婆正新奇开心地打着保龄球比赛。看着外公外婆鼓捣"新事物"时脸上洋溢的幸福笑容，我想，爸妈和舅舅们的"买买买"绝对是值得的！

孝顺就是开心聊聊聊。每周我们相聚在一起，有时候听外公外婆讲讲以前的"光荣史"，有时候聊聊大家这周的工作、学习、生活情况。外公外婆家里经常出现这样一个画面：爸爸妈妈搂着外公外婆的肩膀，一会儿赞扬外公当初做的某个事情好正直、好有魄力，一会儿夸奖外婆今天的菜烧得真好吃、花养得真不错！当然，还有我的"传统项目"——给"老宝贝们"按摩。看到外公外婆笑得跟孩子似的，我突然明白，孝顺不仅仅是买这买那，更要用心陪伴！

孝顺还要耐心教教教。外公有次骄傲地和我们说，有个小伙子向他问路，外公也不知道怎么走，但外公查了下"百度地图"后，马上告诉小伙子步行怎么走，公交车应该怎么坐。外公说起这件事情的时候，连眼角的皱纹都在飞扬。他自豪地说："这位年轻人直夸我，他还以为我这个七十多岁的老头有多厉害，其实他不知道我后面有这么多的军师呢！"在"子女智囊团"的耐心教育下，外公对各种手机APP的应用可一点儿都不比年轻人逊色哦。是的，孝顺，还要耐心地教老人学习新事物。这样，他们才更有价值感。

现在我们还小，或许只是认认真真做好作业，做点力所能及的家务，又或许只是一句贴心的话语，一次用心的按摩，都能让爸妈等长辈感受到我们的爱！

让我们从现在做起吧！

朱墨非/文，四年级　指导老师：金晓霞

"善"在心田

　　每个人生下来，都像是一朵花儿。向日葵、玫瑰、蒲公英……它们那么单纯，追逐着阳光、露水和微风。那么为什么我们不能像它们一样，追逐着善良、友爱前行呢？

　　"凡做人，在心地；心地好，是良士。"小女初长成，学得深闺中。我就是在这样一个善良的环境中长大的。我总是听父母说："人啊，不能做亏心事，要对得起自己的良心。"所以，父母是这样做着，我也这样学着，潜移默化中，日子久了，"善"就在我的心田中扎根！

　　妈妈教会了我用善良去理解和帮助别人。这一天，妈妈公司的总经理手拿着一份合同走进了冒着冷气的办公室，只听"啪"的一声，总经理将手中的合同摔在了妈妈同事小张阿姨的桌上，随后便是不耐烦的声音："快点！一个小时后我要看到一份我想要的合同。"半晌，小张阿姨才回过神来，困惑地拿着合同不知道怎么处理。要知道这份合同她可是看了又看的，觉得没什么问题才送到总经理办公室的，可结果这位"上神"还是不满意，小张阿姨在办公桌前坐立不安，嘴里嘟囔着："怎么改呢？"

　　这时，坐在旁边的妈妈看出了小张阿姨的窘境，放下自己手上的工作。伴着轻缓的脚步声，妈妈已经站在了她身旁："小张，别急，我帮你看看吧。"小张阿姨好像抓到了一根救命稻草，赶紧把合同递给我妈妈。妈妈接过合同，坐回座位，拿着红笔仔细地看起来……妈妈在字里行间认真推敲着，时不时用红笔画上一条线，圈上一个圈，一页接着一页。半个小时后，妈妈把合同递给了小张阿姨，合同上印着几个红色的圈圈和几条红色的线，小张阿姨按照妈妈的建议把合同修改后再次交给了总经理。

那天妈妈因为帮小张修改合同，耽误了自己的本职工作而要留下来加班。妈妈的脸上没有一点倦意和抱怨，反而比平时更高兴了。幼小的我看见满脸笑颜的妈妈，怎么也想不通为什么明明是小张阿姨被表扬了，妈妈却这么开心。

爸爸教我要有宽容待人的心态。这天晚上已经过了10点，爸爸是个习惯早睡早起的人，正打算熄灯睡觉，突然，手机响了。爸爸拿起手机，指尖在上面滑动，原来是他的学生来请教疑难问题的。于是爸爸重新打开电脑，"啪啪"地打起字来，源源不断的信息，通过QQ发给学生。11点，爸爸支撑着已经在打架的眼皮，喝了杯咖啡，提起精神打通了那个学生的电话，再把解决方法细细地讲了一遍。挂了电话，他打了个哈欠，一点也没有抱怨的意思，反而说："这个学生很有上进心，值得培养……"

善良究竟是什么？是把多收的钱还回去，是在别人困难时给他们帮助和鼓励。蓝天之下，心田有"善"的人们，绽放笑脸；他们像盛开的阳光，给予每个人温暖。

胡景源/文，七年级　指导老师：叶小军

家，温暖的岸

"人是漂泊的船，家是温暖的岸！"这幅挂在房间门口妈妈亲自绣的画，伴随着我们搬了两次家。小时候我并不懂，随着年龄的增长，我感悟到了，是爱的小窝给了我温暖的依靠，给了我自由的思想，给了我幸福的守望，给了我担当的责任，是我形成人生观的温床！

爸爸妈妈的感化，让我成了一个有责任心、有担当的女孩。随着弟弟的到来，我觉得他像一个成功的侵略者，霸占了我的爸爸妈妈。于是我心里的天平开始慢慢倾斜，有事没事故意把"小可爱"逗逗哭。爸妈不会骂我，会说："弟弟真的很淘气，要不我们一起教训教训他？"妈妈反而会对弟弟说："我们要亲亲姐姐，小小男子汉是要保护好姐姐的……"我听了既开心又欣慰。其实，我是很爱弟弟的，每次不管是去商场还是出去旅游，我总是牵着弟弟的小手，带他认识这个多姿多彩的世界。如果看不见弟弟的身影，我生怕呆萌的他走丢了，特别紧张。这个时候妈妈总夸我是一个责任心超强的"小妈妈"。

成长就是一个模仿与拒绝模仿的过程。这个家让我感觉自己被尊重、被认可。在父母爱的怀抱里，我幸福地成长。从小爸爸妈妈爱给我讲故事，陪着我一起看书，陪着我看动漫电影，陪着我探索这个世界。父母的爱让我养成了爱看书的习惯，也满足了我对这个世界的好奇心，因而我总能平静微笑地面对一切。还记得有段时间数学成绩特别不好，我很难过，对自己也越来越没信心。妈妈却一边帮我分析问题的症结所在，一边鼓励我说："每个人都有考第一的潜力，我相信我

381

的女儿绝对行！"不久，通过努力，我的成绩真的上来了。

家永远不是讲理的地方，而是讲爱的圣地！爸爸妈妈用他们的行动和身边的小事感化了我。未来的漫漫人生路，我将沿袭温暖的家风，做一个勇敢、自信、独立、有责任心的女孩！

吴子墨/文，五年级

绿 萝

"家风"离我并不遥远，就像我身边这片生机盎然的绿萝……

去年秋天，我用自己的零花钱买了一株绿萝去看望阿太。阿太是外婆的妈妈，已经90岁了，外婆一直陪伴在她身边，悉心地照顾她。买绿萝也是外婆说的，因为阿太这辈子最喜爱绿萝了。

一进门就看见外婆正一勺一勺地喂阿太吃饭，阿太半躺在床上，一边吃一边默默地看看我。我心里产生了不祥的预感："难道阿太不认识我了？"我走过去，轻轻地把绿萝递到她手里，微笑着说："阿太，送给您！""绿萝！"阿太突然高叫一声，咧开嘴笑了，高兴得手舞足蹈起来，仿佛是考了一百分的孩子。外婆也笑了，对我说："等等（我的小名），咱们把绿萝种起来吧！"这时，我才注意到阿太的屋子里养满了绿萝：床边、桌子上、椅子旁、窗台上，有的高，有的矮；有的稀疏，有的稠密；有的栽在泥土里，还有的养在清澈的水里。阳光像个调皮的孩子，从窗外投射进来，闪烁着光泽和温暖，让绿萝显得更加苍翠欲滴，每一片叶子仿佛都有一个崭新的生命在颤动。

喂完饭，外婆又像慈祥的妈妈一样帮阿太擦去嘴角的口水，然后给阿太剪指甲、擦身体、盖被子。安顿好以后，外婆把我买来的绿萝栽到花盆里，给绿萝浇水，再一遍遍地擦掉叶片上的土灰……

今年年初，阿太离开了我们。外婆因伤心过度，生病住院了，妈妈像外婆照顾阿太那样细心地照顾外婆。外婆出院后，妈妈就把她接到了我家住，因为外婆冬天怕冷，我们还在海南买了房子。妈妈也在家里养了很多绿萝，一串串、一簇簇，绿得水灵、绿得发亮。我也经常会帮妈妈打扫卫生、做家务，帮外婆捶捶背，大家直夸我是个孝顺的孩子。

百善孝为先，孝顺父母、尊敬长辈，这就是我家的家风。

赵星懿/文，四年级　指导老师：蔡晓晴

往事里的家训

国有国法，校有校规，家有家训。

有一天，表妹到我家玩，我和她一会儿玩捉迷藏，一会儿玩抓人……就在玩抓人的时候，我一不小心把妈妈的花瓶打碎了，我和表妹赶紧把花瓶的碎片清理掉。妈妈回来了，我们也扫完了。妈妈带回了几束花，想养在自己的花瓶里。妈妈对我说："儿子，把我的花瓶拿过来！"找支支吾吾地说："我……我……我把……你……你的花瓶……打……碎了。""再说一遍，我没听清楚。"妈妈问我。我鼓起了勇气说："我把您的花瓶……"我还没说完，站在我边上的表妹抢先了一步："打碎了！""打碎了？"妈妈受了点"惊吓"，我们俩点点头。"没事！"妈妈边看边说，"只要你们是诚实的，即使弄坏了我最心爱的花瓶，我也不会怪你们。因为诚实是无价的，而物品弄坏了还能再买，但诚实是买不来的。"

逢年过节，只要是家族聚会，晚辈总是让长辈先坐下。必须等最年长的老人先动筷，其他人才能动筷吃饭，以表示我们对他的一种尊重。在餐桌上，随处可见晚辈给长辈盛饭夹菜的。

在我家，我的父母是"吝啬"的，只给我买必要的，不买多余的。

一开始，不管我要什么父母都给我买，可后米，他们越来越"吝啬"。后来我问他们，他们则说："我们家的家训是勤俭持家。"那次为了买一件衣服，我看中了，妈妈说："走吧，我们去别家看看，说不定有更便宜的！"我却说："不，妈妈，你为什么不给我买？"妈妈亲切地说："精打细算是我们家的传统美德，我们家祖祖代代都是这样的。可不能在我们这里断了呀！""哦，走吧！我们去下一家看看吧！"我欢快地边走边说。

这些虽然都是小时候的事，却让我理解了我家的家训。

童登晖/文，七年级

家风是一种情

在我家，家风是一种孝道精神，家风是一种学习氛围。

我的太婆（外婆的母亲）已经97岁高龄了。外婆外公经常会去照顾她，或者烧些小菜拿过去，或者去帮忙做些家务。有一次太婆摔了一跤住了院，外婆没日没夜、忙前忙后地照顾她。白天外婆照顾着，晚上我们有时间就过去帮忙照看，陪太婆聊聊天。邻床的病人都很羡慕，说我们家的人都很孝顺。太婆也觉得非常高兴和欣慰。受了长辈们的感染，我在家里也尽量做些力所能及的家务活。晚辈的一点点孝心会激发长辈无限的满足感，一家人都开开心心地生活着，那是我们最大的幸福。

爸爸是单位的高级工程师，从事技术管理工作，休息时经常要看些技术类的专业书籍，有时候也会看些文史类的书籍；妈妈是教书育人的人民教师，在家经常阅读一些教育类的期刊和文哲类的书籍。在这样的氛围中，我从小就养成了爱读书的习惯，达到了手不释卷的程度，有的古典名著甚至会阅读好几遍。

我珍藏着上千册图书，历史类、科幻类、文学类等应有尽有。晚上我做完作业，一家人聚在客厅看书，那是一天中最温馨最幸福的时光。手指轻捻书页，全身浸润书香，我与书中的主人公对话，感受他们的喜怒哀乐。"随风潜入夜，润物细无声"，我从书上学到了不少知识，懂得了很多道理。著名作家梁晓声说过："最好的家风，一定是有读书传统的家风。"我自豪有个好学的爸爸，有个勤奋的妈妈！他们用自己的实际行动引导着我多读书，读好书，在知识的海洋中遨游。

　　家风是一种情，是父母的寄托之情、舐犊之情，使我时时感受到关怀和温暖。

　　　　　　　　　　　张昊阳/文，五年级　指导老师：方锡华

粒粒皆辛苦

夜已经深了，从大厅里面传来了酒杯碰撞的声音，孩子嬉戏的声音……看看地下，满地的饭粒，可是谁也没有注意，大家依旧吃着、玩着。这时，一个身影缓缓蹲下，一粒一粒地捡着，一粒、两粒、三粒……那是我阿太！她一手捧碗，一手捡着饭粒。目光逐渐后移，皎洁的月光穿过窗户，照射到她苍老的充满皱纹的脸上。"粒粒皆辛苦"，我们没做到节俭，但她做到了！

阵阵微风袭来，她还在捡着，一粒、两粒、三粒……我看见她的身体在微微颤动。一轮明月镶嵌在天空中，一切都是那么安详，她起身了，迎面而来的阵阵微风吹乱了她那平日梳理整齐的短发，她移动了几步，把饭碗放在灶台上，蹒跚地走了……

《周氏家训》中说："节俭这种美德，能让人保持廉洁，懂得珍惜，不用担心受穷，能体会吃饱穿暖的舒适。所以打理家庭大小事务，节俭是最重要的。"周总理家的勤俭家风得到了很好的传承。

我们家，在阿太的言传身教下，节俭的家风也正在传承下去。

先说说奶奶吧。我牙膏快用完的时候，奶奶总要说："还挤得出来呢，别扔了！"然后，她便双手一按，用手一点一点地将牙膏推出来。若是这样也不行，奶奶干脆就换上了"后备队员"——爷爷，只见他俩一上一下，硬是把牙膏推出来。这还不算什么呢！更厉害的是，奶奶还把我的洗澡水端出去洗衣服，把洗衣服的水用来拖地，她进进出出，忙里忙外的，我好不佩服——这节约已经到了极点！还有呢！每当下雨天，奶奶总把大大小小的桶放在外面院子里，雨过天晴之后，走出去看看，奶奶总是把灌满雨水的大桶小桶拎进卫生间。当我上完厕所要冲水的时候，奶奶立刻把我叫住，提起大桶，用手托着桶底，把水一倒，雨水立刻像"敢死队"似的"杀"进马桶。刹那间，马桶中的大小便就伴随着水的冲击声"灰飞烟灭"了。

宴席结束了，客人们都走了，奶奶、妈妈正在收拾。我赶紧跑过去帮忙，把一些吃剩的菜用筷子小心翼翼地夹到一个干净的盘子里，明天热热还可以吃呢！

张景涵/文，五年级　指导老师：曹慧英

这些事，让我印象深刻

　　我们家的家风是什么呢？说实话，我也不太了解。

　　有一次，妈妈带我去口腔医院拔牙，我们刚下公交车，就看见一个老态龙钟的乞丐从公交车站台的另一头，缓慢地向我们身边移过来。当乞丐靠近人群的一刹那，许多人都捂着鼻子避他而去。这时妈妈主动地走过去，把一张10元的人民币递给了那个乞丐。我惊讶地问道："妈妈，你干吗给他钱？而且还给了10元，这都可以给我买一支高档圆珠笔了。"妈妈转过身和蔼地对我说："你看他年纪这么大了，是真正需要帮助的人，我们献出自己力所能及的一点爱心，就是对他最好的帮助。你要记住，我们一定要怀有一颗愿意奉献的爱心和宽容的感恩之心。这金子般的心无论用多少钱都买不来的。"

　　去年的一个傍晚，刚刚放学，天空突然下起了雨。同学们都被家长接走了，而我还在教室里，心想：要是今天妈妈带着雨伞突然出现在教室门口，那该多好啊！可是等了好久，妈妈都没有出现，我只好下楼去传达室打电话给妈妈。没想到妈妈在电话里告诉我，让我自己回家。虽然雨下得并不是很大，而我家也就在学校的隔壁，但看到同小区的同学被家长接回去了，我好生羡慕啊！于是，我只好向传达室的保安叔叔讨了一张报纸，盖在头上，带着埋怨的心情慢吞吞地走在回家的路上。雨点打在我的身上，我觉得异常冰冷。泪水也不争气地在眼眶里打转。

　　当我打开门的一瞬间，妈妈笑脸迎接我。我沉着乌云般的小脸不想理她。这时，妈妈轻声说："儿子，今天你自己冒雨回来的，而且还想出了用报纸遮头避雨的好办法，妈妈要送给你一个大大的赞哦！以后如果碰到类似的事情都要坚强！"

爸爸妈妈平时喜欢用具体事例告诉我做人的道理，原来这就是家风啊。

蒋梓恒/文，五年级

一粥一饭当思来之不易

　　母亲个子高高的，脸蛋圆圆的，一双眼睛特别明亮。她喜欢笑，笑起来眼睛眯成月牙，非常好看。她说话柔柔的，对谁说话都细声细语的。在我的印象里，从小到大她几乎没有对我发过火，唯独那一次。

　　小时候，我吃饭时经常把米饭弄到饭桌上。每次母亲见了，就会皱着眉轻轻告诉我别浪费，然后拾起饭粒放进我的嘴里。起初我都照做了，可渐渐地，我长大了，觉得几颗饭粒掉了就掉了，再拾起来吃多脏呀。有一次，母亲又让我拾起来吃，我头一扭，避开了。母亲拾起饭粒执意要塞进我的嘴里，我不依。在争执中，我的手不小心碰到碗，只听"啪——"的一声，碗掉到了地上，米饭散落了一地。

　　母亲生气了，平日里那双好看的眼睛里充满了怒气，她站起身，一把将我拉起来，让我站在墙角。她自己蹲下身低着头，把没有挨到地面的大团米饭用筷子夹进碗里。虽然她什么也没有说，但紧绷着的脸上，神情是那样的严肃。我很少看见母亲这样，愣愣地站在旁边不知所措：不就是几粒米饭吗，有什么大不了的？母亲是不是太小题大做了？母亲把地板收拾干净，让我坐回餐桌上，把那半碗拾起来的米饭分装在两个碗里，然后把其中一个碗推到我面前，轻轻地但不容置疑地说："这些是没有弄脏的，还是可以吃的，我俩一人一半吃了吧。"说完，母亲低下头，很快把她的那一份米饭吃完了。我知道只要母亲认定了的事，我是拗不过她的，只好拿起筷子，气鼓鼓地照做，但心里却充满了不解和委屈。

过了一段时间，我渐渐地把这件事给忘了，如果不是因为母亲带我回老家，这件事可能也就这样消逝在我童年的各种欢声笑语之中了。

我清楚地记得那是一个大热天。天上的太阳无情地喷吐着烈焰，树上的知了没完没了地在耳边聒噪。走在田间的小道上，就像走在蒸笼里一样，没有一丝一毫的诗情画意，只有流也流不完的热汗。田野里的稻子成熟了，这片被课文描绘成金色海洋的田野，此时正翻卷着一层层热浪。正值乡下双抢农忙时节，我惊讶地看到，我亲爱的爷爷，已经六十多岁的他正弓着腰，弯着背，握着镰刀在田里割稻子。一片片稻子，在挥舞的镰刀下倒下，一捆一捆整齐地放在一边。看到爷爷，我赶紧跑了过去，站在离爷爷最近的田埂上。爷爷抬起头朝我笑了笑，笑呵呵地跟我聊了几句之后，就催我快点回家，别晒坏了。我们刚转身，他就又弯下腰继续干起活来。我清楚地看到他那张黝黑而又布满皱纹的脸被太阳晒得通红，汗水早已浸透了衣衫。那似乎都能拧出水来的衬衫紧紧地贴在后背上，扭曲着，就像此刻我的内心一样。

我那错愕的表情，一定是让母亲看出了什么。她拉着我的手，慢慢地走回家，很久才轻轻地说："凯儿，妈妈小时候就是这样看着自己的爸爸妈妈一年又一年，风里来雨里去，要晒多少太阳，要流多少汗，才能收获那一碗白白的米饭。糟蹋粮食这样的事情，妈妈是无论如何也做不出来的。你看爷爷这么大年纪了，还在这样炎热的天气里割稻子。"哦，母亲，我忽然明白了，原来您爱惜的不仅仅是那一碗米饭，您爱惜的是为这碗米饭付出了辛勤劳动的人啊。

一阵凉风吹来，满身的暑气被吹散了，令人神清气爽。"一粥一饭当思来之不易，半丝半缕恒念物力维艰"，母亲的话犹如阵阵清风拂过心头，犹如丝丝细雨滋润心田。

王志凯/文，五年级　指导老师：钱江芹

小事中的家风

在我成长的道路上，有很多看似不起眼的小事。

二年级的一次语文考试，我得了个糟糕的分数。放学回家的路上，我非常害怕妈妈看到试卷后会狠狠地批评我一顿。试卷上的那些红叉叉，仿佛编织成了一张大大的网，把我紧紧地缠绕在中间，让我呼吸加重，心跳加速。怎样才能逃避这一顿骂呢？我紧张地思索着，把试卷撕掉扔进马桶内冲掉？不行，试卷需要家长签字后带回学校的。要不回家后先藏好，如果妈妈问起来，就说忘在学校里了，然后自己模仿妈妈的笔迹签上名。嗯，就这么办。

回到家里，我把试卷藏在了衣柜内。妈妈问我的时候，我不敢看妈妈的眼睛，装作盯着自己的作业本，心扑通扑通跳得厉害，支支吾吾地说："呃，那个，呃，忘了……"妈妈当时并没有说什么。我一阵窃喜，以为已经骗过了妈妈。晚饭前，妈妈到了我的房间，给我讲了一个"狼来了"的故事。其实这个故事我很熟悉，说的是有一个放羊娃，放羊时几次三番欺骗大人狼来了，最后狼真的来了，却再也没有人来救他和他的羊了。以前我看这个故事没有什么感觉，可是那天听的时候，感觉自己就是那个放羊娃，用谎言来戏弄大人。故事讲完了，我满脸通红，羞愧地对妈妈说："妈妈对不起，我考得很差，怕你骂我，所以把试卷藏了起来。"妈妈严肃地说："一次成绩差并不要紧，以后努力就行，可是谎言会让你失去所有的信任，就像那个放羊娃一样，最后失去了他的所有。"

妈妈那天还告诉我，她和爸爸都把诚实守信作为座右铭，无论是工作、学习还是生活，只有坚持诚实守信，才能换取他人的信任，才可以取得更大的进步。从那以后，我开始理解诚实的重要性，再也没有弄虚作假的行为了。

我是从来不肯吃一点亏的人。但有一件小事改变了我，让我知道，宽容也是一种美德。我记得那时候我才5岁，那天很热，又下着大雨，妈妈骑着电瓶车带我去上小提琴课。路上，我们被另一位带着小朋友骑电瓶车的阿姨撞倒了。那个妈妈赶紧对我们说："对不起，对不起！"我看到妈妈膝盖都已经红肿了，似乎还有两条血印子，可是妈妈却微笑着说："没事没事，不要紧。"那个阿姨离开以后，我不解地问妈妈："为什么不让她们赔偿？"妈妈说："人家并不是有意的，又没造成太大的损失，我们要宽容一些，如果换成是我们不小心碰倒了别人，你是不是也希望别人谅解你呢？"那一刻，我明白了"世界上最宽阔的是海洋，比海洋更宽阔的是天空，比天空更宽阔的是人的胸怀"这句名言的真正含义。从那以后，我时刻注意收敛自己的脾气，多一份宽容，少一些气愤。

我家虽然没有祖祖辈辈相传的家训，也没有写成条幅挂在墙上的规矩，可是爸爸妈妈在那些小事中体现的优良品质，却给了我最深刻的印象。我想，这就是我家的家风吧！

叶泓瑞/文，五年级　指导老师：董行

做一个诚实守信之人

诚实守信是什么？鲁迅先生说："诚实守信为人之本。"

从小，我就听爷爷讲诚实守信的故事。听他讲在象山做生意时，给顾客的承诺都要一一兑现，不要为一点小利而失信于顾客，那就得不偿失了。爷爷说："诚实守信是中华民族的美德、为人处事的基本，我们要一代代传承下去。"

爸爸一直坚持着诚实守信。爸爸开了一家钢结构加工厂，他常说自己最痛恨不讲诚信的人。我的脑海中，常浮现出他告诉我的一件事。有一次，爸爸去市场订材料，因为对方的刷卡机出了故障，爸爸没有足够的现金，那老板深知我爸爸是个极其守信的人。他直接让爸爸把几十万元的货带了回去，爸爸一到厂里便立刻打钱过去。爸爸感慨做一个诚实守信之人的好处，这件事让我也铭记于心。

或许是多年的耳濡目染，我对平日里约定的事情不敢懈怠，尽力完成。记得有一次，妈妈带我去外婆家吃饭，想到有同学要到家里来拼装航模，就没去。妈妈故意出主意说："要不，向同学表示歉意，让他明天再来？"我说："如果自己忘了这件事，明天见到他可以道歉，可我没有忘记，我不能失信啊！"

孔子曰："人而无信，不知其可也。"诚实守信，在这样的家风中成长，我觉得自己特别幸运。

陶禹衡/文，四年级

有时候人的味蕾还真是挑剔，尤其是，对家乡的味道。即使存在一丝一毫的差异，我们也能灵敏地将它们辨别出来。

——《舌尖上的家乡》

秋日小记

　　秋天是杭州一年中最舒服的季节，秋高气爽，风景宜人。站在红叶纷飞的树林中，一切显得如诗如画。忽然，我萌生了拾一些落叶带回去的念头，为自己制作一幅落叶画，希望能留住这秋天的美好记忆。

　　于是，我拉着爸爸的手，一起往树林深处走去，去寻觅更多更美的落叶。没过多久，我们来到了一条小溪边，这里的树叶更多了，除了树上的叶子随风飘落到地面上，那些红色、黄色、绿色的叶子还随着小溪的水流，上下欢乐地舞动。水流淙淙，溪面闪闪发亮。

　　我注意到秋天的树叶不但颜色特别丰富，而且形状多样，有的像金色的水滴，有的像橙色的爱心，还有的像红色的小手掌，这些都是令人感到温暖的绘画材料，看得我忍不住想去摘一片。爸爸轻轻拉开我的手，指着那片差点被我摘掉的小树叶，说："孩子，树叶是有生命的，你摘了它，这片叶子离开了大树妈妈的保护，就会枯萎的。我们就捡地上的落叶做树叶画，好吗？"

　　我恍然大悟，想起我和爸爸是来树林深处捡落叶的，而不是摘树叶的，我点点头说："还好爸爸提醒我，瞧我，都被这迷人的秋色美糊涂了！"爸爸哈哈大笑，我也跟着笑了。

　　捡树叶的时候，爸爸问我想做一幅什么样的落叶画。我说："我喜欢枫叶，想贴一幅有许多小手掌的画。"爸爸建议在枫叶边上，用其他形状与颜色的落叶去衬托画面。最后，我把形状各异、大小不同、颜色不一的树叶带回家去。回家途中，我还同路边的小蚂蚁打了一声招呼，虽然它不一定能听懂我的话，但它一定能感受到我的欢乐。

跟着爸爸去秋日的树林捡落叶，我感受到了秋日的美丽和捡落叶的乐趣。爸爸的爱心也激励着我要热爱大自然，珍惜自然界的每一个小生命。

田芮西/文，三年级　指导老师：胡妃珍

舌尖上的家乡

　　冬季降临，又到了酿制糯米酒的好时节。在大人们的谈笑声中，我猛然记起小时候第一次尝酒酿的情形。那是在外婆家，我看爸爸喝得有滋有味，也忍不住凑上前去，喝了一小口酒酿。那时候脑子里根本没有酒的概念，只觉得嘴里的酒酿似棉花糖般甜美，在唇齿间留下一股淡淡的清香。以至于在很长一段时间里，我以为所有的酒都是那种味道。

　　后来，在一些酒席上，我也曾尝试喝过一两次米酒，味道虽也醇厚，却总觉得缺了点什么。

　　忽然瞥见窗外洗糯米的妇女，我脑海中不由得浮现出外婆瘦弱的身影：她佝偻着背，在屋里忙碌着，身上依旧是那身朴素的衣裳，可满头银发却十分耀眼。

　　好像很久没有看望过外婆了吧，我若有所思。

　　周末，推开外婆家的大门，外婆正在院子里忙着做酒酿，看到我来了，外婆很是惊喜。这时，我注意到桌上放着一锅发亮诱人的糯米饭，还冒着一股热气。外婆笑盈盈地端来一碗凉白开，均匀地浇在糯米饭上，又撒入一些事先准备好的酒曲。然后，她将糯米饭放到酒缸中压实，中间捣了一个很深的坑。这使我感到奇怪：中间为什么要挖个坑呢？"挖个坑，才能知道有没有发酵好呀。"外婆说。我似懂非懂地点了点头。外婆抱出几条厚厚的棉被，小心地盖在酒缸上方。接下来，便"万事俱备，只欠时间"了。临走时，外婆嘱咐我："过几天一定要来尝尝啊。"

几天后，我又去了外婆家。刚进门，外婆就招呼我一起打开酒酿缸。一揭开盖子，一股酒香就扑鼻而来。外婆舀了一大勺放进碗里，我夹一筷子放进嘴里，顿时一股酒香直冲鼻腔，继而产生一种甜味，在舌尖缓缓流淌，糯米饭松散柔软，在味蕾上弹跳，却不会沾到牙齿，这是一种久违了的味道。正当我细细品味，耳边忽然传来外婆急切的声音："怎么样？味道还行不？""嗯，"我重重地点了点头，含糊不清地说，"不愧是外婆做的！"外婆的脸笑成了一朵菊花。

"为什么我在其他地方喝到的酒酿总没有您做的那么好喝呢？"我向外婆提出了深藏在我心底的疑惑。

外婆神秘地一笑，说道："其实啊，没什么独特的秘方，只因为我们用的是自己种的糯米。"

原来就连做酒酿用的糯米也这么讲究。不过仔细想想，有时候人的味蕾还真是挑剔，尤其是对家乡的味道。即使存在一丝一毫的差异，我们也能灵敏地将它们辨别出来。那感觉就好像尝过一遍，便永远也不会再忘了。

郑姝/文，八年级

老 屋

再次踏上那条小道，重新回到那座老屋旁，已然枯萎的藤蔓在砖瓦上静静地趴着，偶尔传来与风撞击的"沙沙"声。顺着窗户往里看，里面是一片漆黑，但在我的感觉中却有无尽的温暖。

"老爷爷，老爷爷！我又来了！"那时的我来这里总是会这么叫一句。那时，那位老先生总会眯着眼睛，带着一丝苍老的微笑，张开他那并不宽阔的双手，轻轻地拥抱着我。我总是坐在那把小椅子上，眼中闪着莫名的光芒，静静地、细细地聆听他讲的各种故事。哪怕现在觉得幼稚，可那时，却是我童年最珍贵的东西。

至于怎么和他认识的，便是偶然了。不是什么桥段里的倾盆大雨，仅仅是普普通通地瞟了一眼，便让我注意到那座又老又旧的住宅——说是住宅，却无半分住宅的样子，窗户上有破洞，墙上有缝隙。不过确实有位老人在里面，就躺在摇椅上。不清楚为什么会有人对这简陋的房子不离不弃，毫无疑问，这引起了我的好奇。终于当我倚在门上，下定决心偷偷溜进去时，那位老先生却先开口了："孩子，进来吧，知道你一直想'光临寒舍'了。"这把我吓了一跳。

我小心地推开那已经有些发霉的门，"吱呀"的刺耳声传来。我忐忑地站立在原地，大概是"做贼心虚"吧，也可能是害怕吧，我已不记得当时的感受。"很久很久没人来光顾了，你是第一个进来的孩子。"顿了一会儿，老人道："过来吧，孩子，我不会伤害你，陪我说几句话吧。"也许是年少无知，便这么过去了。

老先生与我谈的话，现如今已经记不起来了。但在那时，我们却聊得越来越多。我能和一个不认识的长辈说那么多话，连自己都意外。

我也不止一次问他，为什么一直待在这儿呢？但每次，回应我的都只有他那缓慢的摇头，以及注目远方的眼神。那眼神，虽然浑浊，但流露出思念与忧愁。每次他这样，我都会像犯了错一样，低着头，眼神偷偷瞄着——哪怕我也不知道为什么要这样。

屋外总是有虫鸣蛙鼓，有时，是炽热的音乐会，有时，又是悲伤的奏鸣曲。屋内总是有童音笑声，总有一丝疲惫却又铿锵有力的垂暮之音。如果说父母所在的家是第一个家，学校是第二个家，那么，这里，可以算我的第三个家。

但这份美好却持续不了多久，毕竟老先生是拖着那副身躯，已然是"半只脚跨入了棺材"之人。是的，他还是永远睡着了，嘴角依然留着笑容。参加他的葬礼时，我的脑中却仍是他临走前的最后一句话："孩子，我能支撑那么久，多亏有你的陪伴啊。你是最后陪伴我这把老骨头的人啊。"我即便再无知，也知道——他已经一去不复返了，连带着我的"第三个家"。

我轻轻拭去那把摇椅上的尘埃，坐在那把小椅子上。那位老先生似乎又回来了，我的耳边又能听见他那慈祥又和蔼的声音，就在这个老屋中。

徐晓波/文，七年级　指导老师：张旦红

大襟衣 · 石板桥 · 我

　　我轻轻推开厚实的衣柜门，几件古朴典雅的大襟衣井然有序地挂在衣架上，藏青的、浅蓝的、深灰的，它们散发着淡淡的清香，宛如藏于深山的幽兰。"哇，真好看！"我赞叹道。妈妈感慨地说："这都是你阿太以前做的。"阿太？那张慈爱祥和的面容立刻浮现在我的眼前。

　　阿太是位心灵手巧的女子。她是村子里唯一会做大襟衣的老裁缝。阿太没上过学，不识字，却有一双灵巧的手。阿太盘的疙瘩扣花样多，针脚功夫细，就像机器扎出来的一样，又密又匀。村子里的人要穿大襟衣都去找阿太缝制，而阿太却毫无保留地把裁缝技术传授给村里的年轻后辈。有人觉得阿太傻，把赚钱的机会拱手让人。阿太却不在乎，她总是笑呵呵地说："这衣服，一个人哪做得完哟。大家都会了，做出来的才好看哩。"

　　走过村头的那座石板桥，看到那栏板上精美的石雕，我每次都会情不自禁地轻轻抚摸。刀劈斧凿的纹路里，我似乎看到了外公挥动的手臂，听到了他爽朗的笑声。外公是一名石匠，会石雕，能修坝，村里大凡有什么刻碑、造地基、修堤坝的活计，总是会推荐他老人家。他将这门手艺毫无保留地传给村子里的年轻人，所以大伙儿亲切地称他"叔公"。"外公，您怎么成了别人的叔公啦？""因为你阿太想我多闲会儿，可不就得多教几个徒弟呀。""哦，原来您是想偷懒呀！""哈哈哈——"屋子里总是会传出一阵笑声。

　　"婷婷，去年那件羽绒服在哪个柜子里呀？"妈妈的声音，把我从遐想中拉回到眼前："怎么，又要捐出去？"我很不理解妈妈的行为，总是把我的好东西捐出去。就像上次我参加了一个非常有效的作文辅导班，她也向班里家长们推荐，帮我树立学习上的劲敌，这让我很是恼火。"你不是长高了吗，不能穿了。如果阿太在的话，也会叫你捐的……""好好好！"讲到阿太，我心里又莫名奇妙地同意了。

妈妈开导我，分享是一种快乐，帮助别人是一种美德。你帮助的人越多，你的收获也会越多。在妈妈的言传身教中，我的思想也发生了变化。期末考试前，我会把妈妈准备的复习资料分享给需要的同学们；同学们不会做的难题，我会一遍一遍耐心地讲解……同桌曾经问我："你难道不怕别的同学超过你吗？"我抿嘴一乐，笑而不语。

平凡的我每天快乐学习，快乐生活。我要感谢我的长辈，感谢我的家庭，让我拥有一颗博爱无私的心。正如阿太那大襟衣，历久弥香……

崔婷/文，五年级　指导老师：李丽

网

蜘蛛，在大自然随处可见，它面目狰狞而恐怖，大多数人看了都会恶心。我也不例外。但那件事情，却扭转了我对它的看法。

那是一个春光明媚的日子，我和伙伴们来到了一个乡村。我像一只百灵鸟一样，刚下车就拉上了伙伴，往森林里闯。走到一半时，我的眼睛瞄到了一张蜘蛛网。那张网洁白又闪亮，在微风中来回摇曳，我不禁被它的美丽所迷住，但一想到这网上要挂满尸体，我就毫不留情地伸手拍了过去，随后我就去追伙伴了。

过了三个小时，我和朋友慢慢往回走，又看到那张网。我正想一巴掌拍过去，却迟疑了，因为那只蜘蛛正在努力地编着蛛网，它时不时从这头爬到那头，再爬回来，它每做完一点，都会试探网牢固不牢固。经过它的努力，原来破碎的网又呈现出一个崭新的雏形。

我看着蜘蛛，它没有一点儿要停的意思。就在这时，天空飘下细细的雨点，我只好一步三回头地走了。当晚，狂风大作，大雨倾盆。

第二天早上，我一起床就直奔森林，当看到那张蜘蛛网毫发无损，那只蜘蛛正在等待猎物。我不禁惊讶地张开了嘴巴，难道风没把网吹走吗？再仔细看，网上挂着雨珠，旁边的树上还有新的绑痕，原来是蜘蛛利用自己的力量把网给加固了，我心生佩服。

蜘蛛所做的一切，都是为了自己的未来。我们忙忙碌碌，为的是将来也能结出一张"网"。有付出就有回报，我们付出的努力多一些，"网"就大一点儿。只有拥有一张大"网"，才能收获更多的猎物。

胡航景/文，四年级　指导老师：王宇红

青衫墨香倾怀瑾

六月未央，夏至未至，炊烟袅袅升起，氤氲的雾气映着远处黛青色的山峦，蝉声忽远忽近。一阵风吹过，泛黄的扉页被风吹起，隐现青衫一角，我似乎闻到了一缕墨香，眼睛微微泛红，南怀瑾老先生去世快五年了吧。

记忆中的南老先生青衫墨染，鹤发童颜，总是安静地站在一旁，淡然地笑着，自带一种与世无争的安然。

他说过，人生的最高境界是：佛为心，道为骨，儒为表，大度看世界。技在手，能在身，思在脑，从容过生活。是啊，拥有佛家的悲悯，清寂的心，以"人应顺其自然，无所谓而无所不为"的心境为本，这便是人生最高的境界了。此话初读只觉精妙，细读后方感此间通透玲珑，得有多大的觉悟才能说出这样的句子。南老先生在我脑中的印象赫然化成了一首婉约淡雅的诗，不骄不躁，唯有那一抹淡然。

偶然在杂志上看过南老先生，上面登的是他的一句话："三千年读史，不外功名利禄；九万里悟道，终归诗酒田园。"是啊，有的人倾其一生只为那门庭若市的短暂风光，南老先生却能在繁杂的世事中淡泊名利，保持这般豁达、这般淡然，陶潜的桃源之趣想必不外乎如此。功名终究会被流年带去，而沉淀下来的岁月金沙才是人生的真谛。

伫立在南怀瑾故居前，我静静想那时的风和月，想那时南老先生墨染青衫的背影。那时他淡淡的一句"技在手，能在身，思在脑，从容过生活"，其实，世上真能做到从容面对生活的又有几人？生活本现实，人生本匆忙，几许愁绪，几许无奈。从容，其实也是所有人的梦想啊。其实，有一技傍身，有时间可供大脑休憩思考，这便足矣。不必忙于追求虚无的功名利禄，如此劳累，如此费劲。

转角处，似有一抹青色飘然而逝，留下那淡淡墨香，久久不散。

叶亦慧/文，七年级

你离孤单几公里

月色如水，凄冷的月光充盈着这个角落。一张破旧的藤椅，一盆已死的木槿，一张还没着色就已废弃的画，和那样一次不经意的别离。是啊，我们的心早已死在繁花似锦之际。

你是全村最孤僻的女孩，清冷孤傲，像天山的一株雪莲，与大家格格不入。刚入学便听说，你自小丧母，父亲再娶，便与奶奶一起住在村尾的那间木屋，性子怪得很，就像个哑巴。我同情地看了你几眼，后面女生对你的评价你充耳不闻，只是安静地看书，好像与世隔绝了；但我又分明见你那浓密的睫毛颤抖了几下，你应该也是在意的吧。

第二次见你，是在一个黄昏，阳光暖暖地洒下，木槿挡着你的脸，看不见悲喜。一片落叶飘落肩头，你拾起，轻笑一声，可那笑里却是满满的自嘲。我眨了眨眼，想看清你的表情，你转眼却又恢复了淡漠的眼神。"谁在那儿？"清冷的女声响起，你抬头看了我一眼，带着拒人于千里之外的疏离。从你的眼神中，我看到了一种光芒的堕落，看到时间在轮回，似蝶一般冷艳。

再一次见你，是在清晨，你倚在窗前，慵懒地逗猫玩。一只蝴蝶停在花上，你便用指尖去逗那蝶，你又笑了，很美，像三月和煦的暖阳，不似以前那般冰冷。你那澄澈的眸子里似有星星在闪动，又似装着整个世界，你那白皙的皮肤在阳光中美得失真，似从童话书中走出来的天使。你的身旁花儿正盛，却不及你万分之一耀眼。春风十里亦不如你，你用白皙修长的手捂着嘴，"咯咯"地笑着，似银铃般的笑声驱散了天空的灰色，好美！这才是你本身的样子么?

最后一次见你，是在晚上，你抱着一只已经死去的猫，哭得撕心裂肺。凄冷的月光下，你像女鬼般披头散发，随即你笑了，笑得瘆人。整晚我都听到你的笑声，好似粗糙的麻布被人硬生生地从中部撕开，又如不经意间迅速滑过黑板的指甲发出刺激耳膜的尖叫，你的眼神绝望而悲悯。第二天你便走了，听说是被爸爸接回城里了，从此我便再没见过你。

窗外，月色如水，那冰冷的月光很像你的眼神，很美。

叶亦慧/文，七年级

乡村美景

我的家乡在大盘，它在我心中是最美的。

首先展现在眼前的是一条宽阔的水泥路。公路两边，是一排排错落有致的房子。大家总会在房前屋后聊天、嬉戏。小孩子们会无忧无虑地玩各式各样的游戏：老鹰捉小鸡、捉迷藏、打球、滚铁圈……仿佛整个村都是他们的地盘似的。虽说是小村子，但也能容得下成百上千的人。一到星期六，各地的人们都会不约而同地来这儿赶集。这下可好了，原本鸦雀无声的村子立刻变得热闹非凡，跟菜市场似的。街头的小老板也不甘示弱，举着自己的产品大声吆喝："快来买呀，快来买呀！"那声音响彻云霄，方圆百里也能听得见。大家蜂拥而至，一边掏钱一边接过商品，才不过短短几分钟，商铺就空空如也了。老板笑嘻嘻地数着钱，嘴上洋溢着幸福的笑容，似乎拥有了全世界，他沉醉着……

再往里走，是辽阔无垠的草地。温柔的阳光洒在上面，小草都长得绿油油的，似乎在跟太阳道谢，太阳也像是在笑嘻嘻地点着头。顺着草地边的小路，七弯八拐的，就可以走进一片树林。一棵棵树高大粗壮，高耸入云，有些大树要几个人才能将它围住。躺在树底下，仰望湛蓝的天空，只见许多小鸟欢快地飞过来，停在树顶上，高声唱着婉转悦耳的歌，"叽叽喳喳"的，那歌声真好听，让人感到神清气爽，并陶醉其中。

这就是我的家乡—— 一个美丽的乡村，她的美可静也可动。

叶轩源/文，四年级　指导老师：陈丽华

团结就是力量

　　我想观察蚂蚁是怎样搬食物的，特地放了一块饼干在蚂蚁洞附近，静静等待蚂蚁的到来。

　　这时，有一只小蚂蚁靠近了饼干。它全身是黑色的，由头、胸、腹三个部分组成，胸部长着六条腿，头上长着两个触角，就像无线电的天线。蚂蚁身体细小，却很灵活。于是，我蹲下来仔细观察这只小蚂蚁。它先用触角碰了碰饼干，又用嘴巴咬住，使劲蹬了蹬后腿，可是饼干纹丝不动。它在饼干周围尝试了几次，都失败了，然后，它回头悄悄地离开了。我想：是不是饼干太大了，它放弃了？

　　我正想着，忽然看见这只小蚂蚁和路上的蚂蚁碰了碰触角，仿佛在说什么。没过多久，一只只小蚂蚁不断出现，形成了一条黑色的长线，向饼干进发。

　　不一会儿，饼干周围都被蚂蚁包围了。仿佛有人在指挥它们一样，小小的蚂蚁们终于把饼干抬起来了，齐心协力地向同一个方向移动。

　　看着慢慢移动的饼干，我不禁想到，一只小小的蚂蚁是搬不动这块饼干的，但一群蚂蚁团结合作，凝聚强大的力量，用团队精神战胜了困难。我们要学习蚂蚁团队合作的精神！

　　　　　　　　　　　　　陈方圆/文，四年级　指导老师：吴尘

时 间

时间是什么？

时间是父母脸上的一条条皱纹。

时间是什么？

时间是儿时穿过的小小的衣服与鞋子。

时间是什么？

时间是笔尖在作业本上画过留下的字迹。

时间是什么？

时间是老街房屋外墙上的斑驳。

你若问

"怎样节约时间？"

我会说

"就是过好现在的每一分每一秒！"

庞皓文/文，四年级

我养植物的故事

　　紫茉莉终于绽放了。我兴奋地看着小小的枝条，它颤巍巍地支撑着紫色的花，好像一片氤氲云雾，洁白的花蕊在中间若隐若现，朦胧之美油然而生。

　　回想起来，好像才发生在昨天。一天下午，我从老师手里领回一小袋紫茉莉的种子。回到家，我向弟弟描述了这些种子未来开放美丽花朵的情景。弟弟深表怀疑，但还是和我一起，挑了一个看上去比较适合种子发芽的夜晚，搬来一个花盆，用小铲子挖了几个深深的坑，把那一颗颗黑黑的、小小的种子，从小袋子里小心翼翼地拿出来，生怕把种子捏扁了似的。每一颗种子都带着我的一个小小的梦想，我期盼它们能熬过初春的料峭，迎来真正的春天，在初夏绽放它独有的色彩。我和弟弟将它们一一放进小坑里，用小铲子盖上土，给它们盖上厚厚的被子，再拿来水壶，细细地把水浇透。希望能给它们一个舒适的家，早日生根发芽。最后我虔诚地合拢了双手，许了个心愿。

　　我没有把它们当作温室的花朵，有时早晚各浇一次，有时几天一次。我希望紫茉莉能坚强地把根深深扎进土里，不要只是把根须浮在土层表面。

　　每当读书之余，望窗台，窗前淡紫依旧。

曾寿亭/文，六年级

在昔日的光阴里生活

乌黑的房檐下，我瞥见滴落的心。

江南的雨，淅淅沥沥的，像子规的啼鸣。就是这样一场永无止境的秋雨，打碎了外祖父不醒的幻境。我背对着他，不忍心去看。

"走吧，父亲。"父亲蹲坐在一边的田垄上，望着母亲劝说外祖父的身影。"走吧，这里已经不能住人了，我们搬新家。"母亲低声说着，拉了拉外祖父的衣角："我们是为你好啊。"

可外祖父却像一个倔强的孩子，阴沉着脸不肯站起身。不远处，那座老屋的屏风上，猩红的"拆"字异常醒目。伴着江南淅淅沥沥的雨声，我凝望着那乌黑的屋檐下滴落的水珠。

或许，外祖父只是不习惯城里的生活吧。

归家途中，外祖父迷惘地望着沿途的高楼大厦，那一片片耀眼的反光，碰撞出无限的陌生。"你看，这楼，这桥，多好啊！现在你知道我们都是为你好了吧。"母亲指着不远处的地标建筑，笑着说。可外祖父却毫不领情，木讷地默念着什么。我看不清那浑浊的眼眸。

"我要回家，回家。"我听见他的呢喃。

刚刚住下的几天，外祖父如同一个被摧残了意志的阶下囚，机械地做着反复无趣的运动。有时，他会久久伫立窗边，向东南的天空极目远眺。

我知道，那里是他魂牵梦萦的家乡。

一个秋季的雨夜，外祖父消失了。父母驱车走遍了城市的每一个角落，却不见他半点影子。"他怎么走丢了呢？难道他不知道我们是为他好吗？"母亲急切地说着。我不敢回答她，然后慢慢地，我低声说了一句话。

"也许，他回家了吧。他说他要回家的。"

当我们抵达故乡时，已经是次日清晨了。远远地，我望见那座即将夷为平地的老屋，那充斥着泥泞的前堂上，一个佝偻的人影跪在那里。"我回家了，我回家了！"当我们缓缓走近时，我听见外祖父凄凉的哀号，这位老人的衣衫已经被长途跋涉的艰辛磨破了，可那浑浊的眼眸里却泛起久违的光亮。我怔住了。

外祖父站起身来，落下的眼泪洒在了倾颓的粉墙。他颤颤巍巍地向远处走去，没有一丝声响。我凝望着他，那墨痕般的背影在雨幕里支离破碎。没有一个人陪伴他回到过去，没有。只有晚辈们"这都是为你好啊"的埋怨声在他的耳边回响。

那江南淅淅沥沥的雨中，我望见外祖父憔悴的模样。乌黑的屋檐下，滴落的是破碎的心。

为一个人好，不应该是强迫的行为，而应该是放任他在昔日的光阴里生活吧。

王书亚/文，高一

419

发现最美

我很喜欢林清玄先生的散文，那优美的文笔，散发着淡淡的清香。那独特的文字，带我寻觅另一个世界。我用心体会，有花的馨香，有风的柔和，有光的温暖，更有人性的芬芳，仿佛徜徉在烂漫的春天。

雪之纯美

"雪，冷面清明，纯净优美，念念不住，在某一个层次上，像极了我们的心。"

林先生的这句话让我忆起了年幼时那段天真美好的时光。雪，白白的，像云朵一样无瑕素净，外表冰冷，摸起来却感觉绵柔。我会在一片叶子里发现不可思议的童话，会把自己当成鸡妈妈孵化小鸡，甚至会有去另一星球生活的美好幻想。记忆中4岁时，下了一场大雪，从那天起，我最喜欢的就是下雪的日子。在空中翩跹起舞的雪花，就像童年时一个个无忧无虑、天马行空的思想精灵，跳跃着，飞舞着，轻盈而至。它温柔恬静，它自由自在，仿佛万物都沉浸于这白雪皑皑的童话世界中。

"我们站在雪中，什么也不必说，就知道雪了。"我想，雪，应当有一颗如孩童般纯洁的心灵。我喜欢雪的颜色，更喜欢雪的内在，它不像火一般炽热，不像水一样剔透，外表冷静，其实质是圣洁的。每一次下雪，我静静地站在雪地里，凝望着纯白的世界，生命竟可以如此单纯，如此美好。它让我找回了最初的感动，让我找回了自己原本的模样。就像林先生所说："雪，像极了我们的心。"

月之光明

"我们看月，如果只看到天上之月，没有见到心灵之月，则月亮只是极短暂的偶遇，哪里谈得上什么永恒之美呢？"

在童年的岁月里，有一种亲切如同有人提灯为我们引路一样，虽不如阳光温暖，却能在漆黑的夜里与我们相伴，它就是那轮明月。

《月亮跟我走》，这还是我们牙牙学语时的童谣，月亮的光明在黑暗里牵着我们的手，它似乎在微笑，又在留恋。长大了，它依然照耀着我们，当我们迷茫无助时，点亮我们回家的路。它让我想到了敬爱的老师、可爱的同学、亲爱的爸爸妈妈。它让我想到了在我第一次上演讲台时，老师那一个肯定的眼神；当我在跑道上跌倒时，同学那一次温暖的搀扶；在我受挫伤心流泪时，妈妈那一个大大的拥抱……天上的月也是心中的月，它明净、清澈。王阳明的《蔽月山房》正是心中之月的写照："若人有眼大如天，当见山高月更阔。"这样的光明，只有细微的心情才能体会；这样的光明，看似微弱，却有着巨大的力量。

这永恒之美不就是月之光明吗？

夕阳之美

"我为自己的今天盖下一个美丽的落款封印，并疼惜以前那些囿于世俗的、沦于形势的、僵于论说的、在无知与无意间流逝的时光。"

在垦丁大桥，我第一次真正留意这短暂的夕阳。也许因为那红中透紫的张力震慑了我，也许因为夕阳沉落的速度可怕得惊人，我看得入了神，情不自禁地追逐它的脚步，向着它沉落的方向，奔跑，奔跑……它迅速坠落，没有一丝留恋。

茫茫大千世界，处处都有美，只是缺少了想发现的冲动，或者说根本没有闲暇去细细欣赏与品味。"世界并不是单一的，而是多元的。"你会在不经意间发现，拍摄静物时，在暗处会远胜于亮处，当你站在高处俯瞰整个城市，你会不由惊叹：这样的世界，竟然超乎了我的想象！

"生活中并不缺少美，而是缺少发现美的眼睛。"打开心灵之窗，用心去发现生活中的点滴美好，重拾那些被我们渐渐遗忘的美丽。

祝支言/文，五年级　指导老师：张群芳

路

　　世上有很多路，而最让我入迷的却是在温州江心屿走过的一条路。

　　城市里都是水泥路，一条条死板的灰色的路，一点都不带美感。而在乡村，虽然不是那么死板，但也就是一条条泥土路或者石头路罢了。温州江心屿那条路，十分美丽：路下面是泥土，上面则是很平整的石块。这些石块长宽都差不多，但相邻两块石头中间会留一条3厘米左右的细缝，不像纯石头一样难看又太过饱满，也不像纯泥土一样难看又空虚。

　　温州江心屿路旁的景色也很不同。城市的路旁是花、草、树，虽然漂亮，但是那些花、草都是被圈住的，树也是被"理过头"的。乡村的路旁边都是田地、茅草房，是一片自由、生机勃勃的景象，温州江心屿这条路的周围却是纯天然的竹林，没有喧哗，只有风吹过竹林的响声和小鸟的歌声。竹子长得也顺其自然，有些竹子可能长期风吹雨淋坚持不住了，弯下了腰，让凉丝丝的竹叶轻轻划在人们脸上。

　　这条路也让我懂得了人生的道理。走在路上，我感叹自己小学5年的学业正像这条路。一开始，没有那么顺利，这条路上落满了竹叶。可到后来，有了希望，希望便带走了叹息和一部分竹叶。到了现在，希望消失了很多次，但它们又出现，加强了信心，成就了现在的我。

　　其实生命就像这条路，全是顺其自然的。如果路上落满了竹叶，不要怪别人，说不定，一阵风会带走它们。

赵乐乐/文，五年级

丰盛的午餐

午饭时间到了，孩子们纷纷拿出自己的饭盒，讨论着吃什么，教室里热火朝天，只有一个人除外。

一个衣着简陋的小男孩拿出自己破旧的铁饭盒，深吸一口气，打开一条缝，里面是空的，什么也没有。小男孩的眼神流露出一丝无奈和悲哀……他为什么没有午餐？他不会饿吗？到底发生了什么？

小男孩走出教室，四周空无一人。同学们都坐在教室里吃着午饭，他一个人默默地走着，四周一片寂静。他来到饮水机旁，用小手捧起水，似乎想用水填饱肚子。这时，小男孩不想再做这让旁人看来非常愚蠢的举动，他站起身，坐在墙角，抱着头小声抽泣着。过了许久，他站起身来，抹了抹哭红的双眼，深吸一口气，慢慢走回教室。

小男孩看了看四周大快朵颐的同学们，又看了看自己的铁饭盒，把饭盒放进抽屉的一刹那，他的眼神晃了一下，似乎注意到了什么。小男孩摇摇饭盒，变重了！他的眼神流露出了一丝希望。

周围的好几个同学偷偷看了他一眼，朝他笑了笑。小男孩打开饭盒，里面有各式各样的饭菜：青椒、三明治、烤肉……他明白了什么，晶莹的泪珠在眼眶中直打转，他的嘴角漾起甜甜的笑，大口大口地吃了起来。

这是一个来自国外的公益广告，让人潸然泪下。小男孩家很穷，家里没有钱供他吃午饭，同学们并没有排挤他、嘲笑他……每个人分给他一些菜，给予他一些帮助。我的心被深深触动了。

王楚轩/文，五年级

424

夜

夜晚在恍惚中降临了。

这是一个祥和的夜晚，夜空安静地低语，风悄悄地吹着，仿佛没有什么能破坏这份美好。但夜空下的我却迷茫着，恍惚中，夜空已经被撕破了，那是暗夜无情的利爪，将这一切美好推向深渊，我静静地走在这片黑夜下。夜空中，皎洁明亮的月使我想到了一个人，我最珍视的一个人。

每年都是如此。经历了一次次分离，我已经麻木了。那微凉的风，让我无法自拔，深陷魔怔。我也只是一个过路人罢了，就如同空气里的灰土，默默地被吹散了，尘埃散在空中，惶惶消逝。她又在哪呢，她也在遥望这深邃的夜空吗？或许，也只有我这样的疯子才会这样盯着漆黑的夜空。这黑夜，让我烦闷着，我顿时感觉揪心的痛。

仅有的光芒——月色被云层渐渐遮住，只剩下伸手不见五指的黑暗了。我仿佛能看见自己深邃的双眼在哀呼着，无言地挣扎着。风又静了，只剩下我和虚无缥缈的黑夜在相互对视。

一天天忙碌着，从白昼到黄昏，多么短暂，时而度日如年，时而又秒若千金，多变的不是时间，而是恍惚不定的人心。月光渐渐又洒在大地上，那纯洁无瑕的光芒让我想起她的笑容，我不能忘记她。但似乎想起她就是罪过，是罪不可赦的罪行，我暗暗咒骂自己，也在低声嘲讽自己。那可悲的心，不就是最可笑的吗？

夜又深了。天下起绵绵细雨，夹着寒风，我不禁哆嗦了一下。我顿时发现这好像是一种似曾相识的感受，是心寒的感受，我的心已经被冻结了，久久得不到温暖。就算是太阳最真挚热烈的光芒，也无法救赎我。恍惚中，我看到她的背影，已经记不清她的脸了，就好像从来没有看到过一样，不复存在了。既然不复存在，又为何让我遇见她。"为何！为何！！为何！！！"我仿佛听见了内心无助的呐喊，无处倾诉，我感到更冰冷刺骨的寒意。夜也继续在消沉，我忽然意识到，耳畔只是自己一遍又一遍地回响，静静的，缓缓的。

夜更深了，月害怕地躲了起来，再也不见一丝光。我缓缓地走着，每一步都格外沉重。心中的那个人，究竟在何方？

宋瑞鑫/文，七年级

那人　那鸭　那情

（一）

等农民们背着竹篓满载而归，等金黄的田野再次发出收割机隆隆的声响，秋天就真真切切地来了。

在农民眼中，秋天是一个收获的季节，也是一个让孩子们去田野见见世面的季节。这不，第三阵秋风匆匆吹过，一场罕见的大暴雨即将来临。素面朝天的秀英一手牵着自己5岁的儿子赵品松，一手挎着一个竹篮，准备在暴雨来临前去菜地里采摘些新鲜蔬菜。

可是，天公不作美。还没等这对母子来到自家的菜地，天骤然间黑了下来，满天的乌云翻滚着。一道耀眼的闪电划过天空，照亮了一切，也照亮了品松惊惶的面孔。随着一声震耳欲聋的雷声，豆大的雨点倾盆而至。

秀英拉着儿子想疾步离去，可是品松却傻傻地站在那里，并没有要走的意思，眼睛直直地盯着眼前那条又脏又臭的小水沟。大雨无情地打在母子俩身上，秋天的雨已经有了些许凉意，淋湿的衣服贴着身体，秀英冻得瑟瑟发抖。

秀英看到呆呆的品松，有些生气，便拖着品松向前走。就在这时，水沟里传来了一阵微弱的叫声："嘎嘎嘎！"秀英循声望去，原来水沟里有一只鸭子。水沟很深，里面长满了水草，鸭子被水草困住了，正在挣扎着，翅膀不停地拍打着，想要跳出水沟，它不停地试着，却始

427

终跳不出。它的叫声里充满了焦急和无奈。

看到此景，善良的秀英马上明白了儿子的意思。她顾不得擦去脸上的雨水，快步走到水沟旁，一脚跨过水沟，她想弯腰把鸭子抱出来，可是水沟太深，根本碰不到鸭子。于是秀英只能一脚踩到水沟里露出水面的石头，石头摇摇晃晃的，秀英好不容易才站稳。这时终于能抱到鸭子了，秀英把鸭子放到草地上，连忙牵着儿子百米冲刺般地跑回了家。

刚踏进家门，在门口着急等待的婆婆便递上了干毛巾，惊讶地问："咦，你怎么带了只鸭子回来？"秀英往后一看，发现刚刚被她救了的鸭子止跟着他们进了院门。

秀英把事情的原委如实地告诉了婆婆，婆婆笑着说："看来这鸭子把你当成了救命恩人，不过……"婆婆皱了皱眉，"我们可不能把它留在家里，如果它的主人找来就说不清了。"

"可现在大风大雨的……"秀英看了看外面倾盆的大雨，为难地说："要不，今天就让它和家里的母鸡们过一夜，明天再想办法让它回家。"

婆婆只能无可奈何地点了点头。

(二)

鸭子来到鸡笼前，它好像有些腼腆，不敢进去。品松在一旁打量着鸭子。它小小的眼睛，溜圆，扁扁的嘴巴，金黄，富有光泽的羽毛，匀称的身材，没有一点多余的肉，感觉这鸭子是位顶呱呱的运动健将。鸭子在鸡笼前"嘎嘎"地叫个不停。"卡卡，卡卡！"品松兴奋地说："妈妈，你看他'嘎嘎'地叫个不停，我们就叫它卡卡吧！"鸭子好像听懂了品松的话，"嘎嘎"地回应着，似乎挺满意这个名字。秀英在一旁也点了点头。

第二天雨停了，天空经过雨水的洗刷变得清澈湛蓝，空气也特别清新凉爽。秀英打开院门，母鸡们欢快地走出了院门，可是卡卡却在院子里踱来踱去，不愿走出院门。秀英只能举起扫把，对着卡卡边赶边说着："快回家吧，快回家吧！别在这里！"卡卡边退边"嘎嘎嘎"地叫。卡卡终于退到了院门外，秀英连忙把院门关上。那沉重的关门声好像是在向卡卡宣告什么。

中午，婆婆从外面回来，惊奇地看到卡卡在院墙下踱来踱去；傍晚，秀英带品松出门，卡卡竟然趴在院墙下打盹；第二天清晨，母鸡们出门了，卡卡在院门口迎接它们……就这样，卡卡在秀英家门口守了三天三夜，秀英终于被感动了。第四天的傍晚，母鸡们陆陆续续地回家了，卡卡在门口张望着，秀英走到门口，对卡卡亲切地说："卡卡，你也进来吧！"

卡卡似乎听懂了秀英的话，连忙摇摆着身子跟着母鸡们进了院子，钻进了鸡笼。

清晨，太阳洒下第一缕金色的光芒，卡卡和老母鸡们一起从容地走出院子，草地上、竹园中、田野里……到处留下了他们欢乐的身影。卡卡最喜欢老母鸡亨丽，亨丽长着一身金光闪闪的羽毛，每天都会下蛋，然后神气地在主人面前叫唤几声。最让卡卡感动的是，亨丽每次找到好吃的虫子，都会和卡卡一起分享，让卡卡感到前所未有的温暖。

这几天亨丽被婆婆"罚站"了，这是怎么回事？原来亨丽这几天下了鸡蛋后总是蹲在鸡笼里不肯出来，它想孵小鸡，但是婆婆因为平时家务很忙，不想亨丽孵小鸡。于是，婆婆就用"罚站"这个老法子来对付亨丽。婆婆在水缸里装了一些水，亨丽一下好蛋，婆婆就把亨丽放在水缸里，亨丽只能乖乖地站着了。

这下可把卡卡愁坏了，亨丽是她最好的朋友，卡卡再也没有心思去草地上找吃的了，她趴在水缸边，一动不动，有时"嘎嘎嘎"地叫上几声，仿佛在安慰着亨丽，也仿佛在向婆婆抗议。

这时，秀英拎着一大摞水草走进院子，她看到卡卡趴在水缸边，就开心地叫唤起来："卡卡，卡卡，新鲜的水草来啦！"谁知卡卡趴在水缸边，头也没抬，一副无精打采的模样。

秀英看到这一幕，以为卡卡生病了，赶紧三步并作两步地跑上前，着急地问屋里的婆婆："妈，卡卡病了吗？怎么不理我了呀？"

婆婆笑了笑，说："别急，她没病，她这是在陪水缸里的亨丽呢！她是在替亨丽难受呢！待会儿亨丽出来了，你就能见到她生龙活虎的模样了。"秀英听了，不禁佩服起卡卡那比人类还强烈的情意来。

时间过得飞快，卡卡在秀英家已经住了一个月了。今天的卡卡特别开心，因为她下了生平第一个蛋，虽然第一次下蛋的过程很痛苦，这个鸭蛋也不大，可是她觉得终于可以回报秀英了，她想着秀英看到鸭蛋时惊喜的表情，就不由自主地开心起来。

不得不说卡卡是只勤快的鸭子，她每天中午雷打不动地去鸡笼下蛋，鸭蛋越来越大，秀英每天乐呵呵地去鸡笼收鸭蛋，每次收完鸭蛋，秀英总是不忘抚摸一下卡卡柔软的羽毛，并感激地说："辛苦你啦，卡卡！"卡卡觉得这样的日子真是太美好了。

终于有一天中午，卡卡觉得自己没有下蛋的欲望了，她望着空落落的鸡笼，心里难受极了。这天下午，卡卡一直郁郁寡欢，连亨丽找来的虫子她也没心思品尝。

第二天，卡卡还是没有下蛋。那一夜特别漫长，卡卡没有入睡，卡卡想了又想，最后对自己说："如果明天还不能下蛋，就离开吧，不能成为别人的累赘！"但她想起秀英一家对自己的好，想起亨丽对自己的好，心里又舍不得离开。

第三天，卡卡仍旧没有下蛋。秀英抚摸着卡卡，叹了口气，"这鸭子是该休息了。"卡卡听到秀英的叹息，心里莫名地想哭。

（三）

第四天傍晚，夕阳伴随着晚霞缓缓西下。母鸡们照例排着整齐的队伍踏进院门，可亨丽着急地左顾右盼，因为卡卡不见了，她想起白天卡卡欲言又止的模样，心里有非常不好的预感。

很快，正在院子里玩耍的品松发现卡卡不见了，他连忙走进厨房，告诉了妈妈。秀英叫上了婆婆、公公，带着品松一起来到田野里、竹园里、菜地上……他们不停地呼唤着，"卡卡，卡卡……"天色渐渐暗了下来，一遍又一遍的呼唤声在寂静的夜空显得格外响亮。

秀英和品松找到了水沟旁，这是最后的希望，他们希望卡卡只是像上次一样掉进了水沟，他们满怀希望地用手电照亮水沟，可水沟里什么也没有……

卡卡就这样悄悄地走了，再也没有回来，给秀英一家留下了无尽的难过和思念。

又是一个秋天，大雁带走了炎热，唤来了凉爽，但是再也没有卡卡的消息……

陆品仰/文，四年级　指导老师：田家村

世　界

刚出生那会儿

摇篮是我的世界

躺在里面

世界温暖安静

当我蹒跚学步时

妈妈的手是我的世界

牵着她

看蚂蚁搬家

听鸟儿歌唱

世界安全新奇

搭积木时

方方的是楼房

长长的是火车

世界简单快乐

吃着香喷喷的虾仁炒饭

欣赏温婉动人的西湖

一个人静静地看书

世界美好满足

和伙伴玩萝卜蹲
在妈妈怀里撒娇
在外婆膝头听《小燕子》
世界灿烂温馨

有了自己的房间
世界变成了两部分
白天和黑夜
欢乐和恐惧

看到有人伤害动物
听到爸妈的争吵
目睹英雄的牺牲
世界无奈残酷

渐渐地
我明白了
世界每时每刻都在改变
你面对什么
世界就会变成什么
你知道得越多
未知的世界就更多

陆品仰/文，四年级　指导老师：田家村

我该去哪儿呢

我是堵，我最喜欢和人们作对，堵路、堵门、堵水管、堵网速、堵下水道、堵心、堵思路、堵各种各样原本畅通的地方。可是，今天，在他们家，我败下阵来，无计可施……

（一）我堵住了他，却堵不住他的好心态

一大清早，爸爸背着包、拖着行李箱去出差，急急忙忙地出门了。该我上场了。昨天晚上我就做好了埋伏，让一辆车不偏不倚地就停在他的车前面。看你怎么走？我得意地看着他绕着车走来走去，看着他焦急地打电话。这么早，车的主人肯定在睡觉，一定不会来开车的，这下他肯定会迟到了。哈哈！

哎哎哎，车的主人怎么跑出来了？还穿着睡衣？也太不顾形象了吧。看着爸爸惊喜地和他打招呼，看着车的主人急急忙忙地把车挪到旁边，我的心里还真不爽啊！还说什么"对不起，对不起，昨晚车实在没地方停了，只好留个联系电话然后停在你前面了，真对不起啊！"你真正对不起的是我。这下好了，爸爸顺利开走了车，我心里堵死了。

我再使一招，小区堵不了，就堵大路。一辆车接一辆车，路上全是车，让车流慢得像龟行。哈哈哈！

没想到他开了收音机，听了路况消息后换了条道。"路虽然稍远些，但不堵车，应该能准时到达。"听着他自言自语，我气急了。

红灯，再红灯，看你这么急，闯不闯红灯。想到他因为闯红灯被

警察拦住的样子，我得意地笑出声来。哈哈哈哈！

没想到，他居然还是稳稳地开着车。"没事，路堵，刚换了条道。这条道红灯多一点，可能会稍微慢一点。还好我预留了时间，应该不会迟到。"听着他用车载电话和同事对话，我火冒三丈。

我再使一招，让前面的车拖拖拉拉或者突然减速，让你开到路口绿灯变红灯过不去。"哎，怎么回事？又过不去了！"听见他诧异的声音，我的心里别提有多高兴了。哈哈哈哈哈！

"又要做第一个了。今天老挑我做第一个，还真是好兆头啊！"天哪，他居然会有这么奇特的想法。看着红灯的数字变小，看着他镇定自若地等红灯变绿，我失望极了！

遇见这样好心态的人，我只能自认倒霉。第一回合，我败下阵来。

（二）我堵住了她，却堵不住她的好方法

他，我堵不住；她，我倒要试一试。

她是老师，每天面对百来个学生，我只要让一些学生调皮捣蛋，就够她堵的了。

这不，一大早，我就让一个学生迟到。这下，扣分了吧，流动红旗危险了，看你气不气。哈哈！

"赶快坐下，把书翻到第五十五页，一起念'少壮不努力，老大徒伤悲'。"看着她平静地让迟到的学生坐下，指导他跟上大家的朗读。我很生气。

我再使一招，让孩子们吵架扣分，看你气不气。哈哈哈！

课间，我让两个孩子因为一点小事而吵了起来。小孩子么，一吵起来，动静就很大。看，她立刻从办公室里赶来了。"你们两个，分别说说为什么吵架？对方错在哪里？自己有没有错？其他同学，该干什

么干什么去，不要围观。"她居然还这么平静，气死我了！

那我就让吵架升级，让一个火爆脾气的同学不善罢甘休，开始打架。哈哈哈哈！

"别打了，快住手！你们是同学，不是敌人。谁再打，谁就是我们全班的敌人。以后，我们全班同学都不理他了。快住手！"看着刚被我挑动起来的同学又缩回手去，我急死了！打他，快打呀！怎么不动手，怕什么？打呀！我急得都快蹦起来了，他居然一动不动，低着头。真没用！看着两个打架的同学在她严厉的目光里住了手，看着他俩跟着她一起念《班级公约》，"我们是伙伴，我们团结友爱互相帮助"，我只能灰溜溜地走了。

第二回合，我又失败了。

（三）我堵住了他，却堵不住他的好习惯

他和她都是大人，第三战，我选了个孩子。小孩子耐心差，我肯定有机可乘。哈哈！

今天，他要考试。我就趁他复习的时候，分散他的注意力，让他不专注复习，考试考不好。我让一个同学拿了一本《4399游戏宝典》在他面前晃悠："谁想看啦，最新的游戏攻略。我可以借他看一天，明天还我。"这时，大家都说，"我！""我要！""给我！"我就知道小孩子们对游戏没有免疫力。哈哈哈！

没想到，他无动于衷，还是认真地看着书。可恶！我心里一阵不爽，居然不为所动！

再来。小孩子最喜欢新鲜玩意了。我在教室里放了一只蝴蝶。哈哈哈哈！

一个眼尖的同学迅速发现了，说："啊！有蝴蝶。"大家急忙凑过

去看。"好漂亮！""翅膀是彩色的。""还有荧光粉！"同学的惊叹一声接着一声。但是，他居然还是坐在那儿，眼睛往这边看了一下后，手上的笔仍不停地写着。

你不动，我就让蝴蝶过来。我真聪明。哈哈哈哈哈！

蝴蝶飞到了他旁边，一帮同学呼啦一下都围着他了。"别动，蝴蝶在你头上，让我把它抓住。"一个同学说。"我来抓，我手长。"另一个同学说。"还是我来吧，我距离最近。"又有一个同学跃跃欲试。"蝴蝶不能抓的，翅膀上有粉。"这时，有同学提醒说。"你们都别动。蝴蝶很美，它喜欢美丽的东西。我们教室装扮得很漂亮，它才来参观的。我们还是让它高高兴兴地来，又高高兴兴地回到大自然吧。"听他这么说，我真气啊。更气的是，这帮孩子居然都听他的，大家乖乖地看着蝴蝶在教室里飞了几圈，然后飞出窗户去了。

第三回合，我还是战败了。

堵堵堵，从前，我总以为自己的本领大。我让路堵，让人着急；我让事堵，让人烦恼；我让思路堵，让人无奈；我让心情堵，让人郁闷。我在各种场合各个时间施展我的本领，让人们的脾气变坏，让人们的心情变糟，让人们的态度变差，一点一点地堵堵堵，堵心再堵心，我对自己佩服得不得了。

可是，今天，他的好心态让我生气，她的好方法让我无奈，他的好习惯让我烦恼。在他们那里，我彻底败下阵来，无计可施的我该去哪儿呢？

高大猷/文，四年级

437

附 录

作品名录

［全集完］

扫二维码，出一本自己的书

jiazuo.cc/publish